新时代地方高校学生管理与辅导员工作创新研究

刘 燧 著

吉林大学出版社
·长春·

图书在版编目（CIP）数据

新时代地方高校学生管理与辅导员工作创新研究 /
刘燧著. -- 长春：吉林大学出版社，2021.8
ISBN 978-7-5692-8709-7

Ⅰ.①新… Ⅱ.①刘… Ⅲ.①地方高校-高校管理-研究-中国②地方高校-辅导员-工作-研究-中国
Ⅳ.①G647②G645.1

中国版本图书馆 CIP 数据核字（2021）第 171352 号

书　　名	新时代地方高校学生管理与辅导员工作创新研究
	XINSHIDAI DIFANG GAOXIAO XUESHENG GUANLI YU FUDAOYUAN GONGZUO CHUANGXIN YANJIU
作　　者	刘　燧　著
策划编辑	李伟华
责任编辑	冀　洋
责任校对	张　驰
装帧设计	王　艳
出版发行	吉林大学出版社
社　　址	长春市人民大街 4059 号
邮政编码	130021
发行电话	0431-89580028/29/21
网　　址	http://www.jlup.com.cn
电子邮箱	jdcbs@jlu.edu.cn
印　　刷	三美印刷科技（济南）有限公司
开　　本	787mm×1092mm　1/16
印　　张	13.5
字　　数	310 千字
版　　次	2021 年 8 月　第 1 版
印　　次	2021 年 8 月　第 1 次
书　　号	ISBN 978-7-5692-8709-7
定　　价	58.00 元

版权所有　翻印必究

前言

中国高等教育近年来一直都处于不断扩招的状态中，学生数量的增加也给管理工作带来了不小的困难。地方高校是一个复杂的系统，该系统的运转需要物力、人力、财力的三重保障，如果一旦这三种保障条件无法获得及时、有效地补充，那么，高等教育的实效性也就无法保证了。学生管理工作是地方高校工作体系的重要组成部分，若学生管理工作无法正常开展，那么，高校整个大系统的运转也就成了一个大问题。因此，地方高校管理人员应该意识到问题的严重性，分析地方高校学生管理中存在的问题，从管理实际出发，不断探索新的管理方法，并进行深入研究与思考，将实践经验凝聚成理论认识，丰富高校学生管理研究的理论体系，只有这样，地方高校才能形成学生管理工作的长效机制，才能提高管理的质量。

地方高校学生管理工作开展以来也取得了不少成就，但纵观现在学生管理工作的开展情况，可以发现，一些固有问题依然存在。首先，管理制度与学生的个性需求不匹配。一直以来，中国各高校实行的管理制度都是一种极具刚性的制度，这种制度培养出来的学生就像是生产线上的产品，包装一样，产品一样，毫无自身特色，很明显，管理制度与学生的个性需求出现了不匹配问题。其次，管理方式比较单一，基本上还是依靠辅导员开展管理工作。高校辅导员的工作任务也比较繁重，不可能总及时地解决学生的问题，这让学生管理出现了低效率情况，同时，有些辅导员在管理学生的过程中缺乏人性化理念，这导致辅导员与学生之间容易形成紧张关系，高校管理方式创新已是箭在弦上，不得不发。最后，人类已经步入信息时代，借助互联网，高校管理者可以提高学生管理的效率与质量，但是，互联网同样也深刻地改变了大学生的生活与学习方式，沉迷网络游戏、网上交友的大学生比比皆是，这使高校学生管理工作困难重重。

高校辅导员是高校学生管理工作的骨干力量，在培养优秀的大学生人才方面作用显著。中国高校辅导员队伍建设一直都在探索中，并且硕果累累，中央16号文件《中共中央国务院关于进一步加强和改进大学生思想政治教育的意见》以及教育部公布的《普通高等学校辅导员队伍建设规定》（中华人民共和国教育部令第43号），都对辅导员角色给予了明确的定位，为辅导员在新时期的职业化与专业化发展提供了指导意见。

鉴于地方高校学生管理工作的艰巨性以及高校辅导员在学生管理工作中的重要性，作者在总结前人优秀研究成果以及自身丰富学生管理经验的基础上，对新时代地方高校学生管理与辅导员工作创新问题进行了全面分析。本书共分为上下两篇，上篇为地方高校学生管理研究，在介绍高校学生管理基础知识的前提下，对地方高校学生管理具体进行了四个方面的创新论述：地方高校学生管理法治化、与"互联网+"结合的地方高校学生管理、基于人力资源理论的地方高校学生管理、走向对话的地方高校学生管理。下篇为地方高校辅导员工作创新研究，在阐述高校辅导员基础知识的前提下，对地方高校辅导员具体进行了四个方面的创新论述：地方高校辅导员工作精细化研究、课程模式下探究地方高校辅导员工作、地方高校辅导员职业化发展、地方高校辅导员评价。

本书对指导地方高校开展学生管理工作提供了不少新思路，同时也为地方高校辅导员队伍建设提供了不少可行性建议。不过，由于时间仓促以及作者水平有限，书中的某些观点可能存在不当之处，恳请各位专家批评指正。

目录

上篇：地方高校学生管理研究

第一章 高校学生管理概述 ········· 3
第一节 高校学生管理的概念与特征 ········· 3
第二节 高校学生管理存在问题及原因分析 ········· 5
第三节 高校学生管理的内容与方法 ········· 9
第四节 高校学生管理的原则与作用 ········· 12
第五节 高校学生管理模式探究 ········· 14

第二章 地方高校学生管理制度研究 ········· 18
第一节 高校学生管理体制概述 ········· 18
第二节 地方高校学生思想政治教育管理研究 ········· 23
第三节 地方高校学生社区化管理 ········· 27
第四节 地方高校学生社会实践规范化管理 ········· 32

第三章 地方高校学生管理法治化研究 ········· 37
第一节 高校学生管理法治化的内涵解读 ········· 37
第二节 地方高校校规的法律效力与制定 ········· 41
第三节 地方高校学生管理行为的司法审查 ········· 49

第四章 与"互联网+"结合的地方高校学生管理 ········· 56
第一节 "互联网+"概述 ········· 56
第二节 "互联网+"对地方高校学生及管理工作者的影响 ········· 61
第三节 借鉴国外经验，实施学生管理 ········· 63
第四节 有效利用互联网，实施学生管理 ········· 67
第五节 "互联网+"时代地方高校学生管理发展趋势 ········· 71

第五章 基于人力资源理论的地方高校学生管理 ········· 74
第一节 人力资源管理概述 ········· 74
第二节 基于期望理论的地方高校学生管理 ········· 78
第三节 基于激励理论的地方高校学生管理 ········· 85
第四节 基于马斯洛需求层次理论的地方高校学生管理 ········· 90

第六章　走向对话的地方高校学生管理 ……………………………………… 93
  第一节　对话理论在地方高校学生管理中运用的必要性与可行性 ……… 93
  第二节　基于对话理论的地方高校学生管理运行机制 …………………… 96
  第三节　基于对话理论的地方高校学生管理目标与方式 ………………… 102
  第四节　基于对话理论的地方高校学生管理实践运作 …………………… 106

下篇：地方高校辅导员工作创新研究

第七章　高校辅导员工作概述 …………………………………………………… 117
  第一节　高校辅导员概念的由来及角色定位 ……………………………… 117
  第二节　高校辅导员素质构成 ………………………………………………… 120
  第三节　高校辅导员的教育理念解析 ………………………………………… 122
  第四节　高校辅导员工作内容解析 …………………………………………… 125
  第五节　高校辅导员工作原则与方法 ………………………………………… 131

第八章　地方高校辅导员工作精细化研究 ……………………………………… 137
  第一节　地方高校辅导员工作精细化内涵解读 …………………………… 137
  第二节　日常管理工作精细化 ………………………………………………… 141
  第三节　思想政治教育工作精细化 …………………………………………… 150
  第四节　地方高校辅导员精细化工作推进的保障 ………………………… 153

第九章　课程模式下探究地方高校辅导员工作 ………………………………… 155
  第一节　辅导员工作课程化模式的内涵 …………………………………… 155
  第二节　探索与实施辅导员工作课程化模式的必要性 …………………… 158
  第三节　课程化模式下地方高校辅导员工作体系构建 …………………… 161
  第四节　课程化模式下地方高校辅导员工作的流程 ……………………… 167

第十章　地方高校辅导员职业化发展 …………………………………………… 174
  第一节　辅导员职业化概念解析 ……………………………………………… 174
  第二节　地方高校辅导员职业化发展的意义 ……………………………… 175
  第三节　地方高校辅导员职业化发展进程与规律 ………………………… 178
  第四节　地方高校辅导员职业化发展路径探究 …………………………… 183
  第五节　重点加强对辅导员的培训 …………………………………………… 189

第十一章　地方高校辅导员评价 ………………………………………………… 192
  第一节　地方高校辅导员队伍建设评价 …………………………………… 192
  第二节　地方高校辅导员绩效评价 …………………………………………… 198

参考文献 …………………………………………………………………………… 206

上篇：地方高校学生管理研究

随着社会经济市场的快速发展，我国地方高校学生教育与管理的方式在不断改革，高等教育面临的内部问题与外部环境都发生了重要的变化，这给我国地方高校学生管理提出了新的要求。面对地方高校学生管理工作面临的新情况、新问题，高校应该如何积极适应，已经成为摆在中国地方各高校面前的一个重要课题。本篇为地方高校学生管理研究，介绍了高校学生管理的基础知识，又从制度、管理法治化、互联网+、人力资源理论与对话的视角详细探讨了地方高校学生管理问题。

第一章 高校学生管理概述

学生管理是高校重要的日常工作和任务，它关系到高校人才培养目标的达成，对大学生成长、成才有重要影响。当前，高校学生管理工作的瓶颈在于管理目标不明确、管理规范不完善、管理信息不通畅、管理队伍不健全。高校学生管理工作瓶颈存在的原因是新的时代特征的挑战、高校改革落后于社会发展的需要、高校辅导员职业定位的不准确等。要突破瓶颈就要积极推进高校管理体制变革，建立健全的高校法律、法规体系，加强网络技术在高校学生管理中的应用，同时也能使辅导员队伍建设制度化、规范化。而推进高校学生管理改革需要以一定的基础理论为依托，本章对高校学生管理知识进行了简要解读。

第一节 高校学生管理的概念与特征

一、高校学生管理的概念

（一）高校学生管理概念基本阐释

高校学生管理是高等学校领导和管理人员为了实现高等学校学生的培养目标，按照国家的教育方针和各项政策、法令，科学地、有计划地对学校内部的人、财、物、时间、信息等进行组织、指挥、协调并对其进行预测、计划、实施、反馈、监督等的一门管理科学。

（二）高校学生管理的内涵

高校学生管理作为学校管理的重要组成部分，具有十分广泛而深刻的内涵。首先，它要研究管理对象（即青年大学生）的生理、心理特征，知识、能力结构，兴趣爱好及社会氛围对他们的影响，掌握他们的思想变化及教育管理的规律。其次，它要研究管理者本身（即学生工作专职人员）必备的思想、文化、理论及业务素质，以及这些素质的培养和管理队伍的建设。最后，它还要研究学生管理的机制和一般管理的原则、方法，以及学生在学习、生活、课外活动、思想教育中的具体管理目标、原则、政策、法规等。

（三）高校学生管理需要处理的两种关系

对大学生进行严格管理的过程中，要正确处理以下两种关系。

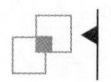

第一，学生管理与规章制度的关系。高校学生管理要通过制定并实施必要的规章制度来实现。教育部根据党和政府的教育方针、青年大学生成长的特点以及长期以来的工作经验，已经制定了《普通高等学校学生管理规定》，这是对大学生进行科学管理的一个基本的部门规章。各高校也结合自己的实际情况，整章建制，制定了一系列的规章制度。学生管理的实践反过来又丰富了规章制度的内容，使之更全面化、科学化。

第二，学生管理与思想政治教育的关系。在强调管理工作重要意义的同时，不可忘记思想政治教育的重要保证作用。任何只强调严格管理而忽视思想政治教育，或只强调思想政治教育而置制度管理于不顾的做法都是片面的，不可取的。因为管理也是教育的一种手段，教育又能保证管理的推行和实施，因此，只有把严格管理与思想政治教育有机结合起来，才能使学校工作真正走上有序的轨道。

二、高校学生管理的特征

（一）政治性

管理是一种有目标的活动，管理工作必然具有某种方向性。这种方向性在特定的时期体现为政治性。

当前，高校学生管理必须紧紧围绕着为全面建设小康社会、为建设中国特色社会主义培养合格人才这一中心目标服务，这是我国目前高校学生管理工作中一个本质特点。学生管理工作作为一种手段，是为教育方针服务的，而教育方针是一定历史阶段的政治、经济和文化等方面在教育领域的反映。

中国是社会主义国家，强调集体本位思想政治教育，这就是教育方针的政治性，学生管理无疑是要为教育方针服务的，当然也就不可能不在其工作中体现出政治性。

学生管理工作的政治性，决定了学生管理工作者必须具备应有的政治素质，不断提高自身的政治敏锐性，时刻关注政治局势，把握大局，保持与党中央的高度一致。

（二）特殊性

学生管理既然是管理，就不可能离开管理学科的特点，它不可避免地要吸收国内外相关管理科学方面的理论知识体系和工作经验。但大学生管理不同于一般的管理，它有着自己的特殊性。这些特殊性至少表现在以下两个方面。

第一，管理的对象是大学生（社会角色而言），他们本身就是一个特殊的社会群体，是一群掌握着一定基础知识和专业知识的群体。

第二，管理的对象是青年（生理、心理角色而言），他们处于血气方刚、激情澎湃、感情冲动、充满朝气的人生阶段。

上述两个方面的特点决定了高校学生管理的针对性，决定了高校学生管理必须涉及青年学生理学、心理学、教育学、人才学和管理学等诸方面的知识体系。

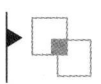

第二节 高校学生管理存在问题及原因分析

一、高校学生管理存在问题

（一）管理思想落后，观念陈旧

由于受到传统理念的影响，我国现有高校学生管理工作"重管制、轻服务，职能比较单一"，不能有效地适应新形势的发展。作为被管理对象的高校学生，其思想价值观已经发生了巨大的变化，但管理者却仍然以传统理念管理学生，这显然是不利于高校学生管理工作有效性的实现的。不改变学生工作管理者的管理理念，就不能从根本上解决当前我国高校学生管理工作中的问题。

（二）在管理内容上侧重于秩序管理和人才培养，对学生服务关注不足

高校学生管理的主要任务可以概括为三个方面：一是"传道、授业、解惑"，培养合格的社会主义建设者和接班人；二是秩序管理，即通过学生日常学习、生活的管理，维护好教育、教学秩序；三是学生服务工作，即政府和高校要尽可能地给大学生提供其成长所需要的各类服务，包括课堂教育、课外娱乐、社会服务机会和后勤生活服务等各个方面。但现有一些高校学生管理制度过分强调秩序管理，而忽视了高校管理的学生服务职责。比如，各高校学生管理制度主要由学生考勤制度、请假制度、学籍管理制度和学生奖励与处分制度组成，几乎全部强调对学生的约束和学生的义务，而未把高校管理方对学生的服务职责明确加以规定。

（三）高校学生管理目标迷失

高校学生管理的科学化，首要的就是管理目标的明确化。管理目标应当具有明确的指向性和现实的可行性，并且随着实践的变化不断进行调整。只有牢牢把握管理目标，才能提高管理的有效性。反观当前部分高校学生管理，管理目标十分不明确。

高校学生管理的目标应该是服务学生、促进学生全面发展，即以管理工作育人。一方面，许多高校学生管理工作涣散，工作人员得过且过，但求无事，不求有功，这使学生管理工作逐渐演变成为纯粹的人事管理、行政管理，从而失去了高校学生管理工作育人的要义；另一方面，随着社会主义市场经济的发展，信息社会的到来，有一些高校学生管理工作者迷失了方向，随波逐流，做学生的保姆，这就把高校学生管理工作与社会管理等同了，也使高校管理工作失去了对大学生的引导和教育作用。

（四）管理方法偏好理论灌输与奖惩规范，缺乏有效的激励和引导

事实上，无论是人本管理，还是目标管理，都需要把尊重人的需要当作管理的前提；辅导员等学生工作管理者自身既有服务学生的需要，也有自身的物质文化需要，这都是高

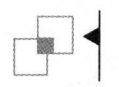

校领导在设计激励方案时要充分考虑的因素。同时，满足人的需要，以人为本就需要让被管理者参与到管理实践过程中，也就是要让学生能够真正参与到管理规则的制定中，也要把倾听学生利益诉求常态化、制度化。就笔者的观察来看，我国高校虽然在学生参与管理方面有所进步，但还有不足，很多高校学生的参与都是流于形式，没有真正落到实处。比如，一些高校管理者征集了学生意见，却在决策时不考虑学生意见。

（五）高校学生管理规范不健全

健全的高校学生管理规范体系，有助于实现高校学生管理工作的制度化，帮助管理者克服管理工作的主观性，提高高校学生管理工作的合理性。管理工作正规化、科学化的关键就在于制度化，也就是说，让一切有章可循，管理者遇到问题都有现成的制度规范来处理、应对。针对高校学生管理工作，政府和高校制定了相关法律和规定，比如，中共中央国务院第16号文件《关于进一步加强和改进大学生思想政治教育的意见》《高等教育法》《普通高等学校学生管理规定》，但是这些法律和规定在学生中没有有效地落实下来。最重要的是，协调学生与高校之间关系的法律规范还未真正付诸实践，到目前为止，还没有统一的高校内部管理的大学法。高校学生管理缺乏必要的法律规范，这导致许多权责不明，也为学生管理工作带来了很大困扰。

（六）高校学生管理信息不通畅

高校学生管理工作中的信息管理，是指通过采用科学的手段对高校学生管理工作信息进行采集、加工、传递、反馈，从而提高高校学生管理工作效率的过程。信息管理对高校学生管理工作十分重要，只有充分收集掌握相关信息，才能为高校学生管理工作决策提供科学的指导，才能使高校学生管理人员对学生管理工作过程进行及时的调控，管理活动才更具有针对性，学生管理工作的及时性、有效性才能得到保证。当前高校管理中，存在信息不通畅的问题。

一方面，随着学分制、弹性学制的实行，加上学生住宿公寓化，学生之间的相互交往减弱，班干部难以及时了解全班同学的状况，辅导员更是长时间见不到学生，难以及时发现和解决学生在生活学习中存在的问题；另一方面，大学班级管理松散，辅导员难以对学生进行思想上、学习上的引导。

（七）高校学生管理的队伍不健全

一是管理人员数量与实际需要还有很大距离。按照教育部的要求，辅导员数量与所带学生数量之比为1∶120~1∶150。然而很多高校辅导员与学生比重为1∶200左右，甚至更高，并且随着高校的不断扩招，这个比重还在逐年递增。由于人手不够，广大高校辅导员常常都超负荷工作，这严重影响了学生管理工作的有效进行。

二是辅导员专业化程度不够，晋升通道狭窄。当前，辅导员主要来自毕业留校的大学生、研究生，他们年轻有干劲，但缺乏相应的工作经验，而且他们中的很多人还不是思想政治教育专业毕业，更加缺乏学生管理工作的理论和实践经验，因此，他们要有效开展工作还有一定难度。而那些已经有相应经验的辅导员，因为在高校体制内的尴尬位置而不愿留在岗位上继续干，辅导员和教师相比晋升空间小，社会地位低，很多人将辅导员作为一个跳板，一有机会他们就会转岗。这样就导致辅导员难以有效地进行学生管理工作。

二、高校学生管理存在问题的原因分析

（一）历史因素：传统行政文化制约

任何制度的变迁与演化都会受到"路径依赖"的影响与制约，高校学生管理制度变迁也是如此。受传统文化，以及计划经济体制影响，统一的、以纵向行政权力为核心的行政体制一直是我国高校学生管理制度的核心组成部分。

中华人民共和国成立以后，特别是改革开放以来，由于受到市场经济和西方文化的影响与冲击，我国的高校学生管理制度发生了很大的变化，特别是为了适应市场经济的发展，高校管理者为学生提供了越来越多的服务，比如心理咨询、就业与创业指导等。但以行政权力为核心的条块分割行政管理体制在高校学生管理工作中处于核心中心地位，这使管理理念和管理内容都表现出了"重管理，轻服务"的倾向。

（二）新的时代特征带来的巨大挑战

社会主义市场经济的推进带来了人们思想和生活方式的深刻变革，比如过去大学生是包分配的，他们只要好好学习就能分到好的工作单位，而现在的经济成分多样化、就业形式多元化、社会收入分配差距拉大等都改变了大学生的思想和行为方式，这使传统的学生管理体制也难以适应这种新的形势。

随着网络技术的日新月异、全球化的深入发展，大学生获取信息的渠道变宽广了，接触的社会思想变多了，思想的复杂性、多样性、多变性增强，主体意识增强，个性特征突出，这就要求高校学生管理工作必须与时俱进开展现代管理，而不能停留在过去信息闭塞时代的上传下达式的管理上。

在全球化时代，国际经济、政治、文化交流日益频繁，为了提升学校的办学水平和科研实力，学校开展的国际学术交流活动日益增多，中外合作办学也呈现常态化，许多学生被学校派到海外学习，同时本校还有很多留学生，学生的构成就变得非常复杂，这给学生管理工作带来了一定的难度，同时也考验着高校的学生管理工作水平。

（三）制度和体制方面的原因：条块分割体系与缺乏有效的激励机制

健全完善的学生管理制度是做好高校学生管理工作的重要保障，是做好高校学生管理工作的根本性因素。一直以来，我国高等教育管理都依赖于行政管理理念和思维，并在管理实践中执行以行政为中心的内部治理结构。

这种以行政管理为核心的治理结构和管理理念实际上是一种纵向的行政命令链条，管理目标和任务经过层层下派往往会失真，同时在下派过程中也会融入不同层级管理者的主观意志和利益关切；同时，中层和下层学生事务管理者基于自身利益考量也会想方设法变通上级命令文本，以减少自身管理责任与负担。这种纵向行政命令手段的直接后果则是形成了条块分割的行政管理体制。条块分割的管理体制最大的弊端是各自为政，缺少横向与纵向的合作与协调，不利于组织目标的实现。我国现有一些高校的学生管理体制也是如此。

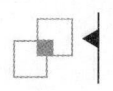

以广西师范学院学生工作组织为例，它既设有专门的学生工作部（处），又设有招生就业处、后勤管理处、武装保卫处，同时，校团委、研究生学院也都涉及学生管理工作。学生工作部（处）又划分为思想教育、学生管理、学生资助和心理健康教育四大块，其中，学生管理又细分为日常事务、评优评先、违纪处理、各类安全事故及突发事件的处理、组织医疗保险投保共五个部分。接下来，在各二级学院又分别设立学生工作办公室、研究生工作办公室，有些学院还设有专门的专业学位学生管理办公室。在此种条块分割的行政管理体制下，一方面，存在着不同部门之间工作推诿、办事效率低下等问题；另一方面，也存在着学生不知所措、办事不知道该找哪一个部门的问题。

（四）高校改革落后于社会发展的需要

随着时代的发展，中国社会新的特征对高校的人才培养和管理工作都提出了新的要求。高等教育的普及化要求建立新的大学管理体制。随着高校招生规模的扩大，高校学生人数将持续快速增加，与精英教育阶段相比，目前的生源质量相对来说却有所下降，而且新时期的大学生绝大部分是独生子女，而独生子女又具有许多特殊的心理特点，这些都使原有的高校学生管理工作模式无法适应新时期高等教育大众化发展的趋势。然而，依照苏联模式建立起来的高等教育制度还在延续计划经济时代的模式，这表明，高等学校面对新的时代要求反应很慢。

从越来越多的高中生选择弃考直接走上社会或是出国留学就可以看出，我国高等教育的发展远远落在社会经济发展的后面。与国外高校相比，我们的人才培养水平不高、管理水平落后。从本身来说，一些高校的人才培养体系存在问题，其毕业生不符合社会的需要。高等学校的改革停滞、管理落后，直接导致现有的高校学生管理体制和管理工作面对蓬勃发展的社会经济发展形势难以为继，因而问题百出。

（五）利益诉求与价值定位差异因素

每一个人类个体都有自身独有的价值定位与利益诉求，不同层次的管理主体之间以及管理者与被管理者之间的价值定位和利益取向都是不同的。在高校学生管理领域，以学校领导为代表的上层管理主体主要负责制度制定与重大学生管理问题决策，其主要目标是从整体上维护校园秩序、促进高校立德树人目标的实现；以校学生工作处、校团委教务处和后勤部等单位主要负责人为代表的中层管理者负责制定和执行具体的学生管理与服务政策，比如开展政治教育、道德教育，负责全校学生日常管理与行为规范教育；以班主任和院系辅导员为代表的基层领导者则在学院分管领导的带领下，制订总体工作规划和执行具体的学生管理工作。这些不同的利益主体会基于自身利益和价值定位有选择性地执行管理活动，这必然造成不同层级管理者目标的冲突，进而让学校高层领导者确立的目标无法实现；即使在高校学生管理实践中确立和推行了目标管理技术，也不会得到忠实执行。

（六）辅导员职业定位不明确

管理队伍专业化是组织管理水平的重要标志，也是实现管理效率的基础。然而，我国高校学生管理队伍的核心架构是主攻思想政治教育的高校党政系统干部，从学校的党委副书记到院党总支副书记再到辅导员、班主任，加上团委等其他部门，显然，高校缺乏具备学生管理能力与素质的专业化队伍。其中，辅导员和班主任是一线执行学生管理任务的主体。但当前中国高校辅导员在教育体系内的地位和位置并不明确，辅导员的职业定位非常模糊。

高校教师无疑是进行高等教育工作的主体，高校教师有着明确的准入标准、考评体系和晋升机制，而辅导员缺乏明确的准入标准、考评体系和晋升机制。然而辅导员却要直接面对学生，肩负直接教育学生的责任。这导致辅导员夹在高校教师和纯粹的管理人员之间，地位很尴尬，辅导员不是教师却有教师的教育责任，辅导员还要做管理工作。

目前，多数辅导员把自己仅仅当作管理人员，而高校是育人单位，与普通行政单位不同。辅导员要教育学生却没有教师那样的威信和地位，辅导员要管理学生又不具备管理人员应有的权限和职责。当前，辅导员是高校学生管理的重要主体，辅导员职业定位的不明确直接引发了高校学生管理的一些问题。这种状况限制了辅导员在学生管理工作中的积极性、主导性、创造性，不利于高校学生管理工作的改进和加强，削弱了学生管理的力度、深度和效度。

总之，高校学生管理工作存在着种种问题，为了更好地做好高校学生管理工作，高校必须对学生管理工作进行创新。

第三节 高校学生管理的内容与方法

一、高校学生管理的内容

高校学生管理的内容十分丰富，广义上讲，凡与学生有关的学习、生活日常行为等方面的教育管理均可视为学生管理。

（一）高校学生管理的分类

高校学生管理按照不同的标准可做不同的分类。

根据学生自身活动形式的不同，可将高校学生管理分为两大类：一是学生学习的管理（包括课堂学习管理和课外学习管理），二是学生的生活管理。

根据学生接受教育形式的不同，可将高校学生管理分为德育、智育、体育卫生、美育、劳动技术教育五方面的管理。

根据管理方式的不同，还可将高校学生管理分为学生的自我管理、班级管理和行政管理。

（二）广义层面上的高校管理内容

广义的高校学生管理主要包括以下六方面的内容。

1. 学生学籍管理

高校学生学籍管理是指对取得高校入学资格的学生，从入学注册、成绩考核与记载、升级、降级、转学、休学、停学、复学、退学、奖励、处分、毕业等方面，按照党的教育

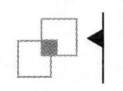

方针、教育自身规律以及学生身心发展特点，制定出规章制度，进而实施的管理。学籍管理是高校学生管理的重要内容，是对学生在校学习全过程的管理。总的来看，高校学生学籍管理主要包括入学注册、成绩考核（含学习成绩的标准、评定及记载等）、学籍变动（含休学、停学、复学、转学、毕业）等几个方面。高校学生学籍管理对稳定高校教学秩序、规范与优化学生的学习行为、培养学生良好的学习风气、全面提高教学质量、塑造合格人才等都起着十分重要的作用。

2. 学生活动管理

学生活动是指高校在教学计划和教学大纲范围要求之外，利用课余时间，对学生实施的各种有目的、有计划、有组织的教育活动。高校管理者应当积极采取各种有效措施，努力开拓校内外多种渠道组织学生活动，加强学生活动管理，对学生进行德、智、体、美、劳等方面的教育，促进学生全面、和谐的发展。高校学生活动的内容主要包括：思想教育活动、科技活动、文娱活动、体育活动、社会公益活动、社会实践活动等。高校学生活动管理的特点是计划性、阶段性、周期性、强制性、动态性、系统性、反馈性等。

3. 学生奖惩管理

学生奖惩是指为保证德才兼备的合格人才培养目标的实现，根据高校有关规定，依据激励约束、奖优罚劣的原则对符合奖惩规定的学生或学生集体所进行的奖励或惩罚。

奖励和惩罚都是对学生进行教育，实施管理的有效手段，奖励就是从正面来肯定学生思想、行动的积极因素，根据有关规章制度给予精神或物质上的正面激励，以达到鼓励先进、发扬正气的目的；惩处就是针对学生思想、行为中的消极因素，根据不良行为情节的轻重和有关规章制度对其进行批评教育或一定的处理，以达到明辨是非、纠正错误、促进转化的目的。奖励一般包括物质奖励和精神奖励，物质奖励指学校评选、表彰的各类奖学金，精神奖励指学校评选的各类荣誉称号，如三好学生、优秀学生干部、优秀毕业生、优秀团员、学生标兵等。处分分为五类，即警告、严重警告、记过、留校察看、开除学籍等。规范科学的奖惩管理工作，对调动广大学生自觉遵守校纪、校规，努力学习、工作的积极性具有重要意义。

4. 学生助学管理

学生助学是指高校为保证贫困学生正常完成大学学业所采取的资助贫困学生学习和生活的政策与措施，根据国家有关规定和学校实际设立奖学金、困难补助、减免学费等。当前，我国高等教育的形势发展已经发生了很大的变化，主要体现为高等教育已经进入大众化阶段，正逐步走向普及化。在这种新形势下，高校贫困生问题显得非常突出。因此，助学、解困问题成为贫困大学生和高校所共同面临的一个问题，学生助学管理也成为高校学生管理的一项重要内容。

5. 学生行为管理

学生行为管理是指高校为规范大学生的日常行为而进行的有目的、有计划、有组织的管理。如通过制定有关规章、条例规范学生的学习行为、生活行为等，帮助学生树立正确的学习动机、培养良好的学习习惯，要求学生遵纪守法、自觉维护学校及社会秩序，做文明守纪的合格大学生。

6. 学生就业管理

学生就业管理是指高校为保证学生实现从学校到社会的顺利过渡而进行的各项管理工

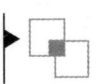

作。主要包括：毕业生就业指导、毕业生思想教育、毕业生派遣、毕业生遗留问题的处理等。

当前，随着市场经济体制的逐渐确立和高等教育改革的进一步深入，高校毕业生管理工作正在进行深刻的变革，各类高校都非常重视毕业生就业指导与服务工作，积极采取各种有效的政策与举措，如建立毕业生就业信息网络、成立毕业生就业指导中心等，为学生自主择业提供全方位的指导与服务。

二、高校学生管理的方法

高校学生管理的方法是根据其管理原则，为实现大学生培养目标而在德、智、体及其他方面所采取的具体方式、步骤、途径和手段。一般有以下几种方法。

（一）调查研究

对学生的情况，要经常调查、了解、掌握，及时采取相应的措施处理。调查研究时要对调查对象、目的、方法做认真规划，不能临时应付，草率从事。调查中不带框框，坚持实事求是，不能以上级单位或某人的指示、意见为结论，而应该到下面寻找材料佐证。在调查的基础上，还要用马克思主义立场、观点、方法，对调查材料、调查事物进行分析、研究。

（二）建立规章制度

在大学生管理中逐步确立一系列科学的管理制度，这是大学生管理的必要方法。制度要符合大学生身心发展特点，符合教育规律和德、智、体培养目标的要求。制度既要随着教育的发展而不断完善，又要有其相对的稳定性。

（三）实施行政权限

按照学生管理的目标、内容制定一系列规章制度、执行措施和学生行为规范，用行政方法进行管理，并通过相应的管理部门及其人员和师生、员工实施检查监督，从而使学生集体或个人的活动达到管理的目标要求。行政方法包含褒扬和惩治两个方面。对遵守管理制度、行为符合规范的集体和个人，应予以表扬；对违反管理制度、行为不符合规范的集体和个人，要有明确的限制措施，并用严格的制度约束其中的特别恶劣者。

（四）适当运用经济的手段

经济手段是行政方法的补充。在学生管理活动中，对学生给予必要的物质奖励或惩罚，就是经济手段，采用经济手段并不意味着行政手段不足以保证管理的顺利实施，而是因为经济手段直接触及学生的物质利益，其作用是行政手段难以替代的。用经济手段进行学生管理时，要注意防止一种倾向，即只重视用经济手段去奖惩，而忽视日常的教育和引导，忽视行政管理的作用。同样，不能只重视用经济手段奖励优秀学生，而忽视用同样的手段处罚违纪学生，或者只重视处罚而忽视奖励，导致经济手段的作用不能得以发挥。

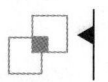

第四节　高校学生管理的原则与作用

一、高校学生管理的原则

学生管理是一项复杂的工作，学生管理者必须遵循学生管理的基本原则，科学设计各项管理活动，才能达到学生管理的目标。

（一）了解和尊重学生是前提

学校管理的主要对象是学生，进行学生管理的首要要求就是了解学生。了解学生的生活环境和需要，并且尊重、信任学生的主体地位，这是学生管理有效实施的基本前提。

1. 关注学生的生活环境

学生不是一张白纸，学生是现实的人，有其特定的生活世界，在现实的生活中他们有着自己生活的方式、喜好的活动和复杂的人际交往，这些都给予了学生丰富的生活经验，不断塑造着学生的价值观和行动准则。所以说，学生的语言和行为受到他们自己的生活世界极大的影响，教育者和管理者必须介入学生的生活环境，感知他们的所思、所想，并且能够利用学生已有经验促进其自身的发展。

管理学生还要了解学生的需要。学生作为独立的个体，在学习、生活、生理、心理、情绪、情感各方面都会有需求，对于学生合理的需求，管理者应该及时发现并满足其需要。然而，在现实中，教师往往习惯用成人的眼光来看待学生，用成人化的标准来要求学生，不了解学生真正需要什么，这致使学生管理难以奏效。

2. 了解学生与尊重、信任学生相结合

学生作为一个独立的个体，他们不仅是管理的对象，更是管理的主体，是有思想、有感情、活生生的个体。因此，在学生管理中应强调将规范管理与自我管理相结合，将严格要求与尊重、信任相结合，给学生更多的自主和自由的空间，促进学生全面、健康的发展。

（二）科学的学生观是学生管理的核心

所谓学生观，就是学生管理者对学生的基本看法，它决定着管理者进行学生管理和教育的行为，决定着管理者与学生交往中的工作态度和工作方式。不同的学生观产生了不同的管理方式，导致了不同的教育管理结果。在学生管理的全部工作中，都贯穿着一个如何正确对待学生的问题。

从历史考察和现实对比来看，学生管理者的学生观大致可分为三种类型。

第一种学生观认为学生是被动的客体。这种观念将学生当作管辖的对象，往往无视学生的兴趣、情感和需要，管理者站在学生的对面成为权威，可以任意对学生发号施令，通过各种严格的规章制度和规范约束学生，而不太尊重学生的个体经验和权利，是一种单向的服从命令式的管理方式。这种学生观下的学生管理有利于形成良好的学生纪律，培养学生的集体主义精神，却也同样压抑学生的个体意识、自主意识和平等意识，不利于学生个性的养成。持这种学生观的国家以中国、日本、韩国等封建专制社会发展历史较长的国家和地区为代表。

第二种学生观强调学生是独立的个体和平等的公民，是学生管理的主体。这种观念强调学生的兴趣、情感和需要，主张学校的管理工作要围绕学生展开，一切以适应学生、发展学生个性为中心，提倡学生自我管理。这种学生观充分发挥了学生的主体作用，但在学生行为规范的养成和纪律性的培养方面较为薄弱，在管理过程中，管理者的地位和作用被过度淡化和削弱，容易导致学生管理变为放羊式的放任自流。以美国为代表的西方国家大多持这种学生观。

第三种学生观集中了前两种观念的长处，是一种科学的学生观。它认为学生既是客体也是主体，这种观念强调学生作为被管理和教育的对象，其客体身份和地位不可能抹去，但是学生这种客体不是物化的客体，而是有着生命性、自主性和选择性的独立个体。学生管理者既要通过制度、规定来规范学生的活动，以帮助学生形成良好的学习、生活和行为习惯，也应通过设计和提供各种适宜的教育环境，激发学生主动参与教育管理的欲望，形成学生自我教育和自我管理的有效机制，促进管理者和学生在管理活动中的良性互动。

总之，科学的学生观是学生管理的核心。学生观是否科学，对学生的认识是否正确，学生管理是否符合学生身心发展的特点，将直接影响学生教育与管理的成败。因此，管理者必须具有科学的学生观，并以此为基础构建科学的学生管理体系，指导学生管理的实际活动。

（三）合理的组织机构和完善的规章制度是保证

要使学生管理科学化，合理的组织机构和完善的规章制度是保证。构建学生的管理组织机构，要从纵向和横向两方面来考虑。在纵向组织的设置上，应设立从中央到地方以及学校的学生管理的垂直管理系统，形成通畅的自上而下的决策指挥系统和自下而上的信息反馈系统。在横向设置上，需要建立教育系统与家庭及社会各界横向联系的组织机构，以强化教育行政部门、学校与家庭、社会的联络，吸纳社会各界共同参与学生管理，这样就能形成层次清晰、组织明确的管理网络。

此外，在学生管理机构建立后，还要制定规章制度，明确各机构的职责、权限和工作形式等，使这些机构能够有效运行。另外，还必须规定学生学习、生活和活动等方面的规章制度，包括课堂常规、宿舍常规、阅览室守则、实验操作规则等，对学生的日常行为做出必要的规定，使学生的行为标准有据可依。总之，完善学生管理机构和制度建设是学生管理工作顺利进行的保证。

二、高校学生管理的作用

实现全面小康，需要千百万建设社会主义事业的专门人才，而高校在现代社会中是人才的"加工厂"，担负着培养人才的重大责任。高校学生管理工作是高校教育管理工作的重要一环，其责任总体上与高校的根本任务是一致的。这种责任决定了高校学生管理工作的重要作用。它主要反映在以下几个方面。

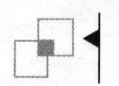

（一）育人作用

高校学生管理是高校管理的重要方面，高校是人才培养的基地，高校管理是为培养人才服务的，高校学生管理直接针对大学生，但这种管理却与一般意义上的管理不一样，它不是单纯的管理，而是带有教育性质的服务，即不仅要通过管理促进高校的有效运行，而且要通过管理达到教育目的，使学生成为高校的合格"产品"。也就是说，高校的学生管理是一种"管理育人"的管理，这种管理要与高校的教学、思想政治工作和心理健康教育等一系列工作有机结合起来，才能产生一种管理育人的效果，促使党的教育方针在高校真正得到落实。

（二）稳定作用

高校学生是一个特殊的社会群体，他们朝气蓬勃、充满激情，追求真理、关心时事；同时他们也容易冲动、互动性强、易走极端、情绪不够稳定等。他们在法律上是完全民事行为能力人，但从某种意义讲，他们在心理上却不是准成年人。这样一个大的群体居住在一起，各种矛盾冲突在所难免，若处理不当，极易发生群体性事件。

在全面建设小康社会的过程中，各种政治、经济、社会和文化等方面的矛盾必将反映到大学生中来。因此，高校应依法管理，预警在先，通过制定并实施符合学校实际的规章制度，引导大学生端正学习态度，明确学习目的，掌握正确的学习方法，养成良好的生活习惯；通过各种渠道和措施，帮助大学生形成良好的心理品质、稳定的情绪。

（三）增强大学生能力的作用

高校是培养人才的场所，因此，高校的学生管理应具有培养学生的功能，应发挥增强学生能力的积极作用。例如，社会实践的管理，可以增强大学生的社会实践和社会活动的能力；实验室的管理，可以增强学生的动手能力；心理咨询可以提高学生自我认识、自我调节的能力；学生的党团活动可以提高学生对党团的认识水平，等等。

第五节　高校学生管理模式探究

一、发展模式

模式，是指某种事物的标准形式或使人可以照着做的标准样式。学生事务并没有一成不变的标准模式，但是发展在学生事务中却占有重要的地位，学生事务的发展是以学校发展、学生发展和管理者发展为主要维度的发展。

（一）学校发展

高校学生管理是学校教育管理的重要组成部分，学校的发展离不开高校学生管理的发展，同时高校学生管理也是以促进学校的发展为指针的。

高校学生管理是学校管理活动的重要组成部分。学校的发展体现在学生的发展上，学校的发展是教学、科研和服务各方面成果的叠加，是全体师生合力建设的结果。学校的发展离不开学生的发展，学生的发展水平是衡量学校发展的重要指标。而学生的发展离不开学生事务的发展，所以学生事务的发展促进学校的发展。高校学生管理者，尤其是一线辅导员，是学生成长最直接的指引者，是高校校园文化的直接组织者，是高校校风、学风建设的直接实施者，是大学精神的直接传播者。他们引领和见证着学生的成长，而学生的每一点进步和成长都是学校发展的缩影。大学的发展要提供更好的服务，就必须改进技术，拓展服务领域。而学生事务发展最直接的动因主要是学生服务质量的提升和学生服务项目的增多。新的服务领域必然会有新的技术要求，促进学生服务技术的发展。

学生事务的发展是在学校发展的基础上显现的，学校的发展促进了学生事务的发展，而学生事务也是以学校发展为指针的。当前，我国高等教育正处于快速发展阶段，高校如何在众多发展机遇和挑战的环境下，进一步挖掘和提高自身的核心竞争力，切实保障学校各项事业的持续发展，这是摆在高校面前的重要研究课题。高校学生管理是学校教育管理的重要组成部分，高校学生管理的发展在一定程度上促进了学校的发展。当前，在社会和高校快速发展的过程中，高校学生管理也面临着不少新的挑战。

（二）学生发展

在心理学中，"发展"是一个通过克服生理成熟、心理成熟、社会成熟的异时性，达到三者一致的过程。以埃里克森（Erikson）和罗杰斯（Rogers）为主要代表的实证主义心理学流派通过对成人和青少年的研究，提出了人格发展阶段理论，认为发展不是偶然的，是有一定内在逻辑的。每个发展阶段都需要承担一定的任务，解决类似的发展问题。而高校学生管理的责任，就是帮助学生成功地度过每个过渡性发展阶段。所以，促进学生发展是高校学生管理的目标，而学生发展了，也能在一定程度上推动学生事务的进一步发展。

（三）管理者发展

作为高校学生管理的主要策划者、实施者和组织者的高校学生管理者，在高校学生管理的发展中，其自身素质也得到了提升和发展；而管理者的发展反作用于学生事务工作，促进了高校学生管理的发展和进步。

总之，在发展模式中，学生发展、管理者发展、学校发展三者是辩证统一、相互依存的。学生发展离不开高校学生管理者和学校的发展。而学生发展和管理者的发展随着学校的发展而发展，学校的发展是学生发展和管理者发展的叠加，学生的发展和管理者的发展促进了学校的发展。

二、事务模式

《现代汉语词典》将"事务"定义为：所做的或要做的事情。学生事务，顾名思义，就是与学生成长相关的课外活动的组织和非学术性的事务性工作的总称。在工作中，高校学生管理者必须紧紧把握学生事务的特点和规律，以任务为导向，以问题为重点，以需求为目标，科学、合理地整合资源，精心策划、组织和实施，以学生事务为依托，开展学生

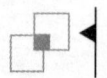

的思想政治教育和管理服务,促进学生健康成长、成才。

(一)以问题为重点

高校学生管理的目标是促进学生全面的、个性的和可持续的发展。学生在大学期间难免会遇到成长和学习问题,这些问题如果得不到妥善的解决,往往会成为影响学生发展的"瓶颈"和障碍,也可能成为学校不稳定的因素之一。作为高校学生管理者,其应该从学生成长中面临的问题入手,针对不同的群体和问题开展分类引导,把解决现实问题与学生思想政治教育结合起来,注意贴近学生、贴近实际、贴近生活,在化解问题、缓解矛盾的过程中优化育人环境,促进学生的成长与发展。

(二)以需求为目标

需求也叫需要,组织行为学将其定义为使特定的结果具有吸引力的某种内部状态。需要是推动个体和集体发展的基本动力。随着社会和国际竞争的加剧,知识和人才比以往任何时候都更重要,作为知识产生者、传播者和人才的培养者,大学必须为根本上满足国家与社会对知识和人才的需要提供服务,反过来,大学也获得了生存和发展的环境。高校学生管理者应以满足国家发展需要、社会人才需要和学生成才的需要为目标,有目的、有计划、有组织地开展高校学生管理工作。

(三)以任务为导向

大学不仅是研究学问、传播知识的地方,还是教人向善、求美和担当社会责任的地方。大学肩负着为国家和社会培养和输送优秀人才的重任。正如大学教育要围绕国家的教育方针和任务展开一样,作为大学教育重要组成部分的高校学生管理同样要以国家教育目标和学校人才培养目标为任务和导向,建构科学合理的人才培养体系。

三、过程模式

高校学生管理是教育活动的一部分。狭义的教育(也叫学校教育),是指教育者根据一定社会(或阶级)的要求,有目的、有计划、有组织地对受教育者的身心加以影响,把他们培养成为社会(或阶级)所需要的人的活动。高校学生管理是一个有目的、有计划、有系统地全面促进人的发展的过程,它是每一项学生事务工作、环节和活动的叠加和延续,是循序渐进、潜移默化培养人和影响人的过程。整个过程中要注重投入,注重互动,注重设计,注重过程的反馈和成果的巩固,以期不断完善和优化高校学生管理的过程,提高人才培养的贡献率。

(一)注重投入

"有投入才会有产出",学生犹如娇嫩的花朵,需要精心的培育和浇灌,方可茁壮成长。在高校学生管理中只有投入了情感,投入了时间和成本,才可能培育出丰硕的成果。

(二)注重设计

成功的人生需要规划,出色的工作需要计划,成功的教育活动始于精心的设计。

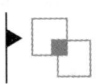

高校学生管理是有计划、有组织、有步骤地作用于管理对象——学生的。高校学生管理是一项专业性很强的工作，它要实现实效性、高效性，对学生有感染力，促进学生的成长，就离不开对学生事务工作的精心设计。这个设计，通俗地说，就是计划或方案。形象地说，就如影视作品的脚本或剧本一样，它是统领全局而又详细、具体的蓝本，是作品开拍的前提，是作品取得成功的基础。这里我们把高校学生管理中涉及的思想教育工作、事务性工作、咨询服务工作、课外活动等统称为教育活动。而对活动的设计包括对理念和目标的设计、实施过程的设计、活动细节和追踪评估的设计。

高校学生管理的活动方式多样，活动内容丰富，活动范围广泛。对于不同的活动，可采取不同的追踪和评估的设计。一般而言，对于一次性的教育活动，可采取直接的反馈手段，如随机采访、抽样调查、数据对比等；对于历经一定周期和时间的活动，尤其是品牌活动，可设计活动追踪和评估，纵向对比、归纳分析的方法。对于直接、显性效果的追踪，要及时、快速、准确，对于间接、隐性效果的评估，要延续、积累、客观。我们只有以辩证的思维，多层次、多维度、多方位地对活动效果进行有计划地追踪，把显性的和隐性的效果、直接的和间接的效果、近期的和远期的效果结合起来，才可以较全面、客观地反映高校学生管理的成效，从而推动今后的教育活动的改革、创新，最大限度地促进学生的发展。

（三）注重互动

大学不能回避学生非学术活动或课外活动的重要性，这些活动在学生的成长和发展中扮演着重要的角色。大学生的发展意味着互动、平等协商以及与有关各方的合作。教育是教育者和受教育者双边互动的活动，教师是主体，学生也是主体。高校学生管理者只有注重与学生的互动，才可以在学生发展中发挥作用。高校学生管理者可以在学术与非学术的互动中找到教育的支点，在学生、专业教师、管理部门间搭建一座桥梁。环境生态学者认为，学生与大学环境的关系是相互的，成长中的个体和其所处的环境两者是渐进的，相互调适和认同。高质量的大学教育源自个人和环境的互动，高质量的高校学生管理同样源自与环境的互动和融合。

第二章 地方高校学生管理制度研究

地方高校学生管理是高校管理系统的重要组成部分，在高校教育改革和发展中占有极为重要的地位，对于高校管理研究具有重要意义。深入研究地方高校学生管理制度有助于我们掌握高校学生管理活动的本质与内在规律，进而促进学生管理工作的完善。本章将对高校学生管理体制进行概述，围绕地方高校学生思想政治教育管理展开研究，深入探究地方高校学生的社区化管理与社会实践规范化管理。

第一节 高校学生管理体制概述

一、高校学生管理体制的层面

所谓高校学生管理体制就是在一定的教育方针指导下，按照一定的原则建立起来的体系结构，它主要包括机构建制、各机构间职权的分工协作、领导和管理的原则、规章制度，等等。学生管理体制是学生管理的领导制度、机构设置、管理权限及相互关系的根本性组织制度。[1] 它是实现学生管理目标、实施具体学生管理措施的保证。按照系统论的观点，学生管理体制应是一个系统结构，它既是学校管理体制的子系统，同时自身又是一个完整的系统。但是不管学校的管理体制发生怎样的变化，学生管理体制应具有四个层面：决策、协调、实施和操作，这四个层面形成了一个稳定的管理系统。

（一）决策层

所谓决策，就是"人们在行动之前对行动目标与手段的探索、判断和选择"[2]，从管理者的角度而言，决策是其管理工作的核心的基本的要素。决策在管理体制中具有重要作用。就学生管理体制而言，决策层主要是对学生的思想动态、管理工作的发展和走向进行预测分析，在此基础之上，形成学生管理的方案，交由职能部门及领导层做出学生管理的决策。

高校学生管理决策大约有以下几个步骤：发现问题→确定目标→拟订方案→选择方案→执行方案→检查评价→反馈处理。这里的目标包括学生管理的总体目标、阶段目标等。

---

[1] 刘伦．高校学生管理制度创新探索［M］．重庆：重庆大学出版社，2006：44.
[2] 陈树公．管理学教程［M］．厦门：厦门大学出版社，2016：98.

决策层将决策交由协调层去贯彻、协调。

（二）协调层

学生管理工作与其他校内管理工作不同，是一项牵涉校内诸多部门和系科、班级的工作。因此，搞好协调工作尤为重要。协调层将决策层的决策具体化为指令信息，并下达到下一层次，同时，及时将有关信息传递给横向的有关部门。有时协调层是由若干部门共同构成的。

（三）实施层

由协调层传来的指令性信息到达实施层实施，即可视为进入实施阶段。实施层的任务是将这些信息"内化"为切合本单位（系、科、班级等）实际的实施信息，以推动操作层的正常运转。

（四）操作层

操作层是学生管理体制中的基层，任务也是最繁重的。其职能为接受上层的具体指令，完成各项学生管理的任务。

为了充分发挥学生管理体制在学生管理工作中的效能，四个层面在具体运行过程中还应注意以下几点：

第一，必须明确各个层面的职责。一般情况下，层面不宜"越位接球"，应做到各司其职，各尽其能，互相配合。

第二，每个层面内部和四个层面之间应建立起畅通的信息传递、反馈通道，以保证上下层面和同一层面不同部门之间的信息交流。这里的信息沟通不一定逐层进行，有时也可以跨层沟通。

第三，各个层面的人员配备应符合精干适用、人尽其才的原则，建立起一支强有力的学生管理队伍。

二、高校学生管理体制的特点

（一）教育行政导向明显，党政领导直接指导高校学生管理工作

中华人民共和国成立以来，我国高等教育先后经历了中央统一领导、中央与地方（省、直辖市、自治区）两级管理、中央与地方以及中心城市办学的三级体制。中央一级的学生工作管理行政机构主要是教育部高教司、学生司，地方一级和部委设立高教处、学生处等，中心城市的教委也有设立学生处的情况。目前来说，对本科院校学生工作发挥行政影响的主要是教育部、省级教育主管部委。

高校学生司、处的主要任务是依据有关法律、行政法规和指令，负责高校学籍管理和其他有关高校学生事务的管理工作。行政影响是通过出台法规及规章规范，指导高等学校开展学生工作，对高校学生工作进行检查、评估和督导，组织学校之间对学生工作的经验交流和工作研讨。

在现行情况下，教育部学生司和省（直辖市、自治区）教委的学生处还负责招生和

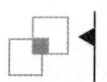

就业制度改革以及高等教育学历文凭的统一管理。由此可见，我国高校学生工作深受教育行政部门的影响。高校学生工作管理行政体制表现出强大的约束和控制力，高校学生工作接受中央、省（直辖市、自治区）学生司、处的垂直领导和直接指导。

（二）党政合一的运行方式

党政合一的学生工作管理体制在我国有其必然性，其原因主要包括以下三个方面：

第一，新中国成立之后，党的教育方针也是国家的教育方针[①]。

第二，由于在新中国高等教育史上，学生工作长期隶属于学校政治工作或德育工作，加之考虑到高校学生稳定对社会政治稳定的重要作用，因此将学生工作划归党务系统，由政工人员负责学生工作是有其必然性和合理性的。

第三，随着思想教育的专业化、思想政治教育课程列入教学计划，学生事务中的行政事务大量增加，学生工作行政化越来越明显，因此要求其强化行政功能。这种情况下，形成了在党委统一领导下，由党委副书记和副校长共同负责或党委副书记负总责，同时根据党委和行政赋予的职责、职权设立学生工作部和学生工作处，或学生工作部和学生工作处"部处合一"的，即"两块牌子，一班人马"或"合署办公"的学生管理体制。

（三）条块结合、纵横联合、两级运行

在学校成立的由校党委和校行政领导下的学生工作委员会、学生工作部（处）为办事机构，承担了高校学生工作管理的主要任务，是高校学生工作的最为主要和重要的管理部门。团委作为青年学生的群团组织，是另一个相对重要的部门，主要承担学生校园文化课外活动、社会实践和学生科研活动的组织和管理。

学生管理工作的其他职能由相应部门分别实施，如学生的教学和学籍管理由教务处负责；学生的生活、住宿管理由总务处或后勤处负责；学生的招生和就业由招生就业处负责等。在学校院（系）一级，学生管理工作由党总支副书记对整个学生工作负领导责任，他负责指导和协调全院（系）的学生工作。学院（系）还可以设立学生工作办公室或学生管理科，它在业务上同时受校学生工作部（处）和院（系）学生工作领导小组的双重领导。

各班（年级）还会配备辅导员或班（年级）主任，他们直接面对学生，负责学生的日常思想教育和管理工作。辅导员或班（年级）主任的身份有两种情况，一种为专职人员，一种为业务教师兼职或者高年级研究生兼职。[②] 这样，整个学校学生管理工作就形成了条块结合、纵横联合、两级运行的学生工作网络和运行机制。也可以按学生住宿区设立学生社区管理委员会和社区党总支，负责学生的日常教育和管理工作。

[①] 刘和忠. 大学生思想政治教育实效性问题研究 [M]. 长春：吉林人民出版社，2014：99.
[②] 刘和忠. 大学生思想政治教育实效性问题研究 [M]. 长春：吉林人民出版社，2014：100.

三、高校学生管理体制的改革

(一) 改革高校学生管理体制的意义

从学生管理体制应具有的科学结构以及中外学生管理体制的比较中可以看出,我国目前的学生管理体制必须进行有效地改革,否则,将会影响管理效果乃至人才培养的质量。

1. 改革学生管理体制是学校工作面向社会主义市场经济的需要

随着社会主义市场经济体制的逐步建立,社会向学校提出了培养适应社会主义市场经济发展的人才的要求。面对这一全新的要求,学校管理体制必须实施适度改革,否则就不能完成时代赋予的使命。学生管理系统是学校管理的子系统,直接担负着培养人才的任务。因而学生管理体制的改革势在必行。并且,社会主义市场经济的建立,也提出了学生的招生机制、指导就业机制以及教育管理机制的改革问题,这些已经摆到议事日程上的现实问题,是过去计划经济条件下所建立的学生管理体制难以解决的。

2. 改革学生管理体制是全面改善学校管理工作的需要

理论和实践告诉我们,管理的有效性主要取决于两个方面:一是该管理系统的内部及其各子系统之间的协调和畅通;二是各个有关系统的决策、实施、检测、反馈过程的及时和准确程度。学生管理工作系统作为学校管理系统的一个子系统,它除了自身必须有效运转以外,还应为教学系统、后勤系统以及学校决策层提供可靠的反馈信息,以促进各项管理工作的改革和优化。因此,要改善学校管理工作,学生管理体制就需要实行改革。

3. 改革学生管理体制是学生管理现代化的需要

我国教育必须面向现代化,这既是说培养的人才必须适应现代化建设的需要,同时还表示现时的教育手段、内容、思想必须逐步现代化。这对学生管理体制也提出了现代化的要求。如果管理体制不符合现代化的要求,就很难培养出符合现代化要求的建设者和接班人。同样,教育思想、内容、手段的现代化也对学生管理体制提出了改革的要求,这一改革包括学生管理体制怎样充实、完善教育思想和教育内容,学生管理体制怎样保证教育措施的实施,等等。

(二) 高校学生管理体制的改革设想

根据《中华人民共和国高等教育法》,国家对高等学校内部管理体制有下述规定,即"国家举办的高等学校实行中国共产党高等学校基层委员会领导下的校长负责制"[①],鉴于过去的传统和现在的基础,改革高校学生工作管理体制的基本设想是"整体上的专门化""系统内的多中心"和实行"以条为主,直接管理"的工作机制。

1. 整体上的专门化

这是针对学生工作的领导体制而言的。它以人们承认学生工作在学校教育工作中的专门和独立地位为前提,在学校领导分工中设有专司学生工作的领导。这名校领导专门负责学生非学术性事务和课外活动,而不再分管其他工作,即实现"专人专事,专事专人"。从现实的情况看,我国高校学生工作的主要职能部门是党政合一的,但在校级领导层次

---

① 李俊伟,赵晓刚,张大能. 高等院校党的建设培训教程 [M]. 北京:新华出版社,2006:1.

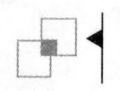

上，却是党政分立的。调查发现，我国高校党委副书记领导学生工作是典型情况，多数高校还有一名副校长协助分管学生工作。鉴于我国高校学生工作日趋行政化的现实，学生工作应该由一名专职的党委副书记并兼副校长主管。

2. 系统内的多中心

这是就学生工作系统内部组织结构而言的。当前我国高校学生工作管理体制的模式是"条块结合、纵横联合、两级运行"，即以学生工作部（处）为专门机构，协调校内的团委、教务处、宣传部、总务处等部门开展工作。在学生工作实现"整体上专门化"的领导体制后，要将当前兼职部门分管的所有学生事务都划归到学生工作的管理系统，学生工作管理要包括招生、就业、课外活动、学生组织和社团、勤工助学、经济资助、校园文化活动、社会实践、思想品德教育、军训、奖惩、宿舍管理、学生工作干部队伍建设、健康服务和心理咨询，等等。

当前高校中与学生工作有关的管理职能要有所分化和整合，实现学生工作部（处）和相关部门的有机重组。根据工作需要重新组合，形成功能专一的新机构，建立党委副书记兼副校长领导的直属学生工作的多个中心和办公室，如招生注册中心（包括学籍管理）、学习指导中心（学风建设、学术咨询）、住宿生活指导中心（宿舍管理和宿舍生活）、行为指导中心（学生行为训练和纪律管理）、就业指导中心（职业生涯计划和安置）、心理咨询中心（心理教育和咨询服务）、健康服务中心（健康预防、医疗保险）、学生活动中心（文体活动、社会实践、社区服务、学生组织和社团）、勤工助学及经济资助中心、思想政治教育中心、党团工作中心、学生工作常务办公室（日常事务、入学教育）等。

如果考虑管理幅度的限制，可将上述各中心依照工作性质分成学生教育、学生服务、学生活动三类（基本对应我国当前高校学生工作部、学生工作处和团委的职责范围）分别设立。

3. "以条为主、直接管理"的工作机制

这种设想是使高校学生工作管理由现在的校、系两级的条块结合机制趋向于以条为主、直接管理的工作方式。

主要依据：一是目前学生工作条块结合的机制需要的学生工作干部队伍庞大。据调查，院（系）一级基层学生工作专职人员一般是2~4人，有的学校多到5~6人。

二是随着学校规模的不断扩大，院（系）一级的基层组织逐渐增多，从而导致校级管理幅度太大，不利于指挥和领导。

三是现行校级管理负责全校学生工作，院（系）一级学生工作按要求是在校一级领导下进行，但是院（系）一级专职人员的人事权却在院（系），这就形成学校管事不管人，从而影响工作的效率。相反，如果是实行直接管理，专职人员归口统一指挥，工作就容易统筹安排，学生工作管理人员的素质也会受到应有的重视。

四是随着高校教学管理制度和培养模式的改革，现在的学生工作在院（系）一级几乎存在没有可能。如果将来实行完全的学分制，学生不再严格属于某一个院（系），高校将实施更大程度上的通识教育，一、二年级不分专业，这些学生也不严格属于某个院（系），院（系）一级的学生工作管理便会自行消亡。

第二节 地方高校学生思想政治教育管理研究

一、地方高校学生思想政治教育管理的意义

(一) 把握变化,预测趋势

"凡事预则立,不预则废。"地方高校的思想政治教育成效不佳的重要因素之一,就是思想政治教育工作者对大学生在社会生产方式和生活方式急剧变化下所发生的思想变化发展趋势预测不够,认识不清。加强思想政治教育管理,就是要透过现象看本质,应发挥管理者对大学生思想发展变化独特的预测作用,用敏锐的眼光观察问题,用清醒的头脑思考问题,用高度的政治意识处理问题,明察秋毫地把握学生的思想动态,及时纠正他们偏离社会要求的错误思想和行为,不使其发展和蔓延,将思想政治工作做到出现问题之前。

预测思想政治教育管理工作的变化发展趋势,要求思想政治教育工作者要认清思想发展的规律性。毛泽东同志曾指出:"人们要想得到工作的胜利即得到预想的结果,一定要使自己的思想合于客观外界的规律性,如果不合,就会在实践中失败。"[①] 只有认识了思想发展的规律性,才会有科学的预见。

因此,思想政治教育者要深入实际调查研究,掌握大学生的思想状态、心理情绪变化,以及政治经济形势发展变化可能给大学生带来的种种影响,全面深入地了解他们,合理利用现代化的分析工具、手段和科学的预测方法,提高逻辑推理和分析判断能力,提高快速应变能力,使思想政治教育的预测更加科学化。

(二) 引导方向,协调关系

辩证唯物主义告诉我们,在特定的条件下,一定的意识对事物的发展方向、发展速度及人们工作的成败起至关重要的作用。要成功地进行变革某一事物的实践活动,除了要具备一定的物质条件外,思想意识的正确也很重要,在某种程度上它甚至决定了实践的成败。因此,思想政治教育能否落到实处,除了需要物质保障及配套措施的建立、完善,积极正确的思想意识更是关键。

思想政治教育管理就是在思想政治教育过程中,发挥对大学生思想意识的导向作用,运用启发、动员、教育、监督、批评等思想工作方法,把大学生的思想和行为引导到符合社会要求的正确方向上来。思想政治工作的导向作用主要表现在引导大学生树立正确的世界观、人生观和价值观,形成并坚持科学的行为方式等。充分发挥思想政治工作的导向功能,就是要继承我党长期形成的思想政治工作和教育管理的优秀传统,继承中华民族的优良文化传统与道德传统,学习和借鉴国外的先进管理理论、管理模式和管理方法,按照我国当前的思想政治教育的管理实际,实施管理创新,用现代管理理念对传统管理理论和方

---

① 赵兴宏,张振芝.形式与政策通论 [M].沈阳:东北大学出版社,2015:13.

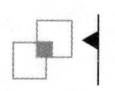

法进行整合和创新，逐步建立起一套有中国特色的思想政治教育管理体制。

思想政治教育管理的协调作用主要体现在协调学生的矛盾和利益关系，协调学生的人际关系，协调学生的心理状态等方面，这是建设和谐校园的重要基础和维护校园稳定的重要前提。在高校，学生与教师、学生与学生、学生与管理者之间的关系需要重新调整，许多新的矛盾急需化解。

思想政治教育的"柔性"协调应发挥其有效作用，通过民主的、说服教育的、相互沟通的方式，达到对学生情绪进行调控、对人际关系进行有效调整的目的，及时协调学生间的关系，化解矛盾，从而提高学生的思想觉悟，建立起良性的人际关系，使大家相互理解，相互关心，保持和促进社会的稳定与发展。

思想政治教育管理还须在认真关注学生群体思想动态的同时，密切注视学生个体的心理健康状况，及时做好协调学生心理状态的工作，帮助学生自我认识、自我导向、自我调适，调整心理结构与环境的关系，树立战胜困难的信心，克服心理障碍，增强心理素质，化消极心态为积极心态。

（三）反馈信息，调控政策

反馈是在思想政治教育活动的过程中，及时将教育活动的信息反馈到管理组织，为其指导管理活动、调整管理目标提供依据。思想政治教育活动如果要正常进行，并且取得实效，管理者和管理组织就必须及时掌握教育活动和管理活动的动态信息，建立起覆盖上下左右、横向到边、纵向到底的思想政治工作网络，及时反馈各个层面的学生的思想动态，这样才能做到早发现、快解决，主动及时地把思想问题解决在初始状态，不至于"小洞不补，大洞吃苦，小病拖成大病，大病变成绝症"。有了这样的反馈机制，思想政治教育才有工作保障，才能有针对性地及时采取措施，保证思想政治教育活动的正常进行。

思想政治教育管理要采用一定的控制手段，及时纠正教育活动出现的偏差，以保证教育沿着正确的轨道发展，朝着既定的目标发展。教育活动开展后，教育过程中内部因素和外部环境在不断变化，各种干扰因素不断出现，会使教育活动出现偏差，这就需要通过控制的手段加以纠正。控制是监视各项思想政治教育活动，保证组织计划与实际运行状况动态的适应。控制工作就是按照思想政治工作的计划标准，衡量计划的完成情况和纠正计划执行的偏差，以确保计划目标的实现，或适当修改计划，使计划更加适合实际情况，确保思想政治教育的效果。

二、地方高校学生思想政治教育管理的任务

科学地制定思想政治教育管理工作内容，是做好新形势下地方高校思想政治教育管理工作的关键。做好思想政治教育管理的完善和调整，使思想政治教育工作与管理工作相结合，狠抓各项管理，形成一整套规范的管理制度，寓教育于管理之中。其根本目标在于把思想政治工作与解决学生的实际问题结合起来，关心学生，了解学生，化解学生思想上的难点、疑点等，解决学生生活、学习上存在的实际问题。具体说来，应包括以下内容。

（一）以人为本，坚持社会主义高校的办学方向

地方高校学生思想教育管理的一个重要职能，就是对学生思想政治教育实行统筹规划

和组织实施。在我国的高等学校，这种规划和组织实施工作的第一要务就是保证高等学校的社会主义办学方向，实现大学生的德、智、体、美、劳全面发展。

在《中共中央宣传部教育部关于进一步加强和改进高等学校思想政治理论课的意见》中明确指出："如何引导大学生正确认识当今世界错综复杂的形势，把握国际局势的发展变化和人类社会的发展趋势；如何引导大学生正确认识国情和社会主义建设客观规律，增强在中国共产党领导下全面建设小康社会、加快推进社会主义现代化的自觉性和坚定性；如何引导大学生正确认识肩负的历史使命，努力成为德智体美全面发展的中国特色社会主义事业的建设者和接班人，是必须研究解决的重大而紧迫的课题。"[①] 这当然也是地方高校学生思想政治教育管理的重要任务。

（二）建立良好的学风校风，推进社会主义高校的政治文明和精神文明建设

良好的学风、校风的形成，不仅需要教学管理来推动，同时也需要思想政治教育管理来推动。高校思想政治教育管理由党委全面负责，因此，高校党委的领导能力与水平，对抓好思想政治教育管理，对高校的校风、学风建设具有直接的影响。

对于地方高校来说，政治文明建设和精神文明建设渗透于学校生活的各个方面，但它首先是直接通过政治导向、舆论导向、思想理论导向来实现的，而这恰恰是地方高校思想政治教育管理的职责所在，所以，思想政治教育管理承担着推进地方高校政治文明建设和精神文明建设的职责。

（三）深化改革，提高思想政治教育管理的质量

加强和改善思想政治教育，必须针对变化的形势进行与时俱进的改革，而其最终目的是提高思想政治工作的效能。因此，高等学校的思想政治教育管理应有规划、有组织地实行目标管理，达到相应的教育目标，同时设计好规范科学的管理程序，选择优化方案，协调各方面的职能，确保思想政治教育能够符合本校实际，规范、有序地推行。

地方高校学生思想政治教育是一项涉及面广、比较复杂的系统工程，各种教育内容、教育方式和教育力量都将综合影响思想政治教育的效果，因此应深化改革，提高思想政治教育的科学管理水平。理顺各职能部门的关系，使其产生合力，以促进教学教育效果的不断提高。

三、地方高校学生思想政治教育管理的方法

（一）解放思想，形成新的学生教育管理理念

当今的大学生生活在开放的社会环境中，生活社区化和成长环境社会化的趋势增强，凭学校的教育管理来规范学生的思想和行为是远远不够的，也不能适应21世纪高等教育改革与发展的需要。

思想政治教育必须向全方位和开放型的模式发展。确定全方位的学生教育管理新机制，建立健全校内学生工作的组织机构，形成以学生教育管理职能部门和各系（院）专

---

① 刘建锋. 高校思想政治教育理论与改革模式研究［M］. 北京/西安：世界图书出版公司，2018：81.

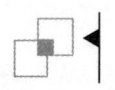

职辅导员为主体，全校各部门和全体教职工共同参与的学生教育管理的新格局。同时，充分发挥团组织、学生会、班委会自我教育、自我管理、自我服务的力量。

另外，随着地方高校后勤社会化改革的推进和高等教育大众化的逐步实现，社区乃至社会其他方面投入高等教育和学生教育管理的力量越来越大。社区也成为新机制的重要组成部分和学生思想政治教育的重要方面。因此，重新认识地方高校学生教育管理，确立新的学生思想政治教育管理理念，建立一个内外协调一致，纵横交错的多层次、多侧面、全方位、立体化的学生工作新机制。

（二）建章立制，强化引导，弱化"说教"

学生思想政治教育管理的重心应该摆在建立健全各项规章制度上，从大学生入学教育开始，强化制度的学习和教育，加强正面教育和引导，教育学生学会学习、学会生存、学会关心、学会创造，坚持正面引导，达到"教为不教""管为不管"的目的，培养学生的自主意识和自觉意识，强化教育管理者的"导师"角色意识。

（三）建立和完善学生咨询服务体系

随着市场经济和高等教育改革的进一步深化，市场意识进一步强化、教育市场初现雏形，大学生出现生活社区化和成长环境社会化的趋势，学生主体的思想意识和价值取向多元化，个人需求多样化和个性化，同时大学生的自主、独立意识增强，从主客观上要求高校学生教育管理应更多地采取咨询服务的方式，应改变现有的校、系、班三级学生思想政治教育管理模式，将现有专职思想政治教师（学生辅导员）分流，选派一部分理论素质高、研究能力强的教师与心理咨询教师组成一个新的学生咨询服务室，承担就业、思想和心理教育健康研究和咨询、引导的功能。

（四）确立学生的主体地位

突出学生在教育中的主体地位，就是要充分尊重学生的能动性、自主性和自觉性，使学生思想政治教育过程成为学生教育管理者引导学生自我认识、自我发现、自我评价、自我选择、自我发展、自我完善的过程。思想政治教育过程中，教育管理者要树立充分尊重学生，与学生平等相处，并给予学生一定的"自由空间"等思想观念。这个思想观念的确立对充分尊重学生主体性和主体地位，培养学生独立创新人格和创新精神具有十分重要的意义。

（五）依法治校，实行学生思想政治教育管理法制化

地方高校教育对象的特殊性决定了思想政治教育管理者不能把对学生的教育和管理仅建立在强制执行的基础上，必须面对大多数学生在法律上已是完全民事行为能力人，但在生理和心理上尚不成熟的基本事实，其思想的错位、混乱甚至错误在所难免。地方高校在依法治校的框架下，应多关注思想政治教育的规律与学生成长的特点是否相适应、相协调，毕竟法律也好、道德也罢，皆为人才培养所需，不能背离培养人和教育人的根本目的。

因此，要把消极规范强制限制在合理范围内，并与积极的教育引导结合，用法律法规

来调整大学生个体之间、个体与法人之间的权利和利益关系,减少行政处罚的范围,有利于实现地方高校大学生行为管理与社会行为管理的接轨,使大学生养成自觉遵守法律法规的习惯,能够运用法律法规来调节、规范自己的行为。

第三节　地方高校学生社区化管理

一、高校学生社区概述

（一）高校学生社区的概念

随着地方高校改革的进一步深入,以寝室为单位的学生社区的地位日益突出。学生社区（简称学区）是社区概念在学校管理中的反映,学生社区是大学生在校学习、生活、休息的基本活动场所。社会学研究表明,社区首先是一种地域上的存在,其次"它的实质是人的聚居与互动"[①]。就第一层意思而言,社区的特点是居民的共同居住;第二层意思则表明社区具有文化功能。学生社区也是一个社区,就一所高校而言,它指这所高校的所有寝室和周边环境（学生公寓）以及这种环境所能达到的最大的育人功能。

（二）高校学生社区的内涵

与社区概念相对应,这一概念也包含两个内容,一是指区域环境,二是指文化功能。区域环境:一方面,学区是校园的区域组成之一,是校园内的地理分区,是学生的居住区;另一方面,学区也是学校的一个重要管理区,就社会组成结构来讲,它是组成学校管理的结构之一,学校与学区存在某种程度上的隶属关系。

不过,在完全学分制实施的背景下,学生群体间专业、班级甚至年级的界限日益模糊,作为学生的居住区其地位也应随之上升,以满足学生以居民身份与学校以及相关社会机构进行实质性对话的要求。文化功能更多地表现为社区人文环境与居民生活的相生相融,学生社区成为学生接受文化教育的主要阵地。其在文化功能上还要承担更多的责任,要确保"文化为了教育,教育为了学生",它具有更加鲜明的目标和内容指向。

地方高校学生社区的主要功能,就是要使学区成为高校德育工作的一个有效的有机环节。它承担的主要任务是为未来社会培养合格的社会公民,从社区角度出发,即培养适应社区生活,与社区和谐相处的居民。一个社会的现代化归根结底是人的现代化,是人的意识和人的才能的现代化。[②] 社区作为社会构成的单元部分,它的现代化更离不开其居民,即社区成员意识的现代化。因此培养具有社会意识的现代人必然成为现代教育的任务之一。

学生社区作为社区的特殊形态,同样要求其居民（学生为主体）以社区理念处理社

[①] 王瑛. 高校学生管理创新模式研究 [M]. 长春:吉林大学出版社,2016:107.
[②] 刘伦. 高校学生管理制度创新探索 [M]. 重庆:重庆大学出版社,2006:100.

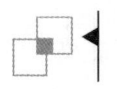

区事务。从这一角度讲,学生社区承担向居住其中的不同年龄、不同性别、不同生源、不同专业的学生灌输现代社区意识,将其培养成能积极参与社区事务,能适应并完善未来居住环境的合格居民的任务。因此,学生社区更像一个准社区,就如同学校向各行业输送人才一样,它负责向未来的社区输送高层次的居民。

由此可见,区别于城市一般社区和农村社区,学生社区是附属于学校的,由定期流动的学生和相关管理人员组成,在具备相应的物质功能的同时,还应形成相应的育人功能,是一类特殊形态的社区。它不单有显而易见的区域含义,同时也是一个过程,即一个通过整个学生社区成员(主要指学生)的积极参与和依靠学生社区的创新精神来完成其育人功能的过程。

同社区一样,学生社区一词也有一种温暖的劝说性的意味,它是一种情感力量,让学生具有对物质环境的归属感。在同一学区里,不同学生的关系建立在相互依存和互惠的基础之上,这种互惠和相互依存是自愿的、理性的,是通过自主参与实现的。学生参与是学区存在的反映,只有通过学生参与才能使学生的多样性以及他们归属学区的不同方式具体表现出来。

(三) 高校学生社区的类型

1. 跨省(市)的大学城社区

这类学生社区的特点是规模大,入区的学校多。从入区大学所在的省(市)来划分,既包括大学城所在地的大学,也包括外省(市)的大学;从入区大学的性质来划分,既包括理工大学,也包括综合性大学和专门大学;从入区的学校层次来划分,既包括研究型的本科大学,也包括专科学校和职业技术学院。这类大学城社区管理体系有待加强。

以河北廊坊的东方大学城为例,该城 1999 年 10 月奠基,目前已具相当规模,有北京中医药大学、北京联合大学、北京青年政治学院、北京服装学院、河北体育学院、中国民航管理干部学院、北京工商大学、北京信息工程学院、北京工业大学、北京城市学院等 30 多所高校的学生入住该社区,其商业、通信、医疗、金融等服务保障服务系统齐备。该大学城由产研片区、教学片区、生活片区和文体片区等不同的功能分区组成,其生活片区即为典型的大学生社区。

2. 同省(市)的大学城社区

这类大学城社区的特点是规模较大,入区的大学属于本省(市)的大学。如重庆市的虎溪大学城,其入驻的学校就有重庆大学、重庆医科大学、重庆师范大学、四川美术学院、重庆科技学院等高校;上海市的松江大学城,入住的有复旦大学影视学院、东华大学、上海外国语大学、上海工程技术大学、上海对外贸易大学、华东政法大学、立信会计学院等高校;广州市的广州大学城有中山大学、华南理工大学、华南师大、广东工业大学、广州美院、星海音乐学院、广州大学、广州外国语学院、广州中医药大学、广东药学院等十余所高校;南京市的仙林大学城有南京师范大学、南京中医药大学、南京财经大学、南京邮电大学、南京森林公安高等专科学校等十余所学校。

3. 由一所具有一定规模的大学构建的学生公寓式社区

这类学生社区的特点是,在原学生宿舍区的基础上,进行管理模式上的改革,即对原有计划经济条件下的学生宿舍式管理模式,实行后勤社会化改革,实现社区式管理;随着学校规模的扩大，对新建的学生宿舍实行社区化的管理。这类由单个学校构成的公寓式学生社区目前全国也不少。以重庆为例，重庆交通大学、重庆邮电大学、重庆工商大学等，其学生公寓式社区就是这类社区。

二、地方高校学生社区化管理取得的实践成效

实践表明，实施学生社区化管理不但可以较好地应对地方高校后勤社会化改革与教育教学改革给高校学生教育管理带来的新机遇、新挑战、新任务和新问题，而且可以使学生党建与思想政治工作的着力点更明确、体系更完善、育人机制更健全，对学生的教育管理成效也更明显。

（一）增进了各学校、各级组织与学生之间的交流和情感联系

近几年不断出现的学生与学校间的法律纠纷，一度成为整个社会关心的热点问题，专家指出，发生这些问题的一个很重要的原因是学生与学校之间缺乏必要的平等的交流与沟通，因此引发出学生、家长、社会与学校之间的诸多矛盾。而社区化管理改变了师生以前对社区化管理改革的消极认识及评价，通过政工人员和学生社区中的党团组织机构与心理咨询机构的工作，缩短了学生与组织之间的空间距离和心理距离，进一步体现出思想政治教育应具备亲和力和感染力的特点，师生之间、学生与组织之间、学生与学校间的关系也更加自然和谐。

（二）优化了服务和育人环境

在以社区党总支为核心的管理体系中，综合利用好各种服务机构，加强统一指导，能为学生的成才提供一个更加完整、科学、有序的体系和空间，使社区的管理和服务更加快捷、完备。

社区化管理可以科学整合各种资源，增强教育管理合力，在社区管理体制下诞生各种健全的富有活力的社团组织，为社区创造了丰富多彩的科技文化氛围，为学生素质的拓展提供了更加立体的空间，对学生个体知识结构的完善、个性的培养和素质的拓展发挥了积极作用。从管理和经营角度提出社区的统一管理思想和教育理念，为学生的成材和教育机构的育人提供了更加优化的内外环境，能够有效保证地方高校连续扩招后教育管理质量和学生素质的稳步提高。

（三）贯彻了"以人为本"的管理理念

社区化管理营造出了以人文素质、健康成才教育等为主要内容的德育氛围。在这个氛围中，学生真正成了学校服务的对象和主体，学校自始至终坚持把学生的成才放在第一位。如果要在整个教育过程中真正地贯穿这一主旨，就必须为学生的成长与发展提供良好的物质条件，在此基础上创造良好的"求知、求真"的学术氛围，营造出一种以人文素质、健康成才教育等为主要内容的道德文化育人氛围，给予学生积极的引导，使学生在良性的德育氛围的感染、熏陶下，主动锻炼、提高自己，最终培养学生良好的生存适应能力。

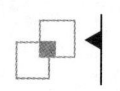

三、地方高校学生社区化管理的发展方向

随着地方高校社会化改革的不断深入,地方高校学生社区化管理应该向哪些方面发展是目前需要讨论的问题。学生社区应该成为培养德、智、体、美全面发展的"四有"人才及"管理育人、服务育人"的重要阵地,它是影响大学生成长、成才的重要环境和学校精神文明建设的窗口。

因此,地方高校学生社区化管理应该成为高校改革的重点,有些传统的管理模式已不能适应高校的发展,学生社区化管理势在必行。从地方高校社区化管理的发展方向看,不断完善学生社区的教育管理机制,积极探索学生社区管理的新思路、新办法,建立新型地方高校学生社区管理模式是今后发展的主要方向。

(一) 智能化管理方向

管理智能化,就是借助信息技术手段,建设学生生活网络和社区管理服务网络,用计算机等现代科学技术进行科学的管理和服务,体现高效管理,实施高效服务。将几幢学生宿舍形成的社区实行联网管理,学生进出公寓要进行红外刷卡,减少管理人员,杜绝外来人员的进入;对社区内部的床位、电费、水费管理等都利用智能化管理系统;在此基础上增设学生社区BBS、公寓管理员信箱和住宿信息、电话号码、火车时刻、住宿费、超额水电费、卫生考评等网络查询功能,通过网络服务平台为学生提供更加方便快捷的生活服务。

学生社区的智能化管理就是建立智能社区,进行各方面的管理,促使管理模式的合理化、管理方法的科学化。智能化社区的建立对学生公寓的安全管理,尤其将学生进出、消防报警、用电负载识别等上升到一个全新的层面。广泛运用计算机平台的自动化技术和智能化技术开展这些工作,可以大大提高管理效率、准确性、可靠性和安全性,还可以解决许多单靠人力不能解决的问题。通过实时微机管理,随时了解入住学生的基本情况和日常动态,形成服务方与学生之间的双向联系,形成社区管理信息的流通,推进管理科学化、智能化的进程。

(二) 人性化管理趋势

人性化管理源自企业管理范畴,指以情服人来提高管理效率。[①] 通俗地讲,人性化管理风格的实质就在于充分尊重被管理者的自由和创造才能,从而使被管理者愿意怀着满意或者是满足的心态,以最佳的精神状态全身心地投入工作当中,进而直接提高管理效率。人性的管理是情、理、法并重的管理,而不是放任管理。这种管理精神对高校的学生社区化管理同样适用。

人性化管理的核心是以人为本,充分相信学生的自我管理能力,尊重学生的权益,鼓励学生的自主和创新,不能把学生当作没有思想甚至没有自主能力的群体。地方高校学生社区化管理要实现人性化,管理者首先要看到每个学生身上的闪光点和个性,以亲和的态度去了解他们、关心他们、教育他们,进而管理他们。

---

① 刘伦. 高校学生管理制度创新探索 [M]. 重庆:重庆大学出版社,2006:112.

比如可以推进高校政工干部进入学生社区。学校选派优秀的学生工作干部进驻社区，与学生同吃、同住、同生活；社区老师经常深入寝室，了解学生的生活状况和思想动态，帮助学生解决实际困难，把解决学生的思想问题与解决实际问题密切结合起来。政工干部进社区，对转变政工干部的观念和学生的认识，加强学生与辅导员之间的沟通，拉近与学生的距离具有实效，能够真正做到使思想政治教育工作贴近学生学习、贴近学生生活、贴近学生心理，确保思想政治工作的有效开展。同时社区管理者的以身作则也可以强化管理者的人格魅力。

人性化管理将对教育管理者提出更高的要求。要求管理者放下以上令下的特权，抛弃先入为主的视角，重新审视师生关系，科学处理制度与人的作用之间的关系。人性化管理拒绝以制度和惩罚措施"吓人"，而是以管理者自身的人格魅力去教育人、说服人，构建一种深层次的管理者与被管理者间的和谐关系。

具体来说，学生工作部门和具体执行者首先要严格要求自己，制定制度时要考虑其合理性、科学性和可操作性，制度执行的一致性和公平性，以及针对特定情况的灵活性；在接触到具体管理对象的时候，要以人性的关怀和理解为管理动力，寻求二者之间的良性互动，从而达到思想政治工作需要的效果。

（三）转变服务观念，构建服务型社区

所谓服务型社区，就是在几个公寓形成的智能小区内建立新型的现代化的学生社区，为学生提供社会化的经营服务管理，并且成为社区的主要管理内容。学生生活社区是学生的生活区域，按照学生社区的管理模式，采用社区化的管理服务办法，着重在为学生提供优质服务上下功夫，形成新型的服务型学生社区。

新型的学生社区建立后，富余出来的管理人员全部投入学生社区中，为学生提供全方位的服务。在社区内设立各类服务网点，设立小型的超市、书店、洗衣间等配套服务设施，使学生在社区内部就可以获得多种服务。在社区的网点内设立学生勤工助学点，为学生提供社会实践机会。

学生社区建立的同时，要有基础的学习、生活设施，要健全社区生活指南，以各种文体活动为载体，加强学生社区的文化建设，全面推进学生素质的发展。应在学生宿舍内外建造和张挂由学生自己设计制作的各类人文景观及人生格言、警句、艺术作品等。在学生社区内设立学生阅览室、广播台、宣传橱窗、文体活动中心以及由学生参与勤工俭学的超市、书报亭等勤工助学基地。

还可以在各社区内举办各种学生自编、自导、自演的大型文艺晚会、音乐会，主办篮球赛、演讲比赛、寝室设计大赛等丰富多彩的文化娱乐活动，寓教于乐。通过这些活动的开展，提高社区的文化氛围，提升学生的综合素质，使学生社区不仅成为学生学习的园地，生活的社区，还能成为开展思想政治工作和培养学生成才的坚实阵地。

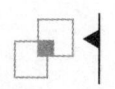

第四节　地方高校学生社会实践规范化管理

一、地方高校学生社会实践概述

（一）地方高校学生社会实践的形式

1. 参观型社会实践活动

这种社会实践活动通常是组织学生到风景名胜、工厂参观考察、座谈了解，虽然对学生能起到一定的教育作用，但除了增进学生之间的友谊，加深学生对祖国大好河山的了解以外，能真正达到受教育目的的可能性较小。于是学校就把这种社会实践活动作为对优秀学生或学生干部的奖励，组织少量学生参加，但花钱较多取得的效益却不多。

2. 活动型社会实践活动

这种社会实践以文化、科技、卫生三下乡为主，通常做法是学校与某地联合，在某地以学校为主，组织一台甚至几台文艺演出，动员群众前来观看。或组织大型的科技咨询、文化宣传、医疗服务活动，场面宏大，气氛热烈，影响也较大，但投入多，组织复杂，参与学生也不是很多。目前这种社会实践活动已成为学生社会实践活动的主要形式，但值得改进。

3. 生产型社会实践活动

这种社会实践以高年级学生、研究生、博士生为主，他们参加生产活动的某一环节，成为其中的一员。一方面，既利用自己已有的知识促进生产的发展，另一方面，又在实践中学到了书本上没有的知识，相得益彰。这种社会实践活动花钱不多，但效果实在，达到了帮忙不添乱的目的，有较强的生命力。

4. 课题型社会实践活动

学校以老师牵头，各年级相关学生参加，组成课题小组，承担政府或企业的课题，通过广泛深入的调查宣传活动，对课题进行攻关。这种社会实践活动学生参加的积极性比较高，而且能得到一定的社会资金支持，也能长期开展下去。

5. 挂职型社会实践活动

这种社会实践活动主要是以组织的形式到机关、社区、乡村挂任各种职务的助理，做一些社会工作。这种社会实践活动受到机关、社区、乡村的欢迎，但目前参加的人数较少。

6. 学生自发型社会实践活动

学生在假期，通过参加社会招聘活动、上门自荐等形式，参加到各种社会生产活动中去，除体验社会生活活动的酸甜苦辣外，还能利用自己所长，在为社会服务的同时，取得一定的报酬，补贴学习或生活所需。这种社会实践活动参加的学生较多，学校支出也不是很大，应该进行鼓励。

7. 互动型社会实践活动

这类实践活动的参与者既有大学生（含大学生党员），又有城乡基层的市民、农民（含党员）。在活动中，他们互为参照对象，通过相互学习、相互帮助，不仅使双方共同获得进步，同时也促进了社会主义的物质文明、精神文明、政治文明建设。

（二）地方高校学生社会实践的内容与方法

1. 社会调查

深入城镇、乡村，开展社会调查、考察；深入城乡各地、部队、科研院所、企事业单位开展社会考察和社会调查活动，从而引导学生了解社会、了解国情，同时对社会和企业的发展献计献策。社会调查和考察的直接目的是了解社会的实际情况，认识社会现象的本质及其发展的客观规律，是一种搜集和处理社会信息的方法，在现代社会具有越来越重要的作用。当前，大学生社会调查逐渐向专题化、重效益、重应用方向转化。

社会调查的内容很多，例如，可通过走访工农群众、干部、军人、知识分子等，开展对社会现状的调查；也可通过了解城乡经济发展现状，开展国情民情考察；也可通过了解科技对经济和社会发展的影响，开展依靠科技进步及科学管理发展经济的专题调查等。社会调查的方式也比较灵活，有文献调查法、访问调查法、问卷调查法等。

2. 科技服务活动

科技服务活动面向经济建设主战场，面向城镇社区、县乡的中小型企业、乡镇企业，结合所学专业，发挥技术特长，在教师的指导下开展科技攻关、工程设计、科技成果推广、科技咨询和技术服务等活动，使科学技术为现实生产服务。

3. 文化服务活动

深入城镇社区和贫困乡村，开展文化培训、科普讲座、法律宣传和咨询活动，服务社区和乡村的文明建设。

4. 公益劳动和文明共建活动

包括校内公益劳动，校外社区服务活动，与企事业单位、部队、科研院所、乡村、居民委员会等单位开展其他形式的文明共建活动。

5. 互动活动

大学生党员与城市社区党员、农村基层党员、企事业单位党员在建立党的先进性教育长效机制中的互动活动。

6. 信息服务

信息服务是指通过一定的途径把人才、工农业、科学技术及社会生活等方面的信息资源的开发利用情况，提供给被服务单位，并把被服务单位的信息传递出去，以期取得一定的人才效益、社会效益和经济效益。大学生通过在校的学习，掌握了一定的专业知识，可以通过开展信息服务把信息资源的开发过程及成果传播到各个领域，进一步加以利用，在信息资源的开发与利用之间架起一座桥梁。

7. 勤工助学

勤工助学对学生个人和国家都有重要的意义。对个人，它有助于学生个人的成长和成才；对国家，它有助于国家高科技人才的培养，有助于国家教育制度的改革和教育的不断发展。在假期，通过做兼职教师、推销员、打字员、秘书、酒店服务员等工作，一方面，

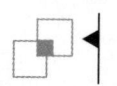

可以在一定程度上解决贫困生的经济问题；另一方面，也是高校开展社会实践活动、培养学生自立自强精神的有机组成部分。

8. 教学实习

教学实习是教学计划内的社会实践，是在教学计划规定的时间内进行的，要求每个学生必须参加并取得学分，它是实现专业培养目标、保证人才规格质量的必修课。教学实习包括认识实习、生产实习、毕业实习等，是理、工、农、医等专业大学生社会实践的主要形式，是把生产劳动引入教学，对大学生进行思想政治教育、职业道德教育、专业教学和职业训练的基本环节。

二、地方高校学生社会实践的制度建设与创新探索

（一）地方高校学生社会实践的制度建设

地方高校把大学生社会实践活动纳入整体教育计划，通过制定短期规划、长远规划和配套文件，形成一套完善的大学生社会实践制度。它对实践活动的指导思想、方针原则、目标要求、形式内容、方法途径、时间要求、成绩考评、工作量计算、奖励办法、组织领导以及有关政策都做了明确规定，并随着学校体制改革不断加以修订，使活动贴近学校发展实际，有章可循。一个成功的社会实践制度，应包含以下内容。

1. 社会实践活动领导小组制度

学校应成立由分管学生工作的党政领导和教务、科研总务、学生处、团委等部分单位组成的学生社会实践活动领导小组，负责对全校社会实践活动进行统筹安排，制订计划，组织落实，各院、系部成立由分管学生工作的党总支、副书记、副主任、团总支书记与辅导室主任等参加的社会实践领导小组，负责本系学生社会实践活动计划的制订与实施。

同时，也可吸收校外人士，如地方政府负责领导，地市团委及企业负责人共同组成社会实践活动领导小组，建立友好关系，以便于高校社会实践在地方、企业的顺利开展。

2. 完善两种不同类型的社会实践基地建设制度

随着大学生社会实践活动不断走向成熟，社会实践基地建设制度也成为一种趋势，相对于实践初期的分散、随机活动，基地活动可以有长远的计划，为培养人才制订完备的方案，同时，也有利于基地方与校方建立长期互惠关系，使社会实践在双方自愿的基础上健康发展。

社会实践基地制度建设包括两方面的内容：一是为教学研究服务的社会实践基地的制度建设。这类基地建设包括城市工商企业、农业生产单位等。二是思想政治教育和党建社会实践基地的制度建设。这类基地包括城市社区、农村基层组织，以及各类爱国主义教育基地（包括革命纪念馆、革命博物馆、烈士陵园等）。

3. 实行两种不同类型的社会实践指导教师队伍建设制度

开展大学生社会实践活动的经验证明，实践活动要取得成效离不开教师的积极参与，因此，必须建立社会实践指导教师制度。两种不同的社会实践需要不同的指导教师，为教学研究服务的社会实践，应由专业教师或相关专业的技术人员做指导教师；思想政治教育类的社会实践，由政治辅导员、政治理论教师或校外政工干部做指导教师。借助指导教师在人格理论、知识、专业上的优势，增强社会实践的生命力，完成在实践过程中全方位育

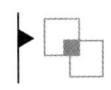

人的功能。

制定社会实践指导教师制度一般要考虑以下因素：

（1）基地的性质（教学研究服务的社会实践基地与思想政治教育的社会实践基地，两种不同的社会实践基地对教师的要求有所不同）；

（2）学校的有关政策；

（3）教师的地位和作用；

（4）实践过程中的组织领导；

（5）纪律要求；

（6）地点的选择和安排；

（7）职称评审和职务晋升；

（8）工作量的计算。

当然还要注意与由学校相关职能部门及分管学校领导组成的领导小组的协调合作。

4. 完善社会实践考核与激励制度

考核激励是提高社会实践活动成效的有效方式之一。

（1）对大学生参加社会实践活动按照内容计学分。

（2）对教师定任务、计工作量。

（3）院、系部、教研室制定规划和考核措施。

（4）对社会实践活动情况要做到"八个挂钩"：与学生德、智、体综合测评成绩挂钩，与奖学金挂钩，与评选先进个人和集体挂钩，与团员民主评议、推优入党和推荐免试研究生挂钩，与评选优秀党团员挂钩，与大学生的学分挂钩，与单位和个人经济利益挂钩，与教师工作量和干部业绩的奖惩挂钩。

这样，才能调动大学生、广大教师干部以及社会各界、各单位参与社会实践的积极性、主动性，使社会实践形成有机运作、自我驱动、有轨发展的动力机制。

（二）地方高校学生社会实践的创新探索

1. 不断更新社会实践理念

新的时代不仅对大学生有了新的要求，同时赋予了大学生社会实践新的任务，要适应时代，就必须实现大学生社会实践理念上的更新。

第一，将大学生社会实践与建设社会主义新农村的需要结合起来。建设社会主义新农村仅靠国家投入资金是不够的，广大农村还必须投入更多的智力资源、文化资源。而大学生是掌握着一定基础知识和专业知识的青年知识分子，他们的参与，无疑会有效地促进社会主义新农村的建设。

大学生加入社会主义新农村的建设中，使他们的专业知识有了用武之地，使他们的实际能力得到提高。将大学生的社会实践与建设社会主义新农村的需要结合起来，意味着我们对大学生社会实践的观念要有一个更新或变革，即要从过去单方面地将大学生作为社会实践的受动者——通过社会实践提高工作能力，培养良好的思想品德，转变为大学生既是社会实践的受动者，又是社会实践的"授动者"——让大学生作为科技知识和精神文明的载体，在实践中建设社会主义新农村。

第二，将大学生社会实践与城市社区精神文明、政治文明建设的需要结合起来。将大

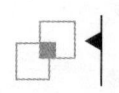

学生既看作社会实践的受动者，又视为社会实践的"授动者"时，就应充分利用大学生这一科技知识和精神文明的载体，将其运用到变革社会的活动中。将大学生的社会实践与城市社区的精神文明和政治文明建设的需要结合起来，持久稳定而有效地开展社会实践教育活动，使大学生在促进城市社区精神文明与政治文明的社会实践中，自身也得到提高和锻炼。

在这类社会实践活动中，大学生可以将高校思想政治理论课中所学习到的内容应用于实践活动中，这样既能将知识活用，又能深化理论认识，同时还可以通过自身努力促进社会变革，成为推动社会文明进步的重要力量。

2. 完善创新社会实践载体

第一，建立大学生党员城乡基层接待室。在当前开展的大学生社会实践中，一些地方高校建立起了新的社会实践载体。这种城乡基层大学生党员接待室既可成为大学生党员和入党积极分子了解社会的窗口，又可成为向工人、农民、市民宣传党的知识、党的政策以及国际国内政治经济、社会形势的重要阵地，大学生可以在这个载体中与广大群众打成一片，为构建和谐社会贡献出自身的力量。

第二，建立大学生社会实践临时党支部。通过建立大学生社会实践临时党支部，能增强党对社会实践的领导作用，并将党的政策、主张贯穿整个社会实践的全过程，从而使大学生社会实践产生更大的政治文化效果和影响。

第三章 地方高校学生管理法治化研究

中国高等教育飞速发展，地方高校管理法治化的进程却相当缓慢。目前，地方高校学生管理中存在着十分严重的法治缺失，主要包括：高校学生管理规范违法、高校学生管理规范制定过程不民主、管理行为缺乏正当程序、学生权利的救济途径模糊等。本章通过解读地方高校学生管理法治化的内涵，对地方高校校规的法律效力与制定、地方高校学生管理行为的司法审查问题进行了探讨，以实现依法治校，重构地方高校学生管理制度。

第一节 高校学生管理法治化的内涵解读

一、法治的内涵

（一）法治概念基本阐释

法治这一理念是古代西方文明的产物，法治思想起源于古希腊。最早对"法治"这一概念进行定义地是亚里士多德，他认为，"法治"应当包括两重含义：已经成立的法律获得普遍的服从；而大家所服从的法律又应该是制定的良好的法律。[①] 概括起来，即法治要符合两个条件：一是"良法"，二是"守法"。他的这一理念直接影响了近现代法治原则。

在法学界颇具权威的《布莱克法律辞典》这么解释道："法治是最高权威认可颁布的并且通常以准则或逻辑命题形式出现的，具有普遍适用性的法律原则称为法治"，"法治有时被称为'法律的组稿原则'，它要求法官制定判决（决定）时，职能依据现有的原则或法律而不得受随意性的干扰和阻碍"。[②]

另外，"法治"与"法制"有所区别。法制指的是法规制度，是静态的，它是实现法治的一种手段。而法治则是一种治理方略，是一个动态的过程。这就意味着法治的实现不是通过一个阶段的强化就可以实现的，而是在不同的时期，相应地调整法治的手段，才可实现全社会的法治化。

---

① ［古希腊］亚里士多德. 政治学 [M]. 吴寿彭，译. 北京：商务印书馆，1981：199.
② Henry Campbell. *Black' S Law Dictionary* [M]. MN: West Publishing Co, 1979: 1196.

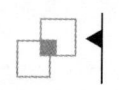

（二）法治内在价值解读

法治的内涵极为丰富。在此，对其内在价值做如下解读。

一是法治乃是一种治国理政的基本方式。实行法治最基本的前提便是遵循法律法规，依靠法律来管理国家事务和行使个人行为。通过法律来制约不确定的专横行为，并且使那些损害他人利益的行为得到应有的惩罚，从而构建一个和谐的生活环境。因此，这里强调的是法治在作为社会规范时所发挥的重要作用。

二是法治应当成为一种生活方式。这里强调法治作为一种生活方式，指的是法治发展到一定的程度时，人们不再受到外在法律法规的约束，而是自身的行为已与法治的要求融为一体，法治已经深深地融入人们的日常生活之中，而不需要特意做出区分。此时，人们已在无形中将法治的知识和要求作为自己生活的指南。

三是法治的基本价值诉求在于自由。不管外在规则的约束，还是内在法治意识对自身行为的指导，其最终目的都是为了实现人的自由生活和发展。只有在实现法治的条件下，在这样一种理性的生活方式中，人们的权利才能真正得到保障。因此，法律手段的运用绝不是为了限制社会主体的自由，而是为了维护和扩大主体的自由。这是现代法治的基本价值诉求。

二、高校学生管理法治化的内涵

笔者无意在此对"高校学生管理法治化"下定义，但在前面解读"学生管理"和"法治"的前提下，认为高校学生管理法治化应当包括以下内容。

（一）完善的高校学生管理法律制度

"有法可依"是法治社会的基本要求。以宪法为核心、以高等教育学生管理方面的法律法规规章、高校根据法律法规规章授权制定的校规、校纪为内容的高校学生管理法律体系的健全和完善程度，是衡量高校学生管理法治化水平的首要标志。

（二）学生广泛参与的学生管理制度

法治生成的过程，也是民主滋生和演进的过程。失去民主，法治就会倒退回"人治"。学生是高校法律关系的主体，不是客体，在学生管理过程中要体现民主精神，保证学生广泛参与学生有关的学校各项管理事务。这是高校学生管理法治化的重要内容。

（三）高校学生管理权受到严格规范，学生合法权益得到切实保障

法治从来都是以"权利"为本位的，而人治才以"权力"和"义务"为本位。公民权利的实现程度是衡量一个社会法治状况的根本价值尺度。同时，不限制公共权力，则权利无以得到保障。学生管理权受到严格规范、学生合法权益得到切实保障是高校学生管理法治化的真正体现。

（四）高校学生管理注重保护学生程序权利

现代法治越来越重视程序的价值和作用，法治在某种程度上可以用程序法治来衡量。

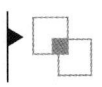

程序正义成了法治正义的一块试金石。"法治的主旨在于对权力行使程序的规范，程序合法是程序精义之所在。"[①]

（五）健全的执法监督机制

有法必依，执法必严，违法必究，法律的权威才能树立，民众对法律的信仰才能形成。"徒法不可以自行"，法律能否得到实施，关键在于是否有健全和运行有效的执法监督机制。仅有完善的高校学生管理法律制度，缺乏健全的执法监督机制，学生管理法治化必然是一句空话。

（六）师生良好的法律素养和法治观念

法治社会的形成，有赖于公民法律素养和法治观念的不断提高，有赖于全社会学法、知法、守法、用法的良好氛围的形成。如果一个国家所有的法律都需要强力推行，那么这个国家不是真正的法治国家。如果说全社会公民良好的法律素养和法治观念是法治化生成的土壤，那么，高校师生良好的法律素养和法治观念则是学生管理法治化生成的土壤。

三、高校学生管理法治化的必然性

（一）依法治国与以德治国的需要

依法将学生管理纳入法制化的轨道，不仅是依法治国的需要，也是我们提高教育质量，推动教育发展、提高学生道德素质和法治意识的必然选择。全面的依法治国应当将社会中各种关系纳入"法治"的范围，高校作为社会中的一个子系统，必然有其系统的运行方式，高校学生管理法治化不仅是依法治国和依法治校的重要组成部分，也是学生管理正规化、规范化的客观需要。

（二）市场经济的需要

市场经济的运行和发展都离不开合理有效的法律制度的引导、规范和保障。在全社会各个领域都迈入法治化轨道的今天，高校学生管理也应积极适应市场经济的要求，建立与之相适应的法制化体系。特别是我国加入WTO后，随着与世界各国的经济、政治、文化的频繁交往，我国高等学校和世界高等学府之间的交流合作机会越来越多，新的教育理念、教育制度、教育方式不断冲击和影响着我国的高等教育。高校学生管理在这种经济大环境下一定要遵循社会规律，在法治的规范下有序进行。同时，随着由计划经济向市场经济的不断改变，学校的学生管理也逐渐从以人治为主，依政策、依领导人的指示、命令办事向以法治为主，依法律规章办事，依民主意愿办事转变。市场经济的发展使社会的价值标准多元化，思想观念多元化，人们的行为趋向和生活需求也多样化，这种变化自然反映到高等学校学生日常的生活行为和思想中，这就必然要求高等学校的学生管理要法治化，要求学校建立和发展起适应社会主义市场经济的相关法制体系。

---

① 周旺生. 法理学 [M]. 北京：法律出版社, 2000: 41-42.

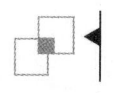

（三）以人为本与和谐社会的需要

学校是由人组成的集合体，学校无"人"则"止"。因此，高校管理应以人为本，把人的因素放在中心位置，时刻把调动学生的积极性放在主导地位。高校学生大多是具有完全民事行为能力的独立个体，拥有法律赋予的各项独立权利，以人为本的管理思想要求任何管理都要以人为中心，把提高人的素质，处理人际关系，满足人的需要，调动人的主动性、积极性、创造性放在首位。

因此，高校要以合理合法地满足学生的物质需要和精神需要，以实现人的全面发展作为管理活动的终极目标，将管理的出发点和落脚点定位在"人"，中心点定位在"人格塑造"。在学校内部创造友好合作和相互帮助的文化氛围，将"团队精神"与"尊重个性"很好地结合起来，充分发挥个体与集体相结合的力量，建立"以生为本"和"以师为本"的和谐校园。

（四）高校体制改革的需要

高校体制改革给学校更多的办学、教学自主权，随着高校改革步伐的进一步加快，学生的思想观念日益复杂，传统的学生管理工作中"从严管理"的管理观念、管理方式和管理体制虽然制定愿望是良好的，但或多或少都忽视了法治的精神和德育的初衷，已很难适应形势发展的需要，必须用新的思路加以改革和引导才能开创学生管理工作的新局面。教育部1990年发布实施的旧《普通高等学校学生管理规定》（以下简称《规定》）在过去的几十年中对于维护高校正常教育教学秩序，促进学生全面发展固然发挥了重要的作用，但随着国家政治、经济、科技、文化等方面的巨大发展和深刻变革，教育的理念、体制、制度等都产生了巨大的变化。尤其近几年教育事业蓬勃发展，高等教育实现了历史性跨越。高校办学规模成倍增长，教学改革不断深化，人才培养模式灵活多样，对高校的学生管理工作提出了新的课题。

另外，学生群体特征也在发生变化，当代大学生独立性、选择性、多样性和差异性日益增强，一些大学生不同程度上存在着理想信念模糊、诚信意识淡薄和社会责任感、艰苦奋斗精神、团结协作观念缺乏等问题，因此，对他们的教育管理应呈现出新特点、新规律。此外，国家法制建设的不断完善，公民维权意识的增强，也对高校学生管理工作提出了新的挑战。原有的管理思想、管理模式、管理方法已不适应形势发展变化的需要。因此，对旧《规定》的修订是时代发展的客观要求，是当前依法治教、促进高教事业全面、协调、可持续发展的迫切需要，是实现新时期教育培养目标要求的必然选择。

（五）高校学生管理本身的需要

近年来，随着市场经济的变化、高校的扩招，高校生源逐年增多，短期内很多高校难以在师资、管理、后勤等方面满足扩招的需求。加之高校贫困生问题、学生心理素质问题、学生德育素质降低问题等使高校学生管理工作日益复杂化。同时，大学生受到年龄和社会经验多方面的影响，思想波动起伏比较大，对事物的看法和处理也难免欠缺。由此而涉及的高校与学生之间的矛盾越来越多：例如，学生的生命健康权、财产权、人格权、获取资格评定权等在高校学生管理中出现的法律纠纷问题的增加必然要求高校要有法制的有效管理。

第二节 地方高校校规的法律效力与制定

一、地方高校校规的法律效力分析

法律效力作为规范性法律文件的关键性概念，其核心问题就是研究法律为什么会有效力和普遍的约束力？法律的普遍约束力从何而来？在地方高校学生管理领域中，高校校规作为地方高校学生管理行为的直接依据，其法律效力问题一直是理论研究和实践运用中比较疑惑的问题。

(一) 地方高校校规法律效力来源简述

对法律效力问题的研究，离不开对历史的回顾和考察。作为法学理论的一个基本问题，不同的法学流派和法学家都不可避免地对法律效力问题进行了论述，它们的观点各有不同。这里主要对实证主义法学派和自然法学派关于法律效力问题的理论观点进行分析。

1. 实证主义法学派的理论观点评述

实证主义法学派兴起于19世纪20年代和30年代，20世纪50年代达到巅峰，在西方法律史上具有重要的地位。笔者主要介绍几个该理论的代表人物及其观点。

(1) 约翰·奥斯汀（Austin John）的法理学理论

"法的存在是一个问题。法的优劣，则是另外一个问题。"[①] 这是实证主义法学派最早的开拓者奥斯汀所提出的法和道德的分离命题，主张区分"实际存在的法"和"应当存在的法"。

奥斯汀认为，法理学是一种独立自主的关于实在法的理论，应当将价值评价排除在法学之外，将法律视为主权者的命令，认为确切意义上的实在法就是命令。所以，对于法律效力问题，奥斯汀将具有至高无上权威的主权者命令看作法律效力的来源，而否定将上帝法以及正义等价值要素作为法律效力的来源，认为法律效力的实质就是一种强制力，正是基于主权者的强制力，法律对其指向的对象才具有要求服从的约束力。理性的个体考虑到不服从法律所带来的不利后果，才会服从主权者的"命令"。

(2) 汉斯·凯尔森（Hans Kelsen）的纯粹法学说

凯尔森提出了基础规范理论，凯尔森依据新康德主义和逻辑实证主义，认为事实和价值之间是不可通约的，"什么是法律"和"法律应当是什么"是两个截然不同的问题。

凯尔森认为法律是一种规范，法律规范的效力是一个"应然"问题，虽然法律规范的效力与人们遵守法律的实效有关，却不能等同于法律的实效。

凯尔森认为，法律效力既不能来自另一规范领域（道德或自然法），也不能来自人们遵守法律的事实领域，那么，如何理解法律效力的来源呢？凯尔森引入"基础规范"这

---

① [英] 约翰·奥斯汀. 法理学的范围 [M]. 刘星，译. 北京：中国法制出版社，2002：208.

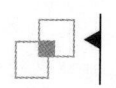

一纯粹法学说中的关键概念,"一个规范的效力的理由始终是一个规范,而不是一个事实"①。在凯尔森所建构的法律规范体系中,处于位阶较低的法律规范的法律效力只能源自处于位阶较高的法律规范,这些位阶不同的法律规范之间形成了一个法律效力由低到高的统一体系,凯尔森将这个终点称之为"基础规范",并借助这个属于先天认识结构的"基础规范"来解决法律规范体系的法律效力问题。

(3) 赫伯特·哈特(Herbert Hart)的承认规则理论

哈特提出了"承认规则理论"。他认为,奥斯汀"法律命令说"中的相关要素,如命令、服从和威胁等观念并不能产生"规则"观念,从这些纯粹的事实中也无从产生"义务"和"应该"等概念。"检验这个规则是否存在的方法,就是去查明一件事实是否存在,这件事实就是:一定的行为模式实际上是否被接受为一项准则,并是否具备作为社会规则所应该拥有的特征,而能够与纯粹是众人一致的行为习惯区分开来。"② 也就是说,法律规则不仅存在于特定的行为模式的事实方面,还存在于人们对于该行为模式的接受态度方面。

哈特认为,一个社会法律规则体系是初级规则和次级规则相结合所构成的。在法律规则体系中,承认规则具有根本的地位,依据"承认规则",可以为整个法律制度提供一套确认法律规则的标准,回答法律是什么,并且消除初级规则的不确定性。

根据哈特的"承认规则理论",法律效力的来源是法院、政府官员和一般人民对于承认规则的接受和践行。

2. 自然法学派的理论观点评述

自然法学派是一个古老而富有生命力的法学流派,自然法学派认为,相对于国家所制定的实在法而言,自然法具有最高的效力,自然法本身就是法律效力的来源。在西方法律思想史上,自然法学派经历了不同的发展阶段,对法律效力的论述也有所不同。

(1) 早期自然法的法律效力来源观

苏格拉底认为,法律不仅包括国家法律,还包括神创造的不成文法,而且认为国家法律的法律效力源自神创造的不成文法。柏拉图也认为,法律是"神给统治者的指示","法律(刑罚)来自神赐予的正义"。③ 也就是说,法律的效力源自"正义"或"善"的"理念"。亚里士多德则认为,法律不仅包括制定法,还包括自然法,其中制定法的法律效力源自自然的秩序和原则。

作为古代自然法的集大成者,西塞罗认为自然法就是"事实上存在着一种符合自然的,适用于一切人的,永恒不变的,真正的法,即正义的理性。这个法通过自己的命令鼓励人们履行他们的义务,又通过自己的禁令约束人们不去为非作歹"。④ 也就是说,自然法高于所有制定法,具有永恒的最终效力,它是制定法的效力来源。他还将自然法作为法律的价值判断,对"真正的法律(善法)"和"恶法"做出了相应的区分。

---

① [奥] 汉斯·凯尔森. 法与国家的一般原理 [M]. 沈宗灵, 译. 北京: 中国大百科全书出版社, 1996: 125.
② [英] 赫伯特·哈特. 法律的概念 [M]. 许家馨, 李冠宜, 译. 北京: 法律出版社, 2006: 104.
③ 周长龄. 法律的起源 [M]. 北京: 中国人民公安大学出版社, 1997: 23.
④ [美] E. 博登海默. 法理学: 法律哲学与法律方法 [M]. 邓正来, 译. 北京: 中国政法大学出版社, 2004: 35.

(2) 神学自然法的法律效力来源观

在"黑暗的中世纪",法学也不能幸免地成为"神学的奴婢"。奥古斯丁认为,尘世中绝大多数人是"没有理性的灵魂",实在法只能由绝对存在的上帝来为人类社会进行设计。"但由于实在法是经由人手制定的,人类中的恶的性质会使实在法与自然法的精神相悖。"① 这种与自然法精神相悖的实在法并不具有法律效力,《圣经》是实在法的效力来源。

作为中世纪基督神学法学的集大成者托马斯·阿奎那认为,上帝是一切存在的起源,法律是人的行为的规范与尺度,而理性是人类行动的第一原理,人的理性只是上帝理性的一部分。所以说,在托马斯·阿奎那看来,法律的效力源自上帝的理性。

(3) 古典自然法和新自然法的法律效力来源观

古典自然法认为法律效力的最终源自人的理性。比如,古典自然法学派创始人格劳秀斯认为,自然法是永恒不变的,自然法源自人的理性,所有理性的人都会自觉接受自然法的支配。

托马斯·霍布斯认为,自然法就是公平正义的原则或公理,自然法是实在法的效力来源。"自然法原则是公平、正义的体现,是处理社会关系的天经地义的公理,是指导人们趋利避害的一般准则",② 为了自己的利益,理性会促使人们遵守共同的生活规则,这个共同的生活规则就是自然法,也就是公平和正义的原则。

19世纪初,随着实证主义法学派的发展,自然法学派逐步趋于衰落。但是,20世纪上半叶在"合法"的幌子下爆发的两次世界大战所带来的严重后果,焕发了人们对法律制度的重新思考。纽伦堡审判所依据的就是自然法原则,这直接促进了自然法学的复兴,出现了"新自然法学"。

"新自然法学"并不是一个严格意义上的学派,但是它在古典自然法的基础上,强调法律的制定基础是正义、善与道德等法律基本价值,实在法的研究离不开法律的价值学说。比如,富勒不仅强调法律与道德密不可分,以最高的道德即"正义"作为其追求的实体目标,而且强调"程序自然法",以法律的"内在道德"作为法律本身的前提。德沃金在《认真对待权利》中提出了"作为权利的公正"论,认为公正和权利之间不可分离,每个人在社会利益的分配中都有得到尊重的平等权利。所以,在新自然法学看来,伦理道德、民主权利和社会公平等法律效力的来源,是评价法律正当与否的价值标准。

(二) 实现地方高校校规法律效力的必要性分析

1. 实现地方高校校规的法律效力是高校自主权行使的内在要求

地方高校办学自主权作为学术自由权利的制度性保障,其制度意义不仅在于排除国家权力对高校教学和科学研究等学术性事务方面的专业监督,而且在于保障高校在教学和科学研究等学术性事务方面自行规范、自行裁量和自行处理的权利。作为地方高校自主权的组成部分之一的高校校规的制定权,直接规定着地方高校自主执行和自主裁决的内容、范围与边界,由此地方高校校规是否具有法律效力,也就决定着高校校规能否成为地方高校

---

① 倪正茂. 法哲学经纬 [M]. 上海:上海社会科学院出版社,1996:51.
② 周长龄. 法律的起源 [M]. 北京:中国人民公安大学出版社,1997:41.

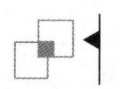

自主执行和自主裁决的规范前提和约束条件。

高校在西方国家具有天然的自治地位，高校校规具有相应的法律效力。然而，我国高校从其成立之日起就一直生存在政府羽翼之下，我国高校校规的法律效力问题，不仅在司法实务中存在分歧，在理论界也存在争论。很长时间以来，司法实务界和理论界都认为，高校校规是否具有法律效力取决于法律法规的明确授权，这样的结果就是，高校自主权的有无、大小和边界完全取决于国家权力，高校办学自主权就有可能荡然无存；也有一些学者认为，高校校规并不属于法律法规体系，没有相应的法律效力，这样高校校规对"外"不能成为国家权力运行的边界，调整国家和高校之间的法律关系，对"内"也不能成为高校自主执行和自主裁决的依据，调整高校与学生之间的法律关系。

以上有关高校校规法律效力的观点，都会使高校自主权失去其存在的制度意义，使高校失去其自主办学的权力空间，从而不利于学术自由权利的保障。

2. 实现地方高校校规的法律效力是解决高校法律纠纷的必然要求

高校校规的法律效力不仅体现在地方高校的自主执行和自主裁决之中，也体现在地方高校与学生之间的法律纠纷之中。

随着学生的权利意识增强，司法救济途径逐步成为人们解决高校法律纠纷的一种选择。高校校规是否具有法律效力，体现在能否成为解决高校法律纠纷的司法判决法律依据上，"无救济则无权利"，任何不能被司法审查所适用，不能作为法官裁判依据的高校校规，都无法对高校与学生之间的法律关系进行调整，无法保护学生的合法权利，也就无法体现其法律效力。但是，在行政诉讼的司法实务中，司法判决的依据是法律和法规等，行政规章也只具有"参照"地位，高校校规并不属于正式意义上的法律渊源，不能成为司法判决的依据。在形式法治的冰河下，也涌动着实质法治的暗流[①]。比如，在一些高校学位授予案件中，法院引入价值衡量，将高校校规作为司法判决的依据，承认高校校规作为法律渊源的论证。

（三）基于实证主义法学派和自然法学派的高校校规法律效力分析

由于实证主义法学派和自然法学派对法律效力来源问题有着不同的理论观点，所以对高校校规是否具有法律效力也会有着不一致的结论。根据实证主义法学派的理论观点，高校校规的法律效力取决于高校校规制定权是否源自国家权力的授权，而根据自然法学派的理论观点，高校校规的法律效力取决于高校所制定的校规在实体方面和程序方面是否合乎理性，是否合乎公平与正义。也就是说，高校校规的法律效力问题不仅关系到地方高校校规制定权问题，而且关系到地方高校校规如何制定的问题。

1. 基于实证主义法学派的理论观点分析

根据实证主义法学派的法律效力来源理论观点，法律效力是一个"逻辑的观念"，法律效力及其根据来自国家权力，在一个由国家权力支配的国家法律体系中，只要法律规范是根据其上位的法律规范授权制定的，就应具有相应的法律效力。也就是说，法律效力源自最高的国家权力和合法的立法程序。依据实证主义法学派的法律效力来源理论观点，高校所制定的校规是否具有法律效力，取决于高校校规制定权是否源自国家权力的授权。

---

① 何海波. 实质法治：寻求行政判决的合法性 [M]. 北京：法律出版社，2009：162.

通过对"制度保障说"进行剖析，从学理层面来说，高校自主权的法源来自作为宪法基本权利的学术自由权利，学术自由权利是高校自主权存在的合法性基础。也就是说，作为高校自主权的组成部分之一的高校校规制定权，其法源来自作为宪法基本权利的学术自由权利，而不是来自"国家行政权力"。那么，由于高校校规制定权并非源自最高的国家权力，也并非源自上位的法律规范授权，依据实证主义法学派的法律效力来源理论观点，高校所制定的校规是不具有法律效力的。

我国国内很多学者认为，高校校规作为高校制定的内部规章制度，并不当然地具有法律效力，高校校规是否具有法律效力，关键取决于高校校规是否源自国家权力的授权，以及高校校规是否符合相关法律、法规和规章的规定。比如，有的学者认为，如果符合法律、法规以及规章的相关规定，高校校规可以被视为法律规范的组成部分，是对法律规范的一种补充和完善，是具有法律效力的。[①] 也有些学者认为，高校校规作为高校自行制定的一种内部自治规则体系，"不属于我国法律体系的组成部分，因而不具有法律约束力，也不是人民法院审理案件的依据或参照。"[②] 罗豪才和宋功德教授在《软法亦法》中论述公共自治组织意志如何转化为法时，认为除了公共自治组织意志本身必须具有转化为法的规范性、公共性和自治性等潜质以外，还要求公共自治组织意志必须"契合"于国家意志，也就是国家权力。[③] 笔者认为，这些学者之所以认为高校校规是否具有法律效力，关键是看高校校规是否源自国家权力的授权，以及是否符合法律、法规和规章的相关规定，或者直接认为高校校规不属于我国法律体系的组成部分，并不具有法律效力，是由于这些学者所持的是实证主义法学派的法律效力来源观，也就是法律效力源自最高的国家权力和合法的立法程序。

根据实证主义法学派的观点，法律效力并不取决于法律的实质理性，而在于法律的形式理性，这样使法律本身的抽象性和高校各项教育教学具体实践活动之间很难达到平衡，可能导致"恶法亦法"的问题。与此同时，假若认为"高校校规制定权源自国家权力的授权"，也与高校的内在学术逻辑相违背，并不符合高校学术自治的内在要求，这就需要寻找地方高校校规的法律效力来源问题的其他理论解释。

2. 基于自然法学派的理论观点分析

在大陆法系的一些国家和地区，高校校规作为一种法律渊源，其约束对象为高校内部成员。比如，根据法国的立法传统，高校所制定的校规属于一种条例，条例和议会制定的法律一样都是行政法的法律渊源[④]；德国将高校校规被纳入公法规章，而公法规章是为了管理独立团体的自治性事务，其约束对象是独立团体的内部成员[⑤]；我国台湾地区也将高校校规纳入法律渊源[⑥]。也就是说，在这些大陆法系国家和地区中，高校校规是具有法律效力的。那么，应该如何对高校校规的法律效力做出合理的解释呢？

高校自主权的法源来自作为宪法基本权利的学术自由权利，学术自由权利是高校自主

---

① 周旺生. 立法研究（第5卷）[M]. 北京：北京大学出版社，2005：245.
② 申素平. 法制与学生利益：学校规章制度必须尊重的两维[J]. 中国教育报，2003-11-1.
③ 罗豪才，宋功德. 软法亦法[M]. 北京：法律出版社，2009：140-148.
④ 王名扬. 法国行政法[M]. 北京：中国政法大学出版社，1988：139-142.
⑤ [德]沃尔夫. H.J，等. 行政法[M]. 高家伟，译. 北京：商务印书馆，2002：273
⑥ 吴庚. 行政法之理论与实用[M]. 北京：中国人民大学出版社，2005：33.

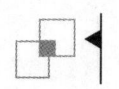

权存在的合法性基础。也就是说，高校校规制定权的法源来自作为宪法基本权利的学术自由权利。"大学本于自治权限，对自治事项得以自治规章、自行立法，此自治规章立法自主权亦为大学自治之核心要素，该自治立法权非因形式法律授权而来，而系基于'宪法'权力分立之行政保留原则与学术自由基本权所生。"① 高校校规制定权作为一种"原始性规范权"，其法源直接来自宪法，而不是来自法律和法规。那么，作为法源直接来自学术自由权利的"高校校规制定权"，怎样才能使高校校规具有法律效力呢？根据自然法学派的法律效力观，高校所制定的校规是否具有法律效力，所需要回答的问题是，无论在实体方面，还在程序方面，高校校规是否合乎理性，是否合乎公平与正义。也就是说，地方高校校规是否具有法律效力，需要追问的是地方高校校规背后的道义原则，地方高校校规需要实现的不仅仅是其规范价值，更为重要的是其正义价值，这也是"实质法治"的价值追求。

二、地方高校校规的制定程序分析

地方高校校规的制定不仅要求在实体方面遵循法律保留原则和法律优先原则等，也要求在程序方面合乎理性，合乎公平与正义，所以很有必要在高校校规制定中引入程序正义。

（一）地方高校校规制定中引入程序正义的必要性

1. 地方高校学生管理自身特点要求引入正义的校规制定程序

高校作为一个以传承和创新高深知识为己任的组织，地方高校学生管理不仅涉及行政权力问题，还涉及学术权力问题。为了体现思想和知识的尊严以及学术自由的内在价值，教师在学业与学术评价方面具有知识和专业上的优位，享有专业上的判断余地，这种特殊的优位关系使高校拥有一定的立法裁量空间。

另外，随着高等教育不断由社会边缘向社会中心发展，学生的权利意识不断增强，地方高校后勤市场化不断推进，地方高校学生管理也呈现出日趋复杂性的特点。"只有依靠程序公正，权力才可能变得让人能容忍"。② 引入正义的校规制定程序，既可以满足对地方高校学生管理领域中立法裁量空间的存在和扩张，又可以实现对地方高校自主权行使的"控权"要求。

2. 地方高校学生管理中程序正义缺失的现状要求引入正义的校规制定程序

美国法学家哈罗德·伯尔曼（Harold J. Berman）说，"法律程序中的公众参与，乃是重新赋予法律以活力的重要途径，除非人们觉得，那是他们的法律，否则，他们不会尊重法律"③。然而，我国地方高校校规的制定过程往往由高校政治权力和行政权力主导，校规需要经过主管领导审批或者领导会议表决通过，由职能部门发文颁布实施。

高校校规制定程序缺乏对学生参与权和知情权的重视，学生缺乏有效参与，公开征求意见制度也缺乏实质性意义，这就使高校校规不能很好地反映学生的利益诉求，从而影响

---

① 湛中乐. 大学自治、自律与他律 [M]. 北京：北京大学出版社，2006：17.
② [英] 威廉·韦德. 行政法 [M]. 徐炳，等，译. 北京：中国大百科全书出版社，1997：94.
③ [美] 伯尔曼. 法律与宗教 [M]. 梁治平，译. 上海：生活·读书·新知三联书店，1991：421.

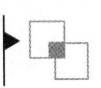

高校校规自身的权威性和合法性,导致高校校规虽然从形式上已经通过并颁布施行,但是在具体的实施过程中存在流于形式的问题,难以发挥实际的作用。也就是说,地方高校学生管理中校规制定程序正义缺失的现状,也要求引入正义的校规制定程序。

3. 地方高校学生管理中的程序价值要求引入正义的校规制定程序

"法律程序的根本价值在于程序本身的正义,而不是结果的有效性。"[①] 根据美国法学家萨默斯的"程序价值"理论,"好结果效能"并不是行政程序所具有的唯一价值,一项行政程序即使具有较高的"好结果效能",假若违反理性原则或贬低人的尊严等,也不能称为"好"程序,也就是说,行政程序还存在一种独立的价值标准——"程序价值"。这种"程序价值"并不是通过结果所体现出来的,而是通过行政程序本身体现出来的价值标准。

在地方高校学生管理中引入正义的校规制定程序,通过听证等程序,让学生参与到具体的校规制定程序之中,倾听学生的声音,反映学生的利益诉求,这样不仅有助于确定基本的公平与正义权衡机制,将高校自主权限制在合理的程度之内,防止高校自主权的恣意和独断,还可以使学生在具体的校规制定程序中获得公正的对待,让学生获得一种主体的尊严感。

(二) 地方高校校规制定中的程序价值内涵

高校校规制定中程序价值的评价,更多地源自学生在程序参与过程中的正义体验,这方面是与高校校规制定中的程序效能有所不同的。然而,程序价值的难以量化特性使程序价值往往容易被忽视,为了更好地判断程序正义是否被引入高校校规制定中,程序价值在高校校规制定中是否得以实现,在此很有必要对高校校规制定中程序价值的内涵进行探析。

根据高校学生管理自身特点,笔者认为,地方高校校规制定中的程序价值内涵主要包括以下几个方面。

1. 程序的参与性

"程序参加者的角色分担具有归责机制,可以强化服从决定的义务感。"[②] 也就是说,在地方高校学生管理中,学生遵守校规的积极性可以通过其参与校规的制定来提高。但是,高校学生管理中学生参与的价值并不仅仅限于这些结果的有效性,学生参与本身具有其不可替代的价值。"参与不只是'属于'(仅仅被卷入某事),更不是非自愿的'被迫属于';参与是自发的,因此同(由他人的意志)促动截然相反,即它和动员相反。"[③] 也就是说,现代意义上的程序参与强调的是高校学生管理中学生的自主参与,其不仅蕴含着自由的价值,学生可以自由地选择参与与否,而且蕴含着平等的价值,学生自主地选择展现了学生参与的平等性,学生可以平等地选择参与的权利,这些就是地方高校学生管理中学生参与本身的独立价值之所在。这样,即使程序的结果效能与学生的预期目标有很大的差距,但是程序的参与性赋予了学生自由发表意见的权利,地方高校管理者就必须倾心

---

① 周佑勇. 行政法的正当程序原则 [J]. 中国社会科学, 2004 (4): 115-124.
② 季卫东. 法律秩序的建构 [M]. 北京: 中国政法大学出版社, 1999: 36.
③ [美] 乔·萨托利. 民主新论 [M]. 冯克利, 阎克文, 译. 北京: 东方出版社, 1998: 127.

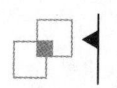

学生的诉求和意见。

2. 程序的中立性

程序的中立性不仅包括程序内的中立，而且还包括程序自身的中立。前者是程序内的主体按照既定的程序规则可检验的中立性，且只要主体进入程序后，既定规则就可以实现；后者是用程序规则以外的标准来评价的中立性，评价者往往是程序外的主体，这种程序的中立性是无法完全实现的、不纯粹的。与此同时，"中立性首先是一种维护对等的形式下的开放性和容纳性"①。

在地方高校校规的制定中，不可避免地夹杂着高校校规制定者的价值判断，这可能会使高校校规缺失"平等"的价值内涵，即使高校校规执行者具备中立性条件，也不可能实现高校学生管理中程序的中立性。所以说，地方高校校规制定程序的中立性蕴含着"平等"的价值理念，也只有在高校校规制定程序自身蕴含着"平等"价值理念的前提下，高校校规制定者的中立性才能有助于高校学生管理中程序的中立性实现。

（三）通过程序制度设计来实现地方高校校规制定程序的正义

如何实现地方高校校规制定中的程序正义，从而保障学生的合法权利呢？高校校规的制定涉及高校校规的起草，高校校规的审议和表决通过，这就要求高校通过高校校规起草程序、高校校规审议和表决通过程序等诸多环节的制度设计来体现高校校规制定程序的正义。

1. 地方高校校规起草程序的设计

高校校规的起草不仅应满足利益相关者的利益诉求，还必须尊重内容的专业性要求，由此，高校校规起草小组的组成，一方面要包括相关利益主体，另一方面还包括教育、法律等方面的专家。"当学校通过制定专制的、惩罚性的规章制度来维持学校教育秩序、进行行为规范管理时，它实际上是把自己的教育权力的行使置于一个黑箱中，其目的在于使师生产生畏惧，从而服从学校权威，而不是为了教育师生。学校的各项规章制度要发挥其作用，就必须让师生参与到这些规则的制定与实施中来，让他们理解这些规则的教育（或惩处）性意义。这不仅是师生权利的要求，也是师生道德发展的必然要求。"②也就是说，学生作为高校校规制定不可或缺的主体参与高校校规的制定，是学生一项应有的合法权利。这也是由高校校规的自治规章性质决定的，高校自主办学与国家行政虽然都属于"公共行政"，但是高校自主办学与国家行政在权力来源和属性等方面却有着本质的区别，高校自主办学与国家行政在规制模式等方面也有着本质的区别，高校自主办学的校规并不是"国家行政规章"，而是一种自治规章。高校校规的自治规章性质决定了高校校规起草主体的广泛性，这表明，在需要充分听取学生利益诉求表达的高校校规起草阶段，学生作为高校重要组成成员，显然不能被排除在高校校规起草主体范围之外，否则高校校规侵犯学生合法权利的可能性可能会增加。

2. 地方高校校规审议和表决通过程序的设计

高校校规审议和表决通过程序是制定程序的核心，其中审议程序不仅要求"学校教

---

① ［美］戈尔丁. 法律哲学［M］. 齐海滨，译. 上海：生活·读书·新知三联书店，1987：243.
② 劳凯声. 中国教育法制评论［M］. 北京：教育科学出版社，2003：158.

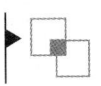

职工代表大会"发挥作用,而且要求学生等多方主体的广泛参与。然而,如何才能对高校校规草案进行有效审议呢?笔者认为,对高校校规草案进行有效审议的前提和基础是信息的公开和对称,目前,一些高校校规制定的信息只有党政领导和相关职能部门掌握,学生对相关信息的掌握不充分,甚至根本不了解,这就容易使高校校规的审议流于形式,不能产生实质性的成效。

因此,对高校校规草案进行有效审议,首先,必须公开高校校规制定的信息,拓展学生参与渠道,让学生在信息对称的基础上参与审议高校校规,比如学校可以通过网络等形式设立高校校规草案审议专栏,建立网络对话机制。其次,高校校规审议可以采用公开辩论、讨论等形式,在学生群体内部进行审议,学生群体内部进行公开辩论和讨论时,应派教育、法律等方面专家对高校校规草案进行说明,并让他们回答学生对相关问题的询问。最后,建立学生意见回应机制,保证学生意见可以被及时有效的采纳,可以采取书面形式对学生的意见进行反馈,假若存在重大争议问题时,也可以召开会议进行商谈,以协调相互之间的利益冲突。而表决通过程序需要充分发挥"制定代表联合大会"等相关组织机构的作用,这就要求"制定代表联合大会"等相关组织机构的组成人员能充分反映学生的利益诉求。

第三节　地方高校学生管理行为的司法审查

一、地方高校学生管理法治化的关键——学生管理行为的司法审查制度

有权利必有救济是现代法治理念。《牛津法律大词典》将救济视为与"权利"相对的第二权利,救济是一种纠正或减轻性质的权利,这种权利在可能的范围内会矫正由法律关系中当事人违反义务行为造成的后果。内部申诉是一种救济渠道,而对权利最为根本的救济,就是引入外部司法审查制度。在地方高校学生管理法治化建设过程中,在高校与学生的关系之间,学生显然处于弱势地位,其合法权益不仅要通过立法明确,通过学校的依法管理行为、通过有关部门的执法监督行为予以切实保障,最重要的是必须赋予其司法救济权利,这是高校学生管理法治化的本质要求。

司法审查作为权利被侵害后的一种救济和矫治手段,不仅可以保障权力相对人的合法权益,而且对高校管理人员也会产生一种心理压力,促使他们更加谨慎地行使权力,规范管理行为,在学生管理法治化中有无可替代的作用,因此,有学者说教育行政诉讼是高校学生管理法治化的外部保障,对高校学生管理秩序的司法审查是高校学生管理法治化的一个重要标志。司法救济是从保障权利的角度而言的,反之,从限制权力的角度而言,它就是对高校的学生管理行为进行司法审查,也就是说,司法救济与司法审查是一个问题的两个方面,所指的内容是一致的。

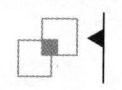

二、司法审查权的功能及其限度

(一) 司法审查权的功能分析

纵观世界各国司法审查制度的发展,虽然不同国家的政治、经济和文化发展存在差异,司法审查权的内涵也有所不同,但是司法审查权的内在实质是相同的,正如英国学者詹宁斯(Jenyns)所说"要准确地界定'司法权'是什么从来都不容易",因为"司法审查功能在本质上是没有区别的"[①]。就司法审查权的功能来说,主要包括如下几个方面。

1. 制衡权力功能

司法权由司法机关依法行使,现代行政诉讼制度也要求司法权发挥制衡功能,这种制衡功能体现为司法机关有权对行政机构制定的规范性文件以及其他行政权行为进行司法审查。

所谓司法审查,即法院依据诉讼程序审查不合法的行政权力行为,以保护行政权行为相对人的合法权益。司法审查包括两个方面的内容:一是对立法权的司法审查,在高校学生管理领域,则表现为对高校校规制定权的司法审查。二是对行政权的司法审查,在行政诉讼中,法院运用司法权可以对行政权行为的合法性进行审查,并相应地做出最终的判决。

2. 解决纠纷功能

"法院是解决社会正义的最后场所,是保障在全社会中实现公平与正义的最后屏障,其生效裁决是终局性的。"[②] 司法权的终局性就是司法审查权具有解决纠纷功能的体现,"司法功能不是就所适用的法律或在某一特定案件中就某一许可的或适当的诉讼程序提出建议,其从根本上说是判定性的,即裁决争端"[③]。

随着高校改革的不断深化,高校学生管理事务日益复杂,学生权利意识也不断增强,各种纠纷的发生不可避免,这就需要相应的纠纷解决方式,而司法权的独立性和中立性使司法审查权这种公力救济途径相对于私力救济,在纠纷解决方面更具"公正"的优势。司法权的独立性是指司法机关依法行使司法权,不受公权力机构干预,也不需要向立法机关负责,只服从宪法和法律的规定及其良心的命令。司法权的中立性是指司法机关及其法官与争议的当事人之间保持同等的距离,不能直接介入抗辩双方争议中帮助一方对另一方实施攻击或者防御。[④] 司法权的独立性和中立性使具有独立性而且处于中立地位的法院成为纠纷解决的最终裁判者,可以保障法官依据法律规定,通过内心的良知和理性等对证据的取舍和证明力进行判断,为纠纷的解决提供更为公正的解决途径。

---

① [英] 詹宁斯. 法与宪法 [M]. 龚祥瑞,侯健,译. 上海:生活·读书·新知三联书店,1997:165.
② 熊先觉. 司法学 [M]. 北京:法律出版社,2008:18.
③ [英] 戴维·M. 沃克. 牛津法律大词典 [M]. 李双元,等,译. 北京:法律出版社,2003:613-614.
④ 胡锦光,张德瑞. 论人民法院行使行政审判权的自律性——兼及审判权的界限问题 [J]. 法治论丛,2005,20(4):59-67.

3. 保障权利功能

"权力者，乃权衡、确认和保障实现权利之力也。"[①] 假如权力的行使背离了这一价值目的，将导致权力的异化。

在现代社会，作为公力救济的最后手段，司法审查权存在的合法性基础就在于权利保障的价值目的，受到侵害的权利需要司法审查权来给予救济。司法审查权的保障权利功能，主要是通过行政诉讼制度，来保障人的权利不受公权力的非法侵害的。司法审查权行使的程序性可以有效防止司法权对权利的侵犯，实现"权利制约权力"，司法审查权的行使必须依据法律规定的顺序、期限、主体、条件等程序性因素来展开，不应受到非程序性因素的干扰，各方都应平等地参与司法程序，平等地受到司法程序的保障，司法程序不仅对各方的权利保护是平等的，而且各方也可以表达自己的意见，提供相关证据，反驳对方的观点。国家正是通过具有正当性、独立性和保障性的司法程序，制约司法审查权的行使过程，才保障人的正当权利不受侵犯的。

（二）司法审查权的限度：在司法克制主义与司法能动主义之间

司法审查权的限度，也就是司法审查权运作的范围或边界。胡锦光教授从审判权与立法权、行政权之间关系的角度，提出司法机关受其性质和裁判基准所限，"司法权不是万能的、无界限的"[②]。也就是说，司法审查的限度不仅取决于司法权自身的性质与功能，在行政诉讼中还取决于司法权与公权力之间的关系。

司法克制主义和司法能动主义作为司法审查的两种哲学，对司法审查中自由裁量权行使的边界和限度有着不同的观点，但是两者之间并非性质方面而是程度方面的差别。

1. 司法克制主义的优点与缺陷

司法克制主义是由美国著名大法官霍姆斯（Holmes）和布兰代斯（Brandeis）首先提出的，其内涵是法院和法官对立法机关和行政机关应当保持尊重和谦抑，在寻求立法原意的基础上尊重成文法和先例，对法律条文采用严格主义的解释方法，使自由裁量权的行使受到必要的限制。

（1）司法克制主义的优点

司法克制主义作为一种哲学思想，其优点如下：一是对形式理性的恪守。司法克制主义源于原意主义，原意主义认为"立法的意图就是法律"。也就是说，法律是可以通过确定的符号语言表达立法者的立法意图和精神的，司法克制主义要求在法律解释中探寻立法者的原意，对法律尽量做出严格的解释，最大限度地尊重成文法和先例，这是与司法克制主义对于形式理性的恪守不可分割的。

二是对民主的信仰。司法克制主义要求法院尊重立法机关和行政机关，这是因为法院的产生缺乏民主基础，并不是民选机构，所以有的学者认为，"即使法院做出了'正确'的判决，法院取代民选代表的立法职责也不对"[③]。司法审查权的行使必须以代表人民意志的法律作为依据，立法机关是最能体现民意的机构，而且司法审查权的行使需要运用法

[①] 漆多俊. 论权力 [J]. 法学研究，2001，23（1）：18-32.
[②] 胡锦光. 论审判权的界限 [J]. 河南政法管理干部学院学报，2003，18（4）：117-126.
[③] [美] 詹姆斯·M. 伯恩斯，等. 民治政府 [M]. 陆震纶，等，译. 北京：中国社会科学出版社，1996：717.

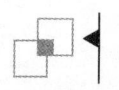

律以外的其他专业知识，这些也并非法院的专长，所以法院必须对立法机关和行政机关给予最大限度的尊重。

三是对司法公信力的保证。司法克制主义强调立法的原意及法律条文的权威，维护法律的稳定性和判决的可预期性等法治价值，这是司法审查权获得公信力的根源。假如司法审查权过于回应社会的需要，过于能动地介入不适合其所处理的事务，司法审查权的独立性、被动性和中立性等基本特性所形成的超然形象有被破坏之虞，这对于司法审查权的基础性要件"司法公信力"将是致命的。

（2）司法克制主义的缺陷

司法克制主义作为一种司法哲学思想，也存在一定的缺陷。由于司法克制主义对形式理性的恪守，对法律的理解存在狭隘化的问题，法律被理解为"制定法"，这是一种形式法治理论观点。随着社会关系的日趋复杂和社会问题的日益增多，没有国家力量特别是行政权的主动作为和积极行动，是无法促进社会的积极和良性发展的，司法克制的最大不足在于它忽视了这样一个事实：随着社会的发展、科技的进步和人权内容的扩展，既定的法律无法追赶、满足人民由形势发展所产生的对正义与权利的新需求。也就是说，议会的立法方式无法满足大量的立法需求，日趋复杂的社会关系和日益增多的社会问题使得"制定法"越来越难以适应社会发展的现实要求，假如还是坚守司法克制主义，法院就难以依据法律文本对具体的法律纠纷问题做出实质合法性的判决。

2. 司法能动主义的优点与缺陷

司法能动主义是一个可以从多角度认识的司法哲学思想。作为司法权发展到一定阶段的产物，司法能动主义也有着不可辩驳的优点和自身存在的缺陷。

（1）司法能动主义的优点

司法能动主义作为一种哲学思想，其优点如下：一是弥补立法的不足。由于法律存在滞后性和抽象性等特点，因此，其无法满足日趋复杂的社会关系以及日益增多的社会问题对议会立法的需求。司法能动主义不仅要求承认法律的至上性，更要求保证法律的正义性，也就是不仅要求形式意义上的法，更要求实质意义上的法，由此通过法律解释来实现对法律的创造，从而解决立法不足和法律漏洞的问题，使公民的权利侵害得到实质合法性判决。

二是最大限度地实现个案正义。寄望形式上的正义，成为人与人之间公平判断的工具，还有一项困难。因为，如同亚里士多德曾经指出的，规则的一般性并不是说，每一种个别的情况都能够被预料，或做适当的规定，于是形式上的正义在个别的案例中，就困难丧失。司法能动主义认为，可以通过对一般性和抽象性的法律做出具体化的法律解释，来实现个案的实质正义。

（2）司法能动主义的缺陷

一是司法机关和法官的能力有限。法官只对与法律相关的问题熟悉，对于与法律无关的专业性问题缺乏相应的专业知识，当法官面对与法律无关的专业性问题时，除了进行程序性审查，还能做什么呢？司法审查权的被动性和中立性也决定了司法机关在与法律无关的专业性问题上的能力是有限的。

二是反民主的质疑。司法能动主义认为，自然法和道德哲学是法官的判决基础，但是法官未必能达到哲学王的高度，未必能代表正义。即使做出的结论符合自然法和社会正

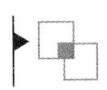

义，但是由于法院的产生缺乏民主基础，并不是民选机构，法官是任命产生的，并不直接对民众负责，因此，"即使法院做出了'正确'的判决，法院取代民选代表的立法职责也不对"①。

三是可能会背离法治。司法能动主义追求个案的实质正义实现，要求根据个案的具体情况和特殊情况，对一般性和抽象性的法律条文做出具体的法律解释，因此，可能会破坏法律的确定性、统一性和稳定性，进而背离现代法治的基础，导致自由裁量权的行使泛滥。

(三) 司法审查的横向限度与纵向限度

司法审查权的限度问题涉及行政诉讼研究中的一个根本性和基础性的重大问题，也就是司法审查权与公权力之间的关系问题。行政诉讼中，司法审查权与公权力之间的关系可以分为两个方面，即横向关系和纵向关系，其中，横向关系体现为行政诉讼的受案范围，受案范围的大小反映的是司法审查权对公权力行为的审查和监督广度；纵向关系体现为法院如何对受理的公权力行为进行审查以及审查程度如何，反映的是司法审查权对公权力行为的审查和监督强度。

司法审查的横向限度与纵向限度之间的主要区别表现为：② 一是两者规范的对象不同。司法审查的横向限度要解决的问题是公权力组织的哪些行为可以纳入行政诉讼范围，哪些行为不能纳入行政诉讼范围；司法审查的纵向限度要解决的问题是法院如何对受理的公权力行为进行审查以及审查程度如何。

二是两者在行政诉讼程序中出现的时间点不同。司法审查的横向限度问题一般发生于法院受理审查行政案件时，审查起诉人提出的诉讼请求能否作为行政诉讼案件受理的重要条件；司法审查的纵向限度问题一般发生于法院受理行政诉讼案件之后的审理之中。

三是两者对于当事人的诉讼意义不同。司法审查的横向限度问题对于当事人来说，意味着对于法院所确定的何种公权力行为为可诉性行为，当事人若是不服，可以诉诸司法机关；司法审查的纵向限度问题对于当事人来说，意味着法院能够对受理的行政诉讼案件给予何种程度的审理。

归根结底，司法审查的横向限度与纵向限度所涉及的都是司法审查权与公权力之间的关系问题，在司法实践中，司法审查的横向限度问题与纵向限度问题时常交织在一起。

三、完善地方高校学生管理司法审查的措施

要充分发挥司法审查在地方高校学生管理中的作用，需要从法律知识的普及，司法制度的健全以及高校自身的管理等各个方面着手。

(一) 增强法律知识

要加强司法审查在高校中的作用首先要加强法律教育，增加学生的法律知识，让学生知道用法律保护自己和怎样用法律保护自己，享受法律赋予的权利并履行相应的义务。

---

① [美] 詹姆斯·M. 伯恩斯，等. 民治政府 [M]. 陆震纶，等，译. 北京：中国社会科学出版社，1996：717.
② 杨伟东. 行政行为司法审查强度研究 [M]. 北京：中国人民大学出版社，2003：8.

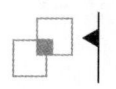

（二）健全司法制度

我国《宪法》《教育法》以及相关的司法解释对高校的主体资格及高校与学生的法律关系问题有一些规定，但尚未形成一套完整的体系，尤其是高校与学生之间的法律关系，不论是理论上还是实践上，都有待于深入探讨。笔者认为尚需从以下两方面进一步完善。

第一，明确授权范围。对涉及学生基本权利的重要性事务，应由法律做出明文规定，并应接受司法审查，在司法实际运作过程中，两者之间由于存在模糊的混合或重复，导致授权范围不清晰，这方面还有待进一步研究。

第二，畅通司法救济途径。司法审查对大学自治的介入应有立法规定，既不能毫无根据地缩小介入的范围，也不能无限制地扩大、侵犯学校的自治权利。

（三）更新管理理念

回顾历史，学生管理工作着眼于有效的规范和维护正常教育秩序，而对于如何维护管理相对人的合法权益重视不够。在今天，衡量高校学生管理工作好坏与成败的标准已不仅仅是管理效率的高低，同时还要看其能否实现对学生权利的正当保障。

司法审查的介入要求地方高校管理者应树立权力至上理念。不少高校基于管理的便利制定了许多规章制度，这些规章制度过多地设置了义务性条款，而较少去思考和挖掘义务性条款所对应的权利性条款。如禁止大学生去校外网吧及舞厅娱乐、集体省外旅游等，但学校却较少想方设法改善膳食服务、宿舍管理服务、计算机教学与机房管理、校园文化阵地建设等软硬件设施，而这些关系到学生的温饱、通信自主权、身心健康和娱乐活动权等最基本的人权。因此，地方高校管理者在设定被管理者义务时，也应该考虑与被管理者需要履行的义务相对应的权利是否得到了保障。

（四）规范管理权力

高校是实施教育、培养人才的社会组织，学生个人相对于高校而言总是处于弱势地位，学校应加强自身行为的规范性，切实从学生的利益出发，体现公平、公正原则，促进人才培养目标的最终实现。严格说来，大学的管理包含三个部分：行政管理、学术管理和思想管理，我国大学更多或者说更习惯于运用行政管理。

司法审查的介入要求大学分清行政权力与学术权力，划清校内不同单位职责权限，高校管理者要更谨慎地行使手中的权力，使高校管理减少人治的任性成分，增添法治的理性要素，进而推进高校管理行为的规范化。

（五）完善管理秩序

司法审查要求高校管理秩序要更加完善，更加符合正当程序。高校在对管理相对人做出处罚或不利决定时缺乏符合法治精神的正当程序，是大学面对司法审查反映出来的一个较普遍的问题。正当程序原则是指行政主体在做出影响相对人权益的行政行为时必须遵循的正当法律程序，包括事先告知相对人、向相对人说明行为的根据和理由，听取相对人的陈述、申辩，事后为相对人提供相应的救济途径，以保证所做出的行为公开、公正、公平。在学生管理中，这些程序主要包括管理相对人的举报、申诉、辩解程序、学校管理部

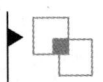

门调查程序、专门委员会听证并做出处罚建议的程序、校长裁决及做出行政决定的程序、实施具体处罚的程序等。遵循正当程序是使大学司法审查更加公开公正、公平的必然要求。

总之,高校与学生之间是一种复杂的特殊的法律关系,适用的法律救济也不能一概而论,这要求我们在管理实践中具体问题具体分析,有针对性地采取各种措施,以维护学校的权益、学生的权利。

第四章 与"互联网+"结合的地方高校学生管理

近十年,互联网已渗透到社会生活的方方面面,并扮演着日趋重要的角色。高校作为社会中的一员,肩负着培育人才的重任,学生管理工作是高校其他管理工作顺利开展的前提,在互联网背景下,地方高校学生管理工作创新成为重中之重。地方高校学生管理工作者(辅导员、班主任等人员)应深刻认识到互联网时代下所面临的机遇和挑战,应顺应"互联网+"的发展趋势,将互联网与学生管理工作进行有效结合,利用互联网新工具和理念提升学生管理工作效率,探究出一条地方高校学生管理工作的新路径。本章从"互联网+"背景出发探讨了地方高校学生管理问题。

第一节 "互联网+"概述

一、"互联网+"的提出

国内"互联网+"理念的提出,最早可以追溯到 2012 年 11 月易观国际董事长兼首席执行官于扬在易观第五届移动互联网博览会的发言。这次大会上,他首次提出了"互联网+"理念。他认为:"在未来,'互联网+'公式应该是我们所在的行业的产品和服务,在与我们未来看到的多屏全网跨平台用户场景结合之后产生的这样一种化学公式。我们可以按照这样一个思路找到若干这样的想法,而怎么找到你所在行业的'互联网+',则是企业需要思考的问题"[①]。

2014 年 11 月,李克强总理出席首届世界互联网大会时指出,互联网是大众创业、万众创新的新工具。"大众创业、万众创新"作为 2015 年政府工作报告中的重要主题,不仅仅是中国经济提质增效升级的"新引擎",更是高校大学生创新创业教育的"引航器",大学生通过创新学习努力创业就能够解决自身就业,还能带动所在学校乃至整个地区创新和创业。

全国人大代表马化腾于 2015 年 3 月全国两会上,提交了《关于以"互联网+"为驱动,推进我国经济社会创新发展的建议》的议案,对经济社会的创新提出了一些建议和看法。他呼吁:"我们需要持续以'互联网+'为驱动,鼓励产业创新、促进跨界融合、惠及社会民生,推动我国经济和社会的创新发展。"马化腾表示,"'互联网+'是指利用

---

① 高泽涵,惠钢行,卢伟等."互联网+"基础与应用 [M]. 西安:西安电子科技大学出版社,2018:9.

互联网的平台、信息通信技术把互联网和包括传统行业在内的各行各业结合起来，从而在新领域创造一种新生态。"

2015年3月5日上午十二届全国人大三次会议上，李克强总理在政府工作报告中首次提出"互联网+"行动计划。李克强在政府工作报告中提出，制定"互联网+"行动计划，推动移动互联网、云计算、大数据、物联网等与现代制造业结合，促进电子商务、工业互联网和互联网金融（ITFIN）健康发展，引导互联网企业拓展国际市场。

国务院2015年7月4日印发《关于积极推进"互联网+"行动的指导意见》（以下简称《意见》）。《意见》指出，要积极发挥我国互联网已经形成的比较优势，把握机遇，增强信心，加快推进"互联网+"发展，这有利于重塑创新体系、激发创新活力、培育新兴业态和创新公共服务模式，同时对打造大众创业、万众创新和增加公共产品、公共服务"双引擎"，主动适应和引领经济发展新常态，形成经济发展新动能，实现中国经济提质增效升级具有重要意义。

同时，《意见》认为，在全球新一轮科技革命和产业变革中，互联网与各领域的融合发展具有广阔前景和无限潜力，已成为不可阻挡的时代潮流，正对各国经济社会发展产生着战略性和全局性的影响。

另外，《意见》还强调到2025年，网络化、智能化、服务化、协同化的"互联网+"产业生态体系基本完善，"互联网+"新经济形态初步形成，"互联网+"成为经济社会创新发展的重要驱动力量。

《意见》是在深刻认识和准确把握互联网发展规律的基础上，对互联网与经济社会融合发展做出的重大战略部署和顶层设计，具有划时代的重大意义和深远影响，开启了我国"互联网+"各个领域。

总而言之，"互联网+"是对创新2.0时代新一代信息技术与创新2.0相互作用共同演化、推进经济社会发展新形态的高度概括。其中最重要的一点是催生新的经济形态，并为大众创业、万众创新提供环境。

李克强总理所提的"互联网+"与较早相关互联网企业讨论聚焦的"互联网改造传统产业"基础上已经有了进一步的发展。李克强总理在政府工作报告中首次提出的"互联网+"实际上是创新2.0下互联网发展新形态、新业态，是知识社会创新2.0推动下的互联网形态演进。

二、互联网+的概念与特点

（一）概念

1. 官方解读

关于"互联网+"，官方的解读是："互联网+"代表一种新的经济形态，即充分发挥互联网在生产要素配置中的优化和集成作用，将互联网的创新成果深度融合于经济社会各领域之中，提升实体经济的创新力和生产力，形成更广泛的以互联网为基础设施和实现工具的经济发展新形态。[①]

---

① 李熙. 互联网+时代高校学生管理模式的转变及创新 [M]. 长春：东北师范大学出版社，2017：2.

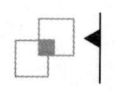

2. 企业及企业家解读

李彦宏先生认为，"互联网+"计划，是互联网和其他传统产业的一种结合的模式。①

雷军先生认为，"互联网+"就是怎么用互联网的技术手段和互联网的思维与实体经济相结合，促进实体经济转型、增值、提效。②

通过对以上含义进行解读，可以发现"互联网+"的共性，即互联网平台、信息技术、尊重人性、连接一切、实体经济转型与增值、社会效应、创新。我们可以试着给"互联网+"做出这样的界定：基于互联网平台，尊重人类的现实需求和可能愿景，运用信息技术（移动互联网、云计算、大数据技术等）建立一切可能的连接，实现人类社会经济、政治、文化、生态各个领域的突破和创新。

（二）特点

互联网作为一种新兴技术手段，与100多年前的电力技术、200多年前的蒸汽机技术一样，对人类经济社会发展产生了持续而深刻的影响。"互联网+"依托互联网，改变着人们的生产方式、生活方式、交往方式和思维方式。当今，"互联网+"在推进经济社会发展的同时主要呈现出以下特点。

1. 融合性

"互联网+"在宏观层面是不同实践领域的融合，在微观层面是不同数据的融合。

（1）领域的融合性

"互联网+"以互联网为基础，实现了互联网领域与经济社会发展的其他领域融合。这种融合并非是互联网与各个传统行业的简单相加，而是深度融合、协同发展。比如，"互联网+"协同制造，通过推动互联网与制造业融合，发展智能制造和大规模个性化定制、提升网络化协同制造水平、加速制造业服务化转型，加强产业链协作，发展基于互联网的协同制造新模式；"互联网+"益民服务，通过发展以互联网为载体、线上线下互动的新兴消费形式，提高资源利用效率，降低服务消费成本，提高基于互联网的医疗、健康、养老、教育、旅游、社会保障等新兴服务的可及性和有效性。

（2）数据的融合性

伴随互联网技术的发展，大量的数据被挖掘出来，特别是伴随移动互联网的发展，使大数据不断增加。美国IBM公司将大数据定义为4个"V"，即大量化（Volume）、多样化（Variety）、快速化（Velocity）以及由此产生的价值（Value）。事实上，"互联网+"是在线化、数据化的过程。互联网广告、网络营销、跨境电商、网约打车等，都是实现交易的在线化。在此过程中，人、商品和交易行为被迁移到互联网上，大数据同时也产生了。在线化产生的大数据的体量大、流动性强，可以随时从产业上下游、参与主体之间以较低的成本实现储存、流动和交换。"互联网+"以在线化的大数据为介质，实现了各类数据的融合，使数据的价值得到最大限度的发挥。

2. 虚拟性

伴随信息时代的发展，计算机与互联网为人们带来了一个新的实践领域，即虚拟实

---

① 徐岚. 互联网+与图书馆 [M]. 成都：电子科技大学出版社，2018：6.
② 童海超. 网络赋权 [M]. 北京：方志出版社，2017：35.

践。虚拟实践使人们的实践对象突破了外部物质条件的直接限制，将数字化的符号作为实践的中介，使各类信息通过计算机系统进行数字化处理，可以让人们置身于虚拟现实之中。"互联网+"是现实实践与虚拟实践的复合。

(1) 空间上的虚拟性

互联网建构起了一个内容庞大、结构复杂的虚拟空间。虚拟空间的使用者在信息交流过程中，可以不受自身所处的空间位置、特定主体设定的信息交往议题等的限制，而自主选择信息交往议题；可以不以某一特定信息源和传播途径为中心，而在海量信息中自主选择信息源和凭借多种手段自主选择信息传播途径。

"互联网+"实质上是"虚拟空间+"，使虚拟空间与现实空间中的实践要素相结合，使这些要素的信息能够超越地域限制在虚拟空间中实现跨区域流动，还使虚拟空间摆脱了"绝对虚幻的外衣"，从而与人们的生产生活紧密结合。

(2) 时间上的虚拟性

一般而言，人们只能在一个特定的时期活动。而在虚拟空间中，人们则会超越时间的限制，实现与过去和未来的"对话"。"互联网+"可以运用数字手段，以虚拟实践的形式模拟以往发生过的事件、未来可能发生的事件，并且使人们能够身临其境地阅读、观赏和感知它们。比如，发展基于互联网的人类文化遗产旅游服务，既可以立体地展现人类文化遗产的保存和保护现状，又可以多角度呈现人类文化遗产过去的样态，使其服务对象能够全面体悟人类文化遗产的过去与现在，也使人类文化遗产在虚拟空间中更好地实现历史价值、经济价值和社会价值。

3. 发展性

"互联网+"并非是一个封闭的体系，其内容、形式具有发展性。

(1) 内容上的发展性

"互联网+"发展的现实基础是互联网技术、产业、应用以及跨界融合等方面取得的诸多成果，其问题导向是传统企业运用互联网的意识和能力不足、互联网企业对传统产业理解不够深入、新业态发展面临体制机制障碍、跨界融合型人才严重匮乏等。

伴随"互联网+"的推进，互联网与各领域会不断实现融合和创新发展。在此过程中，"互联网+"依托的成果会不断丰富、涵盖的领域会不断拓展、涉及的区域会不断扩大、创造的效益会不断提升，并且会更好地推进互联网发展的思维方式、技术手段、经济成果向经济社会各领域加速渗透，更好地引导各类经济要素向实体经济集聚，以融合促创新，从而对稳增长、促改革、调结构、惠民生、防风险的贡献力会不断增强。

(2) 形式上的发展性

"互联网+"利用的是信息通信技术以及互联网平台。当今，信息通信技术的快速发展和广泛应用成为时代变迁的决定性力量。高难度模式识别、复杂沟通等领域难以逾越的高峰逐渐被征服。依托大数据、智能设备和互联网等媒介，许多现代企业实现了对生产过程和产品的自动化控制。伴随全球新一轮科技革命和产业变革的推进、信息通信技术以及互联网平台的发展，互联网与经济社会各领域深度融合的实现方式、技术手段也会不断进步，以互联网为基础设施和创新要素的经济社会发展会呈现出了时代性、技术性更强的新形态。

此外，"互联网+"还有时间上的即时性、运用上的便捷性、主体上的多元性等特点。

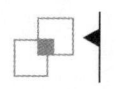

三、"互联网+"的时代特征

在"互联网+"时代,互联网主动引领和渗透到各个领域。"互联网+"时代最主要的特征体现在三个方面。

(一)以人为本

在"互联网+"时代,不管传统产业与互联网融合得有多深,也得遵循最根本的规律:以人为本。以人为本是指以市场为导向,以需求为核心,精益求精做产品和服务。

(二)跨界

"+"本身就是一种跨界,就是变革,就是开放,就是一种融合。互联网正在跨界到传统产业,推动信息通信技术与传统产业的全面跨界与融合。大数据和云计算等信息通信技术成为产业跨界的技术基础。互联网不仅横向跨界,而且纵向跨界。

第一,横向跨界。"互联网+"以信息通信业为基础,全面跨界到第三产业,形成了互联网金融、互联网教育、互联网交通等新业态。同时,"互联网+"也向第一、第二产业跨界,如工业互联网在从消费品工业向装备制造、新材料、新能源等领域渗透,促进跨产业的融合;互联网与传统农业跨界融合,推进我国农业生产的精确化、智能化和高效化。

第二,纵向跨界。"互联网+"正在从信息传输逐渐跨界到销售、运营和制造等多个产业链环节,并将互联网进一步延伸,形成人与物、物与物的全面连接,促进产业链的开放融合。

(三)创新

我国早期粗放的资源驱动型增长方式遇到发展瓶颈,必须转变到创新驱动的道路上来。创新是互联网的精神所在。互联网与各行各业跨界融合之后,将从科技、管理、商业模式三方面进行创新,从而赋予传统产业新的活力。

1. 科技创新

科技创新是指创造和应用互联网新知识、新技术、新工艺,采用互联网思维的新生产方式和经营管理模式,开发新产品,提高产品质量,提供新服务的过程。

物联网、云计算、大数据等新一代信息通信技术的科技创新为经济社会发展带来了历史性的变革,是科技创新的典型代表。

2. 管理创新

"互联网+"时代不断产生的新模式、新业态,对传统的管理产生颠覆性的挑战。信息技术引领的现代科技的发展推动了管理创新,这既包括宏观管理层面上的制度创新,也包括微观管理层面上的具体方法的创新。

3. 商业模式创新

"互联网+"引发商业模式发生了巨大的变化,它改变着人们的生活方式,改变着人和人的沟通方式,也改变了企业经营模式,在创造一些过去所没有的形态,也在使一些传统的商业模式逐渐消亡。

互联网与传统产业之间的双向渗透演绎出新的商业模式，原有的商业模式被基于互联网的全新规则所代替。其中，移动互联网的爆发给传统产业带来更多机会，推动过去的产品模式向服务模式转变。商业模式的创新从市场需求角度出发，要能为用户提供独特的价值。

第二节 "互联网+"对地方高校学生及管理工作者的影响

一、"互联网+"对地方高校学生的影响

（一）积极影响

1. 丰富知识，拓宽视野

互联网是一个交互式的大型数据库，它可以将散落在世界各地的新闻、最新的理论成果等内容融合在一起，向人们展示一个全方位的开放的世界。互联网本身的开放性和便利性也使大学生可以通过浏览网页获取最新的时代信息和知识。互联网作为第四代媒体，承载的信息丰富多彩，它将整个世界连接在一起，具有极大的信息储存量与传播量，成为大学生新的信息来源渠道。

2. 重塑创造性思维

创造性思维是一种具有独创性、发散性等特点的思维方式，拥有创造性思维的人不会使自己局限于已有的固定模式中，而是善于寻找与众不同的新道路。

互联网的广阔性和开放性为学生接触新鲜事物提供了广阔的空间。大学生可以根据自己的意愿，享受互联网带来的乐趣。互联网时代为大学生的发展提供了创新的空间，重塑了大学生的创造性思维。

3. 加强情感交流，释放压力

处于青春期的大学生，他们的情感是丰富、直接的。处于成长期的大学生普遍喜欢与人交流，可是又容易缺乏安全感。目前，传统的教育模式偏重于知识的培养和灌输，忽略了对学生的情感沟通能力的培养。虚拟的互联网世界给学生提供了一个新的机会，正是由于互联网的隐蔽性和匿名性，他们可以将自己的情感展现在网络平台上，可以将自己的压力彻底释放出来。因此，互联网世界也就成了大学生情感交流和释放压力的首选场所。

4. 扩大交友范围

在生活中，由于环境、性格、习俗等条件的限制，大学生的人际交往范围和对象往往是有限的。网络的开放、自由打破了现实生活的局限，他们可以根据自己的想法和爱好进行社交。互联网克服了日常交往存在的点对点的局限性，使大学生的交际对象、交流范围得到了新的延伸，他们可以结识许多新朋友，可以更好地展现自己、了解自己。

（二）消极影响

1. 使学生对事物的感知能力下降，出现心理麻痹状态

学生长时间使用网络感知某一个事物，会使其对事物的感知能力下降，同样也会使学

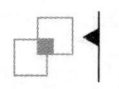

生在同一事物上消耗更多的时间，出现心理麻痹状态。

2. 忽略现实生活，迷失自我

互联网时代，人们的生活离不开智能设备，尤其是大学生。大学生由于沉迷网络有时甚至会忽略现实生活。大学生的情感表达和互动是建立在人与人面对面的交流基础上的，如果其长期使用网络，必然会引起他们对现实生活的冷淡，久而久之，他们可能无法在现实生活中进行正常的情感沟通，只能在互联网中迷失自我。

3. 使现实人际关系出现障碍

互联网在为学生提供了更加便利的交流方式的同时，也在空间上孤立了交流的双方。互联网缺乏人际交往中最直接的环境因素和最复杂的人情表述。长期沉迷于互联网的大学生，一旦置身在现实社会中直面现实，面对复杂的人际关系时，就有可能会产生焦虑和恐惧的心理。

二、"互联网+"对地方高校管理工作者的影响

（一）管理模式的影响

1. 传统模式的改变给管理工作带来难度

现在的电视、电台、网络等媒体对学生生活产生了影响，无形中改变了学生的认知和价值观的走向，信息多元化、价值观多元化，也给辅导员工作带来了很大的不利影响。这些媒体的出现改变了原有的管理教学模式，学生可以更快地获取信息。不过，这些信息良莠不齐，且学生辨识能力差，这给地方高校管理工作者的工作带来了不小的困难，同时，辅导员的管理地位也受到了威胁。因此，为了更好地进行思想政治教育，辅导员们应该准备好新的姿态面对新的挑战。

辅导员应该学习网络工具的应用，加强学生的思想品德建设。随着学生对网络的掌握越来越熟练，学生的自主性也在变强，所以教师要利用网络这条渠道，帮助学生建立正确的"三观"。

2. 教育管理工作的主体地位受到威胁

大学生的上网时间不断增加，网络已经成为其生活的一部分，学生受到网络的影响越来越深刻。网络的多元化影响着同学们思维方式的多元化，所以，思想教育的主体地位受到了威胁。浩瀚的网络信息资料虽然开阔了学生的视野，但是信息鱼龙混杂，因此，教师应与时俱进，在线下进行管理工作的同时，还要及时参与网络管理工作，及时纠正学生的错误思想。

3. 学生个体行为发生改变

互联网上充斥着大量的虚假信息，辅导员平常也会有其他工作要做，所以不可能集中过多注意力、花费大量时间过滤虚假信息，因此，总有一些信息会影响学生的思想意识与行为。

当学生的思想意识与行为受到了网络的冲击，他们就会出现网络信息把控薄弱的问题。因为网络社会存在大量的道德失格现象，大学生还未接触社会，对网络道德和法制观念显得意识不强，容易为这些现象所影响。因此，辅导员应该注意维护网络的安全控制，同时，要注意学生对网络的依赖问题，通过网络对学生及时地进行心理辅导。

（二）管理工作者素质的影响

网络已经成为人们工作、学习、生活不可或缺的一部分，当今世界，网络已经成为西方国家对我国进行文化侵略和渗透的重要途径。面对复杂的国际政治局势，面对快速发展的网络科技，面对思想日益复杂的受教育者，高校学生管理工作者的政治素质、电脑技术、能力水平正面临严峻的考验。

首先，管理者必须要跟上时代，如果孤陋寡闻，不善于捕捉网上各种各样的思想信息，去伪存真，有的放矢，就会使教育管理工作的有效性大打折扣。

其次，管理者如果自己没有坚定的政治信念、没有对共产主义的崇高信仰，就很容易在形形色色的网络文化中丢失自己。

最后，管理者如果没有熟练的电脑技术，不善于借助最新的软件工具开展学生管理工作，就必然无法满足大学生接受思想政治教育的需要。思想政治教育工作者作为服务学生健康成长的导师，也是学生学习的榜样，在此情况下，必然会面临能力与素质方面的挑战，所以其只有不断地学习、提高认识、提升能力，才能成为一名合格的思想政治教育工作者。

在当今网络发达的环境下，管理者如果想借助新媒体工具开展工作，传播信息，还需要其具备一定的网络应用能力，因此，高校应该在有条件的前提下，对管理人员进行电脑及网络建设等技能的培训。作为高校学生管理工作者，在学校没有培训之前，自己也要抽时间主动学习，自觉接受高校的培训，相信管理者能够成为良好的学习榜样，学生因此也会更加愿意配合管理者的工作，最终高校学生管理质量与效率也会大大提升。

第三节 借鉴国外经验，实施学生管理

一、其他国家的优秀经验展示

（一）美国

经过长期的摸索实践和调整改进，美国高校学生事务管理已经具备了明显的专业化特征，学生事务管理人员也具了有较高的专业地位和职业声望。完善的专业训练、明确的专业标准等构成了美国高校学生事务管理专业化的重要标志。充分认识和了解美国高校学生事务管理专业化的概况对于当前我国高校学生工作专业化建设具有一定的借鉴意义。

1. 完善的专业训练

在高等教育日益国际化的今天，学生的跨国交流和去海外留学已成为一种趋势和潮流。学生选择高校除了考虑所在国或地区经济、政治、文化和地理等方面的优势外，也十分关注该校的学生事务管理工作成效和相关人员素质。因此，美国高校学生事务管理工作的遴选用人有着一套严格的资格准入制度和完善的专业训练体系。美国高校学生事务管理人员的聘任和提升都有着明确的要求和程序。在美国高校，申请进入学生事务管理领域的

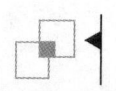

相关人员首先需要具有心理咨询、职业指导、学生事务管理、学生发展等方面的硕士学位。取得相关专业的硕士学位学历是进入美国高校学生事务管理的门槛。学生事务管理人员若想取得学校中层的管理职位还必须拥有相关领域的博士学位。

为了满足高校学生事务管理的职业要求，美国高等教育为这一职业领域提供了较为完备的职前和在职专业培训。在美国，每个州都至少有一所大学开办高等教育学生行政专业，为高校学生事务管理培养专门人才。美国高等教育博士学位的培养计划也设有专门针对高校学生事务管理的培养方向。由于学生事务管理是多学科交叉的研究领域，所以美国高校学生事务人员的专业训练内容从应用管理理论到一般的社会学常识都有所涉及。

需要指出的是，专业领导力是美国高校学生事务管理专业训练和专业培养的核心所在，同时也贯穿于美国高校学生事务专业博士学位教育的整个课程设置当中。

2. 明确的专业标准

1970年，美国学者摩尔提出了专业化的五条标准：（1）视职业为一项崇高使命；（2）需要特殊的、可持续发展的教育培训；（3）以服务为导向；（4）实践中拥有较高的自治程度；（5）从业人员拥有自己的专业组织。

这五条标准被广泛应用于美国高校学生事务管理的发展评价中，在此基础上，美国高校学生事务管理的职业专业化标准被提了出来，即：（1）从业人员对于学生事务这一职业必须有着强烈的认同感，忠实于它的职业理念和目标。它不应仅仅被视为个人职业生涯中的一份工作或进一步发展的跳板，而应该作为自己事业的终身追求；（2）具有专门的知识和技能，需要通过一定时期的严格教育才能获得；（3）以服务为导向，满足学生发展需要是学生事务领域的核心价值观，这就要求学生事务人员不断提升自己的知识结构和专业素养以满足不同学生的发展需要；（4）学生事务人员应该努力追求拥有更多的专业自治权；（5）建立完善的属于自己的专业协会，并要求全体学生事务人员能够积极参与其中。

在此基础上，美国全国学生人事管理者协会（National Association of Student Personnel Administrators，简称 NASPA）进一步提出了多达十八条的美国高校学生事务管理专业化的细化标准。（1）专业服务；（2）与学校的发展任务和目标一致；（3）有效管理学校资源；（4）保持良好人际关系；（5）协调好利益冲突；（6）拥有合法合理的自治权；（7）平等对待其他师生、员工；（8）引导好学生行为；（9）健全信息调查机制；（10）充满职业自信；（11）加强学生情况的调研力度；（12）体现出专业水准；（13）有选择地促进专业实践；（14）发挥指导参谋功效；（15）清晰界定工作权限；（16）营造良好的大学氛围；（17）促进自身的专业发展；（18）及时评估工作绩效。

（二）日本

日本高等教育在全球教育体系中占据着重要地位，其国内高校的学生事务管理工作也颇具特色，并形成了相对完善、成熟的体系。

1. 日本高校学生事务管理的组织结构

在日本，学生事务管理一般被称为"学生支援"或"学生生活支援"。在国家层面，具体负责实施国家层面的各项学生支援业务。而在各大高校内部，则设立学生部（学生处），配有专职的人员，面向全校学生服务。日本东京农工大学学生事务管理结构具有代表性，可以通过其组织架构对学生部进行了解。同时，作为内外事务混合型模式的典型代表，其学生事务管理工作是由校内和校外两部分组成的学生部以及消费生活协调组织等群众组织。

2. 日本高校学生事务管理的主要职能

相较于欧美其他国家，日本的高校自行设置学生管理机构，学生管理机构由校内和校外两部分组成，两者职责不一，呈现互补关系。其中，学生部是在校园生活中，对学生个人或团体活动提供各种服务，以促使学生形成丰富人格，达到自主发展的管理组织，对学生的服务涵盖了职业指导、健康管理等。校外部分指的主要是消费生活协调组织（即"生协"）等群众组织，该部分承担着学生的食宿等生活后勤服务。

政府对高校的后勤服务部门实行免税或低税政策进行支持。通过校内外相互补充的方式，日本高校实现了高校学生事务管理组织的三种重要功能。而就具体的工作职能而言，为学生提供日常生活与学习有关的各种资讯，是日本高校学生事务的工作之一，并且具有重要地位。2007年，日本专门以独立行政法人日本学生支援机构的名义发表了《关于充实大学学生资讯的策略》，针对开展学生咨询的重要性、咨询体系的建立等方面提出了相关构想。进入到21世纪后，由于毕业生就业问题日益突出，日本高校的学生支援部门也对此做出了回应，表示要加大对学生就业方面的援助力度。

3. 日本高校学生事务管理的队伍建设

日本高校从学生事务管理工作的专业化发展角度出发，在工作人员的选拔、流动及培训等方面建立了专门的工作流程和规范，以确保工作人员的职业水准。

（1）从业人员准入

在日本，从事高校学生事务管理工作的人员基本要求本科以上学历。各个学校根据各自的实际情况建立了非常规范的考试制度和参照标准。例如，在招聘笔试中，只有笔试和面试均通过者才有可能进入学生事务管理队伍。具体情况根据学校性质的不同而会有所区别。国立大学或者公立大学的招聘程序就要复杂得多。求职者在通过地区性统一考试之后，才有资格参加心仪大学自身举行的考试，两次考试均通过者才算应聘成功。

（2）从业人员培训

对于新从业人员，他们一般在上岗前会有一个集中研修期，相当于我国的岗前培训。培训的时间每个学校不尽相同，例如，早稻田大学为期是两个月，而东京大学是三个月。从业人员被正式招聘后，日本高校会对他们进行定期的培训，并制订了详细的文件规范与制度保障。鉴于日本培训注重体系的完整性特点，在不同的阶段，培训会有不同的要求。由此可见日本在培训方面的系统性以及专业性特点。

（3）从业人员流动

在日本，各个大学会以正式用工的形式雇用从业人员。大学内从事学生事务管理的人员，和其他应届毕业生相比，由于起薪基本一致，只要通过个人努力，福利待遇将会随着年龄、资历等稳步得到提高。正因为如此，所以其从业人员对于自身的发展道路以及个人前景较为明晰。另一方面，日本学生事务管理的从业人员一旦进入到管理队伍中，即使有轮岗制度的存在，也很难流动至学校的其他体系中。基本上算是一种体制内的流动。因此，管理队伍相对而言较为稳定。而这一点对于学生工作的连续性和稳定性是会产生较大影响的。日本学生管理队伍的稳定性从另一方面也促进了其专业化建设以及管理工作的

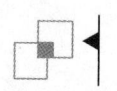

推进。

4. 日本高校学生事务管理的特点与启示

在高等教育规模扩大的时代背景下，学生事务管理的专业化发展是日本高校的必然选择。专业化的学生事务管理从业人员，为日本高校培养全面发展的高素质人才提供了很好的师资保障，而与此同时，日本高校对工作人员的高质量要求和规范性管理，为学生事务管理的高质量服务提供了条件。

（1）坚持以"学生为中心"

虽然日本在学生事务管理中并没有旗帜鲜明地提出自己所秉承的工作理念，但通过分析，不难看出，以学生为中心就是其最核心的理念之一，也是日本开展学生工作的直接指导思想。日本高校成立学生部的主要目的就是为学生的发展提供各种服务，就是期望通过为学生个人或团体活动所提供的各种服务，从而促进人才的全面发展。另外，日本高校学生事务管理非正常重视对学生的日常生活和学习进行咨询指导，2007年日本专门以独立行政法人日本学生支援机构的名义发表了《关于充实大学学生资讯的策略》，将高校学生咨询工作提到了极其重要的位置，其中对咨询教师提出了严格要求。这不仅体现了学生在学生事务管理工作中的重要地位，而且赋予了学生群体实际权利，使学生的主体作用得到凸显。

（2）垂直管理的组织模式

为了便于进行学生管理和服务，日本高校一般都设有专门的事务局（处），事务局内设有专门的大厅，由总服务台和分区域办公桌组成。事务局用于服务和管理所有学生（包括本科生、研究生），其工作内容包括入学、教学、日常事务、就业辅导、就业资讯、勤工俭学信息与指导等所有工作。院系一般不再开设学生事务工作部门。但是每个院系在事务局大厅都有一块办公区域，以区域办公桌的形式实现，用以处理学生事务。

二、借鉴经验，完善我国地方高校辅导员制度的具体措施

互联网时代，各地方高校可以轻易地从网络上获取国外其他高校记性学生管理工作的优秀经验，因此，在梳理其他国家优秀经验的基础上，笔者提出了完善我国地方高校辅导员制度的具体措施。

（一）严格准入制度，优化辅导员队伍素质结构

除了相应的学历和职业考试，国外的辅导员还需要掌握心理学、管理学、组织行为学理论，这对我国加强辅导员队伍提供了有益的借鉴。

教育部门应该设立严格的准入制度，指定详细的辅导员选聘指标体系标准，其中不仅包括政治素质要求，还包括业务素质要求，公平、公正、公开地选拔政治觉悟高、业务精、德才兼备、知识丰富的优秀人才。

同时，还应该拓宽选聘渠道，辅导员队伍的社会化是国外辅导员制度的成功经验，在发挥校内全职辅导员作用的同时，面向社会各类专业咨询机构聘请专业人员，使其承担对学生的专业化辅导。

此外，对于选聘的辅导员，除了对其进行必要的入职前培训外，还应该设立配套的在职培训体系，借鉴西方成熟经验，不断提高辅导员业务能力和素质。

（二）完善制度设计，拓宽辅导员发展空间

国外的辅导员工作是一项长久事业和受重视的职业，并且设有高校辅导员协会等相应机构，协会除对会员提供业务上的培训和指导外，还帮助其不断掌握新的技能和知识，提高业务水平。

我国应该完善制度，不断扩宽辅导员的发展空间。应该着手调整辅导员职业规划，将辅导员工作当作一项长久性事业来看待。明确辅导员的编制，设立相应的专业岗位，确定辅导员培养目标，确定职业由低到高的渠道和机制。与此同时，应该进一步完善辅导员的社会保障制度，提高辅导员的收入水平，尽量改善目前存在的辅导员收入和工作量不相符的情况。

（三）辅导员工作专业化细分

与国外相比，国内的辅导员工作内容繁杂，缺乏一定的专业性。可以借鉴国外将辅导员分为生活辅导员、学习辅导员、心理辅导员的做法，将国内的辅导员工作进行细分。

同时，在学生事务管理中，应更突出人性化，注重学生的主动性，建立完善的规定和制度，比如，建立严格的法制化程序和学生申诉制度等，从而保证学生事务管理的法制化与学生管理水平的提高。

第四节 有效利用互联网，实施学生管理

一、互联网背景下，高校学生管理工作为何要转型

互联网的泛在化使得"无时不网、无处不网、无人不网"，人人都是自媒体、个个都是段子手，时时发声、处处留言。网内网外一体、线上线下一家，网络已然成为新时代的基础设施，无孔不入地弥漫在人们的周围。随着网络社会的崛起，建构在工业社会基础上的高校学生管理制度面临着去中心化、去边界化、去中介化的严峻挑战，新的基础设施与旧管理制度的冲突不可避免地爆发。

（一）去中心化，传统学生管理科层组织面临被解构

工业思维是这个社会的主导思维，中心化、流程化、标准化、控制式等工业品生产领域的思维概念被高校学生管理制度所继承。在此基础上建构起来的高校学生管理模式具有浓郁的科层、集权特征，自上而下形成了一个金字塔状的封闭系统。此组织结构决定了目前学生管理模式是对上级领导负责，是以领导为中心而不是以普通学生为中心；是以管理为手段而非以服务为目的的。网状结构的互联网，是没有中心节点的，它不是金字塔结构，呈扁平状。互联网的网状特征决定了其要去科层化、去中心化，要求互动、开放、平等，这正好可以解构工业思维的集中型、控制式、科层化的理念。在此基础上形成的互联网思维，其核心是以人为本，在管理实践中表现为"以学生为主体"和"为学生服务"。

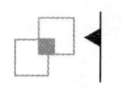

(二）去边界化，传统学生管理封闭运营面临被打破

高校传统大学生管理模式部门化、职能化明显，涉及的学生管理事务被若干职能部门切割划分。每个职能部门"画地为牢、筑城为邦"，将紧密联系的社会整体人为区隔化、条块化。传统学生管理模式下，每个部门封闭管理、资源利用的权限和边界明显，学生学习、生活、社交、就业等各方面产生的数据没有实现共享、共用。传统学生管理模式在较大程度上利用信息的不对称，通过对信息资源的封闭垄断实现了对管理权力的垄断。互联网的技术特征是互联互通，承载在互联互通基础上的是信息的高度流动和高度扩散，这打破了传统管理者对信息的垄断权。网络跨界联通的开放性要求打破现实物理环境中"学校—学生"的封闭式组织结构，形成组织与个体共享信息的新形态，进而实现共享共赢。

（三）去中介化，传统话语权威传播表达面临被离析

传统的学生管理模式利用信息的不对称，造成了管理者（学校）与被管理者（学生）双方先天话语权的不平等。网络的多点相连、普遍连接的技术特征要求扁平化，形成了"无中介"之状。传统的信息传播通道控制在管理者手中，在信息爆炸的时代，管理者无法实现对信息的垄断来维持自己的话语权，通过无中介化的网络，"完全个性化的信息可以同时送达给无数的人，每个参与者，不论是出版者、传播者，还是消费者，对内容都拥有对等的和相互的控制"。尤其"网络大V"等意见领袖通过占据网络节点的有利位置，影响甚至左右网络舆论，形成部分网络话语霸权，传统话语权威被离析。

网络社会生成所带来的基于技术创新而形成的高校学生管理工作转型，既不是转场也不是转移，而是革新，是基因的重组。网络社会的深刻变革，要求根据互联网的世界观更新管理理念、调整管理组织、改进管理方式、提高管理能力，真正实现高校学生管理工作的互联网化转型，变网络挑战的压力为转型升级的机遇。

二、借助网络化平台，实施学生管理工作

（一）网络化平台

网络化平台指的是在对计算机网络进行应用的前提下，处理各方面的工作。这里的网络化平台是一些可以处理学校中的一些事项的平台，主要包括硬件和软件两种设施。

（二）利用网络化平台加强对学生的管理

在对学生进行管理的过程中，网络化平台对加强学生的管理具有很大的作用，主要体现在以下几个方面。

1. 强化了学生思想管理工作

思想能够影响一个人的行为，尤其是对于学生来说，他们的思想还存在着一些不成熟的方面。学校利用网络平台，可以将社会上最新的消息传递给学生，使学生第一时间接受最为先进的思想引导。例如，可以利用中文网站"人民日报"进行消息的传递。

此外，学生因为在学习过程中经常会遇到种种的困难，思想波动的情况会时常发生，这就需要管理者可以利用网络将学生反映出来的情况及时地进行汇总，并据此制定合理的

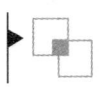

管理方案。

2. 强化了学生心理健康教育

不管是哪一个阶段的学生，都会容易出现心理上的波动。互联网虽然丰富了学生的视野，但很多学生还是因为迷恋网络迷失了方向，心理上也蒙上了一层黑雾。面对这样的情况，管理者可利用学生喜欢的网络平台对其进行正确的心理引导，用健康的网络来代替那些不健康的网络信息，通过网络信息对学生的心理特点和思想脉搏进行有效的掌握。

3. 强化了对学生学习上的管理

学习是学生的本职。随着教育改革的不断深入，传统的教学方式已经很难适应社会的发展，网络平台在学生学习层面上的作用被重视起来。

网络平台可以为学生提供出更为活跃的课堂氛围。利用网络平台，管理者可以将学生的个人信息和学习情况输入到网络中，可以对学生的学习情况及时的掌握。学生如果没有理解某个知识点，其也可以通过网络到教师那里寻求帮助，教师会第一时间为学生们解答。在某种程度上讲，网络平台为教师管理学生的学习，学生及时向教师寻求提供了新的途径。

（三）网络时代下高校学生管理工作的新方法

1. 开拓网上思想政治教育阵地，加强对学生网络民意的疏导

网络具有开放性，它完全打破了原有国家、社会之间的限制，将世界各国都紧密联系起来，不同意识形态之间的思想碰撞和文化冲突达到了前所未有的程度。一些别有用心的西方国家借此机会通过网络平台对我国进行意识形态的渗透，大肆宣扬西方的文化理念、政治制度等，散布影响社会稳定的言论和信息，以此来削弱我们对马列主义等主流思潮的信仰，淡化我们的民族意识。部分思想和三观尚未成熟的大学生在如此强烈的多元文化碰撞下逐渐迷失了自我，对原有的主流理想信念产生怀疑，造成他们政治观念的淡漠、价值观念的偏离，出现极端个人主义、拜金主义等问题。

作为高校学生管理人员，必须抢占网络高地，通过网络平台创建"红色网站"，也可以在校园网上建立理论专区，构建思想政治教育阵地。一方面，高校学生管理人员应高度重视大学生网络民意的表现，密切掌握大学生的思想动态，对于大学生所关注的热点、难点问题在网上给予及时的回应，做好疏导工作。应该想办法深入到学生喜欢参与交流和讨论的网上社区、网站和聊天室等，积极与学生互动交流，及时了解大学生的网络情绪。特别是针对一些学生关注的重大政治、意识形态等敏感问题，要及时在网上进行旗帜鲜明的正面引导，在引导过程中要注意坚持柔和的交流态度，言之有理，言辞恳切，力求把一些尖锐的矛盾化解在萌芽状态。

另一方面，要建立网络舆论突发事件应急机制。突发事件发生后，可利用网络广泛、迅速、覆盖面大的信息平台将真实情况直接发送给每一位同学，提高组织传播的效率，减少信息在多层传输过程中的人为减损，防止学生被不实信息误导、煽动而引发更大的混乱。

2. 增强学生网络法制意识，加大网络文明建设力度

当前，我国关于网络的相关法律法规并不完善，高校对大学生网络法制意识与网络文明的宣传教育力度不足，加上对大学生的网络行为缺乏正确、有效的引导，导致大学生普

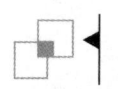

遍的网络法制与网络文明意识不强、大学生网络行为规范缺失。高校作为大学生网络法制与文明建设的主要场所，并未有效占领网络法制文明系统建设的前沿阵地，未能形成良好的校园网络文化氛围。

针对这一现象，首先，国家要根据网络发展的新情况和新问题，及时制定和出台一系列能适应网络环境快速发展的新法律法规，不断提高打击网络犯罪与网络不文明行为的能力。高校学生管理人员要加大对学生开展网络普法教育、网络安全教育和文明上网教育的力度，积极引导学生对有关网络法律问题进行主动思考，如利用社会上的一些典型案例教育学生触犯网络法律所应承担的法律责任，以示警醒；同时，可在学校相关网站或社区上开辟寓教于乐的法制教育网页，设立在线互动答疑等栏目，发动学生积极参与对网络违法现象与不文明行为的深入探讨，在潜移默化中提升大学生的网络法制与网络文明意识。

其次，必须坚持他律与自律有机结合，倡导在学生群体中形成互相监督、合法、文明使用网络的氛围。在这一过程中，应充分发挥学生党员的模范带头作用，培养一支政治立场坚定、作风正派、网络技术过硬的学生党员队伍，让他们充当网络文明使者，利用他们来自学生当中便于与学生沟通、易于被学生接受认可的优势，引导好大学生的主流价值观，使他们肩负起宣传网络法律法规、倡导网络文明的重任。

3. 建立一支具有网络时代意识与过硬网络技能的学工队伍

高校学生管理面临的环境发生了变化，网络信息技术的快速发展给传统的高校学生管理理念与方式提出了新的要求，这是新时期高校学生管理工作必须正视的现实环境。学生管理人员要想有足够的能力应对在新的教育管理环境中出现的新问题，必须强化自身的信息素质，提高现代网络技术应用的能力，才能充分利用网络资源优势，拓宽高校学生管理工作的空间，增强学生管理工作的针对性和实效性。作为高校学生管理者，要抢占网络高地，建立属于自己的网络构架。注意网络社团、BBS 社区、微博、QQ、微信等网络媒介在工作中的运用，努力实现班级管理网络化，提高工作效率，使大学生表达的意见更有机会直接接近管理中心，从而改变以往信息不畅，具体管理工作、措施与现实脱节的被动局面，增强学生管理工作的针对性和科学性。

此外，基于传统的教育理念，学生对教师都既敬又畏，在教师的面前难以敞开心扉，真实地表达自己的所思所想。而网络隐秘性与虚拟性的特征使网络交流少了现实中面对面交流的尴尬和顾忌，现在大部分学生都热衷于通过网络平台来表达自我，很多时候都会把自身的心情、心态或者对事件的观点即时通过网络来宣泄。这样的情况使管理者无法容易掌握学生的思想问题，久而久之，师生关系也由此而渐行渐远。因此，管理者应该多关注学生在网络上发表的信息，及时掌握学生的思想动态，从而对症下药。相对于以往传统、低效的育人管理环境，当前高校教管工作成败的关键在于，管理人员是否能够在第一时间准确地获取高质量的信息，只有在知己知彼的情况下才能做出正确有效的决策。

4. 充分利用网络资源，加强对学生的服务工作

在现阶段的实践中，网络技术及网络资源在高校学生管理工作中的应用还处于初始阶段，很多都是停留在"面子工程"的形式上，没有落到实处。要切实在网络上开展学生管理工作，必须坚持管理与服务相结合的原则。

一方面要加大校园网络的信息量，校园网络平台上除了要包含学校的各种方针政策、规章制度和通知等常规信息外，还应包含各种大学生常用的学术、生活社交网络资源，高

校要努力把校园网络建设成为一个便于大学生学习、生活的综合性平台。

另一方面，多拓展针对学生的网上服务空间，如开展网上心理咨询、网上就业信息咨询、勤工俭学信息、网上社团活动等，努力利用网络自身具备的优势特征来消除某些管理工作或服务在现实操作中的局限性，开创高校学生工作的新局面。如大部分心理有问题的学生都不太善于交流和沟通，而网络可以为了解学生心理动态和进行心理咨询提供一个全新的平台。网上进行心理咨询可以消除面对面的尴尬，避免现实交流带来的障碍，管理者也可以慢慢地深入问题学生的心理，准确引导学生的行为，这为更顺利地开展学生心理工作提供了良好的条件。

5. 注重"网上管理"与"网下管理"的结合

作为一个高校学生管理工作人员，无论信息技术发展如何迅猛，网络技术与高校学生管理工作结合得如何紧密，我们都必须明确的一点是：学生管理工作不是在做"虚拟世界"的工作，而是在做"虚拟世界"背后的学生主体的工作。因此，利用网络平台开展高校学生管理工作，必须要做到网上管理和网下管理相结合，做到以情感人，以理服人。同时，高校要加强校园现实的软件和硬件建设，增强现实空间对学生的吸引力。

很多大学生沉迷于网络的虚拟空间，主要是由于在现实世界中，他们的很多想法和诉求都得不到满足，只能在虚拟世界里寻求慰藉。为改变这一局面，学校要多开展受学生欢迎、易于学生接受的校园文体活动，尽可能使所有学生的心理诉求能在现实中得以满足，让他们有平台与机会能各尽其能，从而增强现实校园对学生的吸引力，增强学生的幸福体验。

第五节 "互联网+"时代地方高校学生管理发展趋势

一、"互联网+"背景下的学生管理特征

基于"互联网+"下的学生管理模式是互联网发展的新型管理模式，具有特定的优势与特征。

（一）管理更高效

互联网具有高效性、即时性、准确性。在互联网大背景下，学生可以通过互联网的高效性与开放性获得一系列有助于他们身心发展与学习的信息，同时借助互联网的优势，管理者也可以及时将信息快捷有效地传递给学生，既节省了口头传达、文件传达等中间环节的时间延，也大大提高了工作效率。

（二）管理更便捷

借助互联网平台，校内新闻、重要信息等均可以更快、更方便地进行公示与通知，管理者可以通过网络平台便捷地与各部门、学生进行沟通交流，并且能够将交流的结果及时反馈给学生。如微信群等，部门负责人通过设置校园网站公开接待日，实时查看并回答学

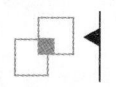

生的问题、倾听学生向相关部门提出的意见与建议，向学生征集学校相关管理及规划方面的看法，各部门安排负责人在线解答相关问题等，这样，管理者便能及时对学生进行疏导和管理，更好地发挥网络信息化管理的优势，提高管理效率。

二、"互联网+"背景下学生管理发展趋势分析

（一）管理理念：坚持师生平等更凸显学生的主体性

在以往的学生管理中，管理者往往代表着权威，充当着主导者的角色，因此，在实际的管理中，学生会产生逆反心理，想要挑战权威，挣脱被管理的束缚，这为学生管理工作带来了重重障碍，管理部门也难以有效开展工作。

教师与学生是平等的两个群体，学生既是管理的主体，也是管理工作的参与者，必须既让学生意识到管理的必要性，也要能调动学生的参与积极性。基于"互联网+"的学生管理模式，需秉承以"学生为主体，教师为主导"的教育理念，高度重视学生的自我价值实现、注重学生的全面发展。只有融入学生的个性化发展，拉近管理者与学生之间的距离，才能充分转变学生管理工作的管理观念，才能做到有效沟通，才能为管理工作者及学生的发展树立正确的管理与被管理观念。

（二）管理团队：因应工作职责更加专业化、学术性

学生管理并不是为了管理而管理，最终是要提高学生的综合素质，让学生今后有足够的能力为自己在社会上谋得一席之地。

互联网时代有着鲜明的时代特征，学生管理团队的时代素养，决定着被管理学生的时代特性，因此，管理团队不但要在实践层面更加专业化，同时，也要在实践中不断提高理论素养。为此，建设一支政治观念强、业务能力精通、纪律严明、作风端正、品德高尚、学术水平高的专业学生管理团队，才能确保学生管理水平可以随着时代的发展而逐渐提高。

（三）学生日常行为管理：依托教育技术更加信息化

学生日常行为的管理，在学生管理工作中往往是难点也是重点，养成一种行为习惯容易，但要纠正一个行为习惯则需要长时间跟踪与提醒。学校的管理者与学生人数相比，数量较小，管理者发现学生日常行为弊病的难度大，这就要求管理者能灵活运用互联网这一信息大平台，将学风建设、校园文化、文体活动及日常文明行为相结合，充分调动学生的参与积极性，让学生在活动的参与中发现自己的不当行为，并及时用文明行为来规范学生的言行，通过教育技术的介入提高学生日常行为管理的效率。

（四）学生心理健康把脉：基于多方信息逐步实施大数据管理

心理健康在当今时代已成为各高校教育的重点，学生因生活环境不同、家庭情况不同、生活条件的不同，在学习与生活中会存在不同的困扰，有的学生甚至存在严重的心理疾病，从发现学生的心理疾病到帮助学生解决心理问题，是一项长期的任务，这给学生管理工作者带来了隐性的管理难度。

现在，高校一般都会开设心理健康教育课程，并设置心理咨询室，配备心理咨询师，但是很多学生从内心就难以接受自己的心理问题，因此很少主动向教师或心理咨询师坦言自己的心理疾病，也有学生担心其他同学会对自己有看法，因而便特意隐瞒自己的心理问题，这些情况又为心理健康管理工作增加了难度。

在"互联网+"背景下，管理者可以依靠互联网，利用大数据分析实现对学生心理健康管理的常态化。如定期对学生进行心理测试；利用大数据进行分析排查学生的心理健康情况；视学生的心理问题严重情况对其进行分类，并制定专门的帮助教育计划；定期进行座谈，做好谈心记录及保密工作，帮助学生树立正确的人生观、世界观、价值观。同时，积极引导大学生走出学习倦怠、生活懒散、精神空虚的消沉状态，培养大学生积极健康的学习、生活习惯。

（五）了解学生内心世界：形成线上线下结合的多维立体网络

学生都是独立的主体，有着自己的思想特点与兴趣特长，对于性格开朗的学生，管理者很容易就能从他们的日常行为表现中了解到学生的内心，但性格内向或不善于言谈的学生，即使管理者单独找他们谈话，他们也不一定能说出自己的真实想法。因此，管理者应该充分利用互联网工具，如 QQ、微信、邮箱等，建立 QQ 群、微信群，在群里分享一些积极健康的文章及视频信息，引导大学生自觉培养阳光、向上的生活习惯以及树立良好的生活价值观；也可通过举办班级活动、社团活动、知识竞赛、兴趣小组、网络辩论赛等培养学生的集体荣誉感，强化学生的班级荣辱观，提高学生自身素质，确保学生管理工作的顺利进行。

第五章 基于人力资源理论的地方高校学生管理

人力资源理论一直以来都为社会上的各行各业的管理工作提供着有力的理论支撑，它是讨论管理话题必不可少的要素之一。地方高校学生管理也属于管理的一种，因此，可以将人力资源理论应用到地方高校学生管理中。本章将对人力资源管理进行概述，深入探究基于期望理论、激励理论以及马斯洛需求层次理论的地方高校学生管理。

第一节 人力资源管理概述

一、人力资源的相关概念

（一）什么是人力资源

资源是一个经济概念，是指用来进行价值增值的财富，包括自然资源和人力资源。[①] 其中人力资源是生产活动中最活跃的因素，是一切资源中最重要的资源，由于该资源的特殊重要性其成为第一资源。从广义上来说，人力资源是指智力正常的人；从狭义上理解，人力资源是指具有智力或者体力劳动能力的人的总和。一般认为，人力资源是指能够推动社会发展和经济运转的、与当前和未来发展相适应的、具有智力劳动能力和体力劳动能力的、能为社会创造物质财富和精神财富的人的总和。

（二）人力资源的构成

1. 数量构成

人力资源数量分为绝对数量和相对数量两种。人力资源的绝对数量，从宏观上看，指的是一个国家或地区具有劳动能力并从事社会劳动的人口总数，它是一个国家或地区的劳动适龄人口。人力资源的相对数量，也就是人力资源率，它是指人力资源的绝对量占总人口的比例。一个国家或地区的人力资源率越高，表明该国家或地区可投入生产过程中的劳动数量越多，从而创造的国民收入也就越多。影响人力资源数量的因素有人口总量及其再生产状况、人口的年龄构成、人口迁移情况等。

---

① 柳建营，邱立军. 人力资源管理 [M]. 北京：经济日报出版社，2010：69.

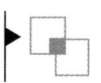

2. 质量构成

人力资源的质量构成主要包括体质、智质、心理素质、道德品质、能力素养和情商六大方面。

（三）人力资源的特征

人力资源作为经济资源的一种，具有与一般经济资源共同的特征，主要包括：物质性，一定的人力资源必然表现为一定数量的人口；可用性，通过人力资源的使用可带来价值的增值；有限性，人力资源在一定的条件下形成，其载体具有生物的有限性。但是，人力资源作为一种特殊的经济资源，也有着不同于其他经济资源的特征。

1. 依附性

人力资源是凝结于人体之中的质量因素的总和，必须依附于一定数量的人口之上，虽然人力资源不等同于人口本身，但却不可脱离人这一载体。这就决定了人力资源所有权的天然私有特性，人力资源的开发与使用必须通过对人的激励才能实现。

2. 能动性

人力资源的能动性是指人在生产过程中居于主导地位，在生产关系中人是最活跃的因素，具有主观能动性，同时具有不断开发的潜力。

3. 社会性

社会性是人力资源不同于其他经济资源的一个显著特征。对于其他资源来讲，它们具有纯粹的自然属性，并不需要精神激励的手段。而人处于社会中，人力资源效能的发挥受其载体的个人偏好影响，除了追求经济利益之外，还要追求包括社会地位、声誉、精神享受以及自我价值实现等多重目标。在追求这些目标的过程中，其效能的发挥不仅会带来生产力的提高和社会经济的发展，而且会产生许多社会性的外部效应，如人的素质的提高会增进社会文明程度，保护并改善自然环境等。

4. 时效性

人力资源的时效性基于内外两个方面的因素。内因是指作为人力资源的载体，人的生命所具有的周期性，只有当人处于成年时期并投入社会生产活动中，才能对其开发利用，发挥人力资源的作用，当人未成年或老年时，或其他原因退出劳动领域时，就不能称其为人力资源了。

外因是指人力资源所表现出的知识、技能等要素相对于环境和时间来讲是有时效性的，如果不及时更新就难以满足外部条件变化的要求。另外，人的知识技能如果得不到使用和发挥，就可能会过时，或者导致人的积极性消退，造成心理压力；人力资源如果长期闲置不用，就可能会荒废和退化，甚至失去效用。

5. 再生性

不同于经济资源中的矿藏、石油等物质资源，人力资源具有再生性，这是基于人类的再生产和劳动力的再生产，通过不断更替和"劳动力耗费、劳动力生产、劳动力再次耗费、劳动力再次生产"的过程得以实现。由于人的本身、人的体能、人的知识是可以再生的，因此在人力资源管理过程中，应注意保持人力资源再生过程的顺利进行。

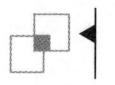

6. 双重性

人力资源既具有生产性，又有消费性。① 人力资源的生产性是指，人力资源是物质财富的创造者，而且人力资源的利用需要一定条件，必须与自然资源相结合，有相应的活动条件和足够的空间、时间，才能加以利用。人力资源的消费性是指，人力资源的保持与维持需要消耗一定的物质财富。

生产性和消费性是相辅相成的，生产性能够创造物质财富，为人类或组织的生存和发展提供条件；消费性则能够保障人力资源的维持和发展。同时消费性也是人力资源本身的生产和再生产的条件。消费性能够维持人的生计，满足需要，提供教育与培训。相比而言，生产性必须大于消费性，这样组织和社会才能获益。

二、人力资源管理的概念与特点

（一）人力资源管理的概念

戴维·尤里奇（Dave Ulrich）被誉为人力资源管理的开创者，他最早提出了"人力资源"的概念。在此之前，人力资源被称作"人事管理"。尤里奇认为，现在唯一剩下的有竞争力的武器就是组织，因为那些传统的竞争要素，如成本、技术、分销、制造以及产品特性，或早或晚都能被复制。②

人力资源管理是指为实现组织的战略目标，组织利用现代科学技术和管理理论，通过不断地获得人力资源，对所获得的人力资源进行整合、调控及开发，并给予他们报偿，从而有效地利用人力资源。

通常来说，人力资源的数量为具有劳动能力的人口数量，其质量指经济活动人口具有的体质、文化知识和劳动技能水平。一定数量的人力资源是社会生产的必要的先决条件。充足的人力资源有利于生产的发展，但其数量要与物质资料的生产相适应，若超过物质资料的生产，不仅消耗了大量新增的产品，且多余的人力也无法就业，对社会经济的发展反而产生不利影响。在现代科学技术飞跃发展的情况下，经济发展主要靠经济活动人口素质的提高。随着生产中广泛应用现代科学技术，人力资源的质量在经济发展中起着越来越重要的作用。

具有劳动能力的人，不是泛指一切具有一定的脑力和体力的人，而是指能独立参加社会劳动、推动整个经济和社会发展的人。所以，人力资源既包括劳动年龄内具有劳动能力的人口，也包括劳动年龄外参加社会劳动的人口③。关于劳动年龄，由于各国的社会经济条件不同，劳动年龄的规定不尽相同。一般国家把劳动年龄的下限规定为 15 岁，上限规定为 64 岁。我国招收员工规定一般要年满 16 周岁，员工退休年龄规定男性为 60 周岁，女性为 55 周岁，所以我国劳动年龄区间应该为男性 16~60 岁，女性 16~55 岁。

---

① 黄建春. 管理学 [M]. 重庆：重庆大学出版社，2017：236.
② 罗铭，吴杰，蒋建国. 文化企业经营与管理 [M]. 合肥：中国科学技术大学出版社，2014：213.
③ 谢和书，陈君. 现代企业管理 理论·案例·技能 [M]. 北京：北京理工大学出版社，2015：94.

（二）人力资源管理的特点

1. 基础性

人力资源外包涉及的内容是传统人力资源活动的基础部分，即具有基础性，这是人力资源外包活动存在的必要理由。进入21世纪，企业管理主要变为人力资源管理，人力资源管理随即被提升到战略层次，之前在人力资源管理过程中的人事管理工作也转变为战略管理的下层建筑。对于企业人力资源管理人员来讲，为了更好扮演老板战略伙伴的角色，必然要把这些基础性工作外包给专业机构操作，以便自身腾出时间和精力进行战略层次的思考。

2. 重复性

人力资源外包活动具有重复性[①]，这不仅体现在外包活动自身的具体内容中，更多表现在企业对人力资源外包服务需求的重复性上。人力资源外包活动的重复性，是人力资源外包发展的可能理由，企业对人力资源外包服务重复性需求，才使人力资源外包获得发展的足够动力。

3. 通用性

人力资源外包的通用性，即人力资源外包活动不是针对某一个企业，而是满足于这一类服务需求，这是人力资源外包的社会属性。

三、人力资源管理的内容

（一）组织管理

主要实现对公司组织结构及其变更的管理；对职位信息及职位间工作关系的管理，根据职位的空缺进行人员配备；按照组织结构进行人力规划，并对人事成本进行计算和管理，支持生成机构编制表、组织结构图等。

（二）人事信息管理

主要实现对员工从试用、转正直至解聘或退休整个过程中各类信息的管理，人员信息的变动管理，提供多种形式、多种角度的查询、统计、分析手段。

（三）招聘管理

实现从计划招聘岗位、发布招聘信息、采集应聘者简历，按岗位任职资格遴选人员，管理面试结果到通知试用的全过程管理。

（四）劳动合同管理

提供对员工劳动合同的签订、变更、解除、续订、劳动争议、经济补偿的管理。可根据需要设定试用期、合同到期的自动提示。

---

① 赵俊平，徐畅. 服务外包理论与实践［M］. 哈尔滨：哈尔滨工程大学出版社，2012：115.

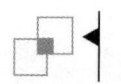

（五）培训管理

根据岗位设置及绩效考核结果，确定必要的培训需求；为员工职业生涯发展制定培训计划；对培训的目标、课程绩效管理，通过绩效考核可以评价人员配置和培训的效果、对员工进行奖惩激励、为人事决策提供依据。根据不同职位在知识、技能、能力、业绩等方面的要求，提供多种考核方法、标准，允许自由设置考核项目，对员工的特征、行为、工作结果等进行定性和定量的考评。

（六）工资与福利管理

工资管理系统适用于各类企业、行政、事业及科研单位，直接集成考勤、绩效考核等数据，主要提供工资核算、工资发放、经费计提、统计分析等功能。

福利管理系统提供员工的各项福利基金的提取和管理功能。主要包括定义基金类型、设置基金提取的条件，进行基金的日常管理，并提供相应的统计分析，基金的日常管理包括基金定期提取、基金的补缴、转入转出等。此外，还提供向相关管理机关报送相关报表的功能。

第二节 基于期望理论的地方高校学生管理

一、期望理论概述

维克托·弗鲁姆（Victor H. Vroom）的期望理论是以下列两个前提展开的：

其一，人们会主观地决定各种行动所期望的结果的价值，所以，每个人对结果的期望各有偏好。

其二，任何对行为激励的解释，不但要考虑人们所要完成的目标，也要考虑人们为得到偏好的结果所采取的行动。

弗鲁姆认为，当一个人在结果难以预料的多个可行方案中进行选择时，他的行为不仅受其对期望效果的偏好影响，也受他认为这些结果可能实现的程度影响。[①] 个人努力的程度取决于个体行为可能带来的工作绩效的期望程度，以及因绩效而获得组织的奖赏对个体的吸引力。由于每个人的需求点和价值观的不同，加上所处环境的影响，他们所期望的目标也有所不同。

期望理论认为，在任何组织中，员工会注意如下三个问题：

（1）如果我努力的话，我能不能达到组织要求的工作绩效水平；

（2）如果我尽力达到了这一绩效水平，组织会给我什么样的报酬或奖赏；

（3）我对这种报酬或奖赏有何感想，是不是我所迫切希望得到的。

相当于人们预期到某一行为能给个人带来既定结果，并且这种结果对个体具有吸引力

[①] 李宏伟．管理效率的哲学研究［M］．北京：知识产权出版社，2013：168.

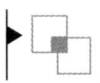

时，个人才会采取这特定行为。即个人是否采取某一特定的行为并为之付出一定的努力取决于三个方面的问题：

第一，个体感到通过一定程度的努力而达到一定成绩和效果的可能性，即"努力—绩效的联系"；

第二，个体对于达到一定绩效后可获得的结果或奖赏是否理想，即"绩效—奖励的联系"；

第三，个体所获得的奖赏或潜在的结果对个体的重要程度，或者说与个人的目标和需要是否相关，即"奖励—个人目标的关系"。

这一理论可用公式表示为：

激励力量（M）＝效价（V）×期望值（E）

其中 M 代表激励力，是指直接推动或使人们采取某一行动的内驱力；V 代表效价，是指个人对某一行动成果的价值评价，它反映个人对某一成果或奖酬的重视与渴望程度；E 代表期望值，是指个人对某一行为导致特定成果的可能性或概率的估计与判断。这一公式表明某一活动对个体的激励力度，取决于该活动的结果给此人带来的价值以及实现这一结果的可能性，只有当 V（效价）和 E（期望值）均为最大值时，M（激励力）才是最大值。因此，目标价值越大，实现目标的概率越高，激发的动机就越强烈。

二、期望理论在地方高校学生管理中的具体运用

（一）制定目标，塑造环境

1. 制定明确的奖励制度和措施

学生都渴望成功，期望得到他人的认同，并愿意为这种认同而努力在实际的学生管理工作中，教师应当制定明确的奖励制度和措施，将物质奖励和精神奖励有机结合起来，并针对不同年级、不同个性的学生实施不同的奖励办法，提高他们的学习积极性以及对自我的目标期望值。尤其要加强对后进学生的关注，善于发现他们身上的闪光点，及时予以表扬和奖励，将"成功教育"真正落到实处。

对此，积极的暗示是值得运用的好方法。实验表明，积极的暗示通过显意识进入潜意识，到达意识的深层部分，并能持续的存在，有时比直截了当的指示、命令起到更大的作用。"罗森塔尔效应"便是期望理论在学习中成功运用的经典案例。对于那些缺乏自信、性格内向自卑的学生，教师应随时随地多给一些积极暗示和期望。在学生干部的安排上，在集体活动参与中多鼓励、多支持他们，帮助这些学生建立起自尊、自信。

2. 帮助学生确立合理的目标

首先老师们要做的是帮助那些缺乏动力的学生认识到学校的各项物质、精神奖励的重要性和各类规章制度的严肃性、必要性。通过教育让学生明白每年高校毕业生众多，在校期间获得的各种表彰、奖项将是求职中脱颖而出的试金石、敲门砖。

同时还要调整学生"奖学金不如打工钱多、理论知识用处不大、非专业课知识用处不大"等不正确的思想。积极引导他们设立自己的目标，找到学习的动力。老师对于不同的学生，应有不同的期望值，对于学生设立的目标应该是被认为可以达到的，鼓励学生去完成自己能力范围内的事。否则，如果学生感到目标总是实现不了的话，反而会打消学

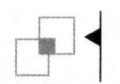

生的学习积极性。

3. 努力创设一个良好的育人环境

优美的校园环境、丰富的学习资源、融洽的师生关系以及健康的心理状态，都有利于管理工作顺利开展。总之，只有不断把新的科学理论和方法引入地方高校学生管理工作，变过去传统的"刚性"教育管理为"柔性"教育管理，才能开创新时期地方高校学生管理工作的新局面。

（二）在学生管理中推行目标管理

1. 目标管理概述

（1）目标管理的概念

目标管理是 20 世纪 50 年代中期在科学管理和行为管理理论基础上形成的一套管理理论。[①] 它以泰勒（Taylor）的科学管理和行为科学理论为基础形成了一套管理制度，这种制度可以使组织及其成员共同参与制定工作目标，在实现组织对各阶段目标实施情况控制的同时，实现组织成员的自我管理和自我控制，并努力完成工作目标。

目标管理是在由组织及其全体成员制定出期望达到的目标后，由各部门和全体员工根据组织总目标的要求，采取上级部门与下级部门间以及平行部门间相互配合的方式，来协商确定各自的分目标，并将这种目标贯穿到组织的各部门及各单位员工，同时在目标执行过程中实行逐级的充分授权，使各员工自主地确定实现目标的方法和手段，以达到自我管理。由于有明确的目标作为考核标准，对员工的评价和奖励可以做到更客观、更合理，从而大大激发了员工为完成组织目标而努力的积极性。

高校学生工作目标管理是目标管理理念在地方高校管理中的运用。学校管理者引导师生员工共同确定学生工作总目标，并以总目标为指针，确定各学院及各自的分目标，在获得适当资源配置和授权的前提下，积极主动地自我控制，为自觉承诺的目标而奋斗，从而使学生工作管理总目标得以实现。

相对于传统的管理方法，地方高校学生工作目标管理将管理重心下移，赋予各学院和学生管理者更多的自主权，使之能发挥主动性，实现治事与用人的有机结合，使各学院和师生员工的目标与责任相结合，权利与利益得以量化，强化了自我控制的能力，也使学生工作管理的总目标得以有序实现。

（2）目标管理的特点

第一，目标管理摒弃了传统的强制性管制或强迫性制定目标的方式，而是由管理者和管理客体共同协商、研究制定。它是一种参与式的管理，在制定目标之后管理客体直接对目标负责，上级与下级共同协商、共同管理，从而有利于他们之间的协调统一。

第二，目标管理体现管理客体自我管理、自我控制的能力。因为在目标管理中一旦目标确定之后，所有人都要以管理目标为中心，这就需要管理客体对自己严格控制与管理，从而激励管理客体在压力之下积极完成目标。

第三，目标管理具有一定的系统性。目标管理通常都是由几级目标共同组成的，下级目标围绕着上级目标制定，同级目标之间积极协调与统筹规划，它的实现也能积极促进总

---

① 包国强. 新建地方本科高校思想政治工作理论与实践 [M]. 杭州：浙江工商大学出版社，2014：100.

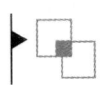

体目标的实现。

2. 地方高校学生管理目标的设置

目标设置是进行目标管理的第一步，设置的目标是否科学合理是目标管理顺利进行的关键。地方高校在学生工作中要考虑主客观条件及对未来情况的预测，以科学性、合理性和适度性为原则，制定高校学生工作管理目标。根据学校总体目标和年度目标，结合实际情况，制定学院学生工作的分目标、各年级学生工作的分目标和学生工作人员个人工作目标。

（1）地方高校学生管理目标的设置原则

设置科学合理的管理目标必须遵循一定的原则，这样才能保证目标的正确决策和执行。因此在制定学生工作管理目标时需要遵循以下原则。

第一，学生工作管理目标需具有适当性。目标是学生工作管理要达到的一个标准，目标过高或过低都不能起到激励作用，反而将影响学生工作管理者积极性的发挥。目标过低调动不起管理者的积极性，目标过高会压抑管理者情绪，起到反面作用。因此应该具有相对较高的标准和适度的超前性，否则就失去了设置目标的意义，也无法推进学生工作的积极开展。

第二，学生工作管理目标需具有可行性。不同的学校、不同的学院、年级及工作人员都有其不同的实际情况。结合了各自的实际且坚持了实事求是，制定的目标才能起作用，否则等于空谈。只有充分考虑其实际情况并加以综合分析制定出的目标才会具有可行性和可操作性，也才会得到有效的实施。

第三，学生工作管理目标需具有整体性和时间性。整体性是从总体目标方面来说的，要将各自的目标相互协调和相互配合，使各个学院及各个年级、各个工作人员相互联系得更为紧密。应该把制定目标和目标的实施视为一个整体，不能无全局观，无整体观。时间性是指按要完成的工作的质和量的规定，必须在一定的时间内完成。学生工作管理目标不能放任自流、任其发展，必须按时完成规定的要求。如果忽视管理目标的时间性，无所谓完不完成任务，实际上就是自我否定了目标管理。

第四，学生工作管理目标需具有层次性。层次性指制定目标时的层级，学生工作管理目标的设置要明晰各个层级及其相应的目标。不重视层次性，就会导致目标管理的混乱，更无法实现科学合理的决策。层次性大致分为学校学生工作目标、学院学生工作目标、各年级学生工作目标和学生工作人员个人工作目标。明晰了各个层次就可以层层管理，相互配合，更好地完成学生工作。

（2）地方高校学生管理目标的设置程序

①学生管理目标时间的确定

根据学校的实际情况，考虑到学生工作的实际特征以及学生工作人员的任职，学生工作管理目标可分为学期目标和年度目标。学期目标和年度目标的完成情况是给予各学院、各年级及各学生工作人员奖励或惩罚的依据。而对于各学期目标和年度目标在学生管理实际情况发生变化时，也可以经过上级的允许而进行适当调整。

②学生管理目标的分配

将学校学生工作的总体目标分为学院学生工作目标、各年级学生工作目标和学生工作人员个人工作目标。学校的学生工作管理目标要和各下级目标紧密联系、互相配合，才能

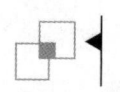

使学生工作的全面管理落到实处。实际上，最主要的还是应该对各个学生工作人员制定详尽的个人工作目标，将目标责任切实地落实到个人。通过学校各级学院及工作人员参与目标的制定和实施，将各个工作人员的切身利益与学生工作联系起来，有利于学生工作管理的效率。

③签定目标实施计划协议

目标的设置不是根本，实施才是最重要的，因而要以协议的形式将个人的实施任务及责任落实到实处，"论功行赏"。全体工作人员共同认可明确各自的目标、责任并将其固定在协议书上，保证所有工作成员以协议书的内容为准，积极工作，并将之作为考核、评价其工作绩效的依据。

（3）地方高校学生管理目标的设置方法

学生工作管理目标的设置须遵循一定的原则及程序，同时管理目标的设置也有相应的方法来保证制定目标的科学性及合理性。在制定管理目标时，应尽量采用定量目标、成果目标和共性目标。具体方法主要有以下三种：

①程度化法

程度化法就是把一些定性目标和阶段目标按其程度分成几个等级，每个等级有具体的内容。学生工作管理目标按其对学生管理的直接程度及相应的能力，划分为学院、年级、工作人员等几个层次，并赋予各个级别的管理者相应的职权。这样便于各级管理者按其分目标来实施目标，使目标便捷地实现。

②因素分配法

因素分配法就是依据影响完成目标的因素，将学校的目标分配给各个层级。对于学生工作管理目标要考虑各个学院学生的数量、质量及管理的难易等因素，并合理地给出这些因素之间的权重。在制定各目标时对于其权力、责任及利益的比重都予以适当分派，使利益得到平衡，各工作人员更积极地完成工作任务。

③平均分配法

平均分配法就是将学校的目标平均分配给每个院系。对于基本目标要将之平均分配，各个学院之间、年级之间、工作人员之间的目标必须达到相应的平衡，不可偏颇，否则不利于充分调动工作人员管理的积极性。

3. 地方高校学生管理目标的实施路径

目标实施是促使目标实现的核心环节，制定的目标必须通过实施才能产生效果。实际上，目前已有许多地方高校尝试实施了目标管理，但由于操作困难及实施过程中缺乏实践经验和理论指导，最终没有取得理想的效果，这就需要研究地方高校学生工作目标管理实施的路径。在目标实施中，不仅要明确各级管理者的职责和任务，授予相应的权力以保证其职责的履行和任务的完成，还要给予相应的利益作为承担完成责任和任务的报酬，以保证管理目标的有效实现。

（1）组建高效的学生管理机构

要使各个学院、年级及工作人员的目标科学地组织起来，并有效配合促进学校目标的最终实现，最主要的一点就是要建立高效的学生工作管理机构，以实现对各级目标实施进程进行控制。学生工作管理机构需要有足够的领导凝聚力、良好的服务态度和极高的协调能力、应变能力。它能够协调各个部门和工作人员的工作，根据实际情况做出有效的决

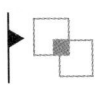

策，并对目标的实施过程进行监控。要在学校范围内形成一个既分工合理又协作配合的管理机构体系，为学生工作目标的实施提供保障。

（2）明晰各管理目标的职责

在学校制定的管理目标的总体框架内，各个分目标既相互独立又有密切联系，必须对各级目标实施主体的职责予以明晰，才能保证管理目标的有序推进。在各级目标的实施计划中，应该都明确表明各自的权利、责任及相关利益，使其能够在一个明确的目标指导下进行工作。

其中最主要的应该是各工作人员的职责，因为他们是实施学生工作的直接主体，他们的直接管理对于目标的实现有着决定性的意义。因此，在目标的实施过程中应该明确各级管理者的职责，以保证他们能采取有效措施实现目标。

（3）对目标实施进行管理监督

①抓好过程管理

在目标管理理论中，过程管理即实现目标的过程。在地方高校学生管理工作中，过程控制就是指学生管理系统在制定目标以后，为了实现这一目标而对学生管理系统采取的以监督为主、调整为辅的一系列措施。目标制定出来以后能否实现，取决于追求目标过程中进行的科学管理，因此，抓好过程管理非常重要。在抓好过程管理的过程中，应注意解决好以下几个问题。

第一，明确各学生工作人员的职责范围。只有在权责一致的情况下才能更好地提高地方高校学生管理工作的效率。目标管理的实施过程是一个动态的过程，这就要求在管理的实施过程中要紧紧抓住每一环节的各个阶段的质量管理，检查各阶段性目标是否高质量的达成。一旦出现问题，即可根据职责划分找到相关的责任人，予以改正。

第二，要充分发挥各学生工作人员的主观能动性，协调好各管理层之间的关系。管理者要充分地相信学生工作人员，大胆放权，腾出更多的时间与精力做好管理工作。与此同时，各学生工作人员在自己的职责范围内要积极地发挥自己的主观能动性，大胆开展工作。这样，有利于调动管理者与被管理者的积极性。

第三，用辩证的观点关注目标实现进程。目标管理应根据环境与条件的变化而不断地进行调整与完善，不断更新内容。学校学生工作管理机构在目标实施阶段，应定时检查和分析各级目标的实际执行偏差和达标情况，以及各目标的实施均衡情况，同时有效控制目标。如果发现各分目标不合理或者与实际情况严重不相符时，就必须召集各级管理者共同协商修正原目标计划。尤其是当实际情况发生重大变化或管理目标本身有重大失误，预定目标无法实现时，就必须及时重新调整目标，改变各级分目标，以避免资源浪费。

②发挥利益调控功能

所谓的利益调控功能主要就是指学校学生管理机构运用其综合协调能力和对各级部门管理经费的调控，使之及时完成工作任务的方法。建立利益调控机制，使工作人员经费与工作任务和质量挂钩，并按一定比重进行再分配，这是管理机构监督目标实施的一个实用而有效的手段。这样更利于发挥各学生工作人员的主观能动性，各学生工作人员在明确自身的工作任务以后，在利益的驱动力下，会自觉地、有意识地追求各自的目标。

③强化监督

监督管理目标的实施需要建立良好的信息反馈网络，密切关注学生工作管理活动的运

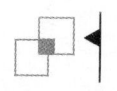

行状态是否与确立的目标体系相符。只要出现问题，管理者马上就可以通过这些信息渠道了解情况，在实际调查核实的基础上予以及时解决。还可以及时对出现偏差的管理目标进行修正，确保管理目标按照正确的方向发展，从而保证总体目标的实现。各级管理目标的执行者也应该相互监督，不断关注相互之间目标实施的动态。因为他们有相通的职责范围，对相关的实施情况会更加了解，从而给出更客观、更公正的评价，建立相互之间的监督机制是保证管理目标实现的一条有效途径。

（4）健全激励和惩罚机制

健全的激励和惩罚机制是保证目标管理顺利进行的重要手段。各级学生工作管理者的业绩有利于调动工作人员的积极性。此外，要建立健全校内分配制度，将目标管理与奖惩、工资津贴挂钩，奖优惩劣。如果缺乏健全的激励机制，奖惩与管理目标业绩脱钩，那么其公正性就将遭受质疑，甚至可能导致学校与学院之间、学院与学院之间、工作人员之间产生矛盾，从而削弱目标管理的效果。

另外，目标实施的过程中要重视原则性和灵活性相结合。制定目标应该高度重视执行目标的原则性，不应随意改动已制定的目标，学校在发展过程中难免会出现一些预想不到的情况，这就需要结合实际灵活处理学校已制定的目标。

4. 地方高校学生管理目标的绩效评价

学生工作管理目标机制，是目标管理的最高约束手段，也是衡量管理成效的标尺。对学生工作管理目标进行绩效评价有两大目的和作用：一是为了提高学生管理工作实绩，促进学院乃至学校学生管理方面工作质量的不断提升；二是为人事决策提供依据。也就是说，绩效评价的结果是用来和奖金、薪酬，人员的任用、晋升等人事决策挂钩的。要做好绩效评价环节，必须要建立健全目标评价体系。目标管理的工作过程复杂，主观意愿较多，要对之进行评价就要建立科学的目标质量测评体系，才能够使结果更公平、公正。

（1）考核标准应合理具体

目标考核体系中考核标准就是目标要达到的具体程度，制定时要把握以下几个原则：考核标准要清晰明确；考核标准应客观；标准之间要协调一致；考核标准要全面；考核标准必须有效。考核的工作将直接影响到学生工作目标的实现，因此考核时要尽可能地将其量化。只有目标考核体系制定得合理具体，可操作性较强，并在实践工作中严格执行，考核的结果才能让学生工作人员信服，也才利于学生工作队伍工作积极性的提高。

（2）奖惩标准应及时兑现

评价结论与利益挂钩，所以兑现奖惩非常重要。对考核优秀的应给予精神或物质的奖励，而对考核不合格的则进行批评教育予以适当处罚。只有这样才能最大限度地调动人们为实现目标任务而努力工作的积极性、主动性和创造性，也为新一轮目标管理的有效进行打下坚实的基础。

同时在具体操作的过程当中应避免目标机械化。考核的结果在个人与个人之间进行分别比较的同时，也要适当地考虑自我比较，比如说对于一些管理难度较大、守纪意识较为薄弱的班级，只要他们在一段时间内有显著的进步，不管是班级还是带班的辅导员，学校或学院都应对其表彰，激励他们取得更大的进步。

（3）目标考核体系应体现阶段性

高校学生工作具有周期性的显著特点，同时，学生工作在各个阶段的工作任务也略有

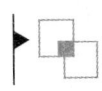

不同,因此,在制定目标考核体系时应充分考虑,并分阶段制定分期目标。在一个工作阶段结束以后,也便于学生工作人员对上一个阶段的工作进行总结,积累经验,吸取教训,并将这些经验教训运用到下一个阶段的工作实践中去,这可以提高地方高校学生管理工作的整体效果。

(4) 绩效评价应体现程序化

绩效评价应体现程序化,一般分为四步:

第一步是自评,各目标实施主体包括学校、学院、各工作人员应根据自己制定的工作目标,如实地结合自己的工作情况写出自评报告,确定自评的等级。

第二步是职能部门按下达的任务指标和考核指标体系,对各目标实施主体进行考核评价。

第三步是学校成立专门的考核小组考评。学校考评组遵循公正、公平、公开的原则,深入各学院进行实地考评。

第四步是学校审定,考核结论由考核小组交学校最后审批。

(5) 建立健全信息反馈机制

在考核结论拟定出来以后,应及时将评价工作的各个环节及信息公之于众,学校管理者应将评价结论及其潜在原因反馈给各管理实施主体,建立健全绩效评价信息的反馈机制。目标管理是具有定量化的指标体系,能使实施主体知晓自己工作中存在的问题以及上级提出的建设性的改进意见,从而进一步改进。因此,绩效评价信息反馈和沟通有利于增进学校与学院、学院与工作人员、各学院之间的相互了解和信任,增强评价的激励效果,进一步改进和提高绩效。

第三节 基于激励理论的地方高校学生管理

一、激励理论概述

(一) 激励理论的概念

激励理论属于心理学方面的内容,用心理学的知识理解就是一段激发的心理过程,通过这种持续对主体动机激发而产生的过程,反映了激励的主体和客体的相互作用和影响。而激励理论也可以分为这几大类,认知派激励理论、主义激励理论和综合性的激励理论。将激励理论引入地方高校辅导员的学生管理工作中,就是通过这种激励的方式鼓励学生的学习主动性,不再局限于课本知识的学习,而是更加注重综合能力发展。

激励理论主要包含了以下几方面:第一,诱导因素。诱导因素就是对学生积极学习之后的奖励,这种奖励根据实际情况和经济资源等因素设计实际奖励形式。第二则是行为导向制度,是指组织在行为方式、努力方向和价值观等方面对于成员的规定,要求在地方高校学生管理中,培养学生的全局观、集体观。

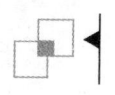

(二) 激励理论的运用原则

1. 设置合适的目标使其与人们的内心满足相结合

研究表明，有目的性的行为比没有目的性的行为效率高，制定符合需要的目标才能提高人们的积极性，所以在辅导员的学生管理的激励方式中要有所针对，因人而异才能获得更高成效。

2. 注意内在激励和外在激励的结合

外在激励是人们想要努力获取的外在目标，可能是好的成绩分数，也可能是人们的赞赏和认同。而内在激励则主要表现在精神上，让被激励者内心感觉被鼓励，涌起更多成就感和荣誉感，主动提升学习热情，将这种内在和外在的激励结合在一起，能够更加有效地促进学生的健康发展，培养学习积极性。

二、激励理论在地方高校辅导员学生管理中的应用问题与改进方式

我国高校辅导员管理形式随着社会的发展而变化，导致辅导员的不适应，而出现了工作上的怠倦，辅导员的工作热情降低，再加之新的课改，导致对高校学生的综合素质要求提高，学生一时也不能适应，如果还是依照之前的学习方法进行学习，辅导员依旧采用传统的管理方法管理学生，那么高校的学生管理就会出现很多问题。所以采用新的理论机制，即激励理论，来改善辅导员的学生管理工作是非常必要的，从辅导员的角度来帮助提高学生学习的主动性、积极性以及创新性，进而提高学生的综合能力素质。

(一) 激励理论在地方高校辅导员学生管理中的应用问题

在地方高校学生管理工作中应用激励理论还不是特别广泛，还是存在不少问题，首先就是各项机制不健全，在管理工作中可以开展公平性竞争活动，以精神和物质共同激励学生的参与积极性。而很多高校辅导员还没有从之前鞭策学生的管理模式中走出来，比如在学生犯了错误时，依然采取呵斥、训责的方式教训学生，而不擅长运用激励理论，没有站在学生的立场上思考问题，以至学生信心被打击。

另外则是目标设定的合理性，对于部分刚刚接触激励理论的辅导员来说，不懂得把握好分寸，不知道设置何种程度的目标，导致目标定得过高远，即使采用物质和精神共同奖励，都很难触发学生积极性。若是目标定得过低，很容易就可实现，那么学生会认为没有挑战性，依然会对创新学习和综合素质能力提高存在倦怠，所以把握激励理论应用中的目标设定尤为重要。

(二) 激励理论在地方高校辅导员学生管理中的相应改进

地方高校辅导员在学生管理工作中应用激励理论，最主要的就是要将激励理论建立在一个平等的平台上，这样才能清楚透明地看到整个激励过程的实施，才能让学生明白在这个激励平台上能获取什么奖励或好处。勒波夫（Leboeuf）曾经说过，人们对于受奖励的事情会做得更好。[①] 所以学生更愿意为了好的结果去努力学习，培养个人技能，提高自己

---

① 唐杰. 人力资源管理理论在高校学生管理中的应用研究［M］. 成都：电子科技大学出版社，2018：185.

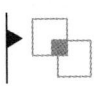

的能力素质。

在实施激励理论的过程中不要有偏向念头,比如喜爱优秀的学生,就给予其更多的奖励和更多发展机会,而对于表现不好的学生就不予理睬,这样会严重打击学生的积极性和主动性,导致学生不会被辅导员的任何激励行为所鼓励。

在学生管理工作中应用激励理论需注意的另一点就是目标的设定,辅导员应通过对学生的了解,结合学生自身情况,因人而异定制目标,合理的目标更有利于提高学生的学习积极性和老师管理工作的积极性,使辅导员的学生管理工作顺利开展。比如在学生能力考查方面,不以学生学习成绩为考查的唯一指标,可以就每个人的综合素质进行考查,这样每个学生就可结合自己的自身优势来总体评价个人,能够更好地鼓励自己,提升自己的自信心。

三、地方高校学生管理中的"盲点"及其成因

在地方高校学生管理中存在一些容易被忽视的"盲点"问题,比如对即将毕业学生的管理问题、对普通生群体的管理问题、对考试前学生的管理问题,等等。这里所探究的"盲点"主要针对普通生群体的管理问题。普通生介于优秀生和后进生之间,他们在数量上构成了一个橄榄状,其基数最大,这部分群体因为学习成绩一般,平时各类活动表现平平,很少犯一些错误,往往被人们所忽视。

根据有关研究发现,普通生群体的外在表现特征为学习目标不明,进取心不强或进取心强但方法不当、个性特征模糊、团队精神薄弱、好幻想但不付诸实践、盲从心理强。这些特征的出现对于高校的学生管理工作是个极大的隐患,必须引起高度的重视。

管理心理学是一门以研究人类心理现象的规律性为对象,以调动人的积极性、提高工作效率与管理效率为目的的科学。[①] 普通生群体"盲点"问题实际上是由高校管理工作中传统的"刚性"管理造成的,运用管理心理学这一"柔性"管理视角,有利于更真实地探究普通生群体"盲点"问题的真实成因。

(一)忽视普通生群体的需求,过度重视优等生和后进生的需求

传统的学生管理工作模式一般采用"抓两头,促中间"的做法,即充分发挥优等生的模范带头作用,避免后进生出现违规行为,从而带动整个学生群体的前进。这一典型做法是把工作的重心放在了优等生和后进生的身上,过度重视优等生和后进生的需求,而忽视了中间群体即普通生的需求,造成了普通生心理需求的失衡。

管理心理学的需求理论告诉我们,人的行为是由动机支配的,而动机则决定于需要,需要是人的行为产生的原动力,是个体行为的起点和基础[②]。需要如果得到满足,个体就会产生一种自豪感、愉悦感,学习或工作就会更加积极,反之,则会产生消极行为。普通生心理需求若长期得不到重视与满足,可能会引发一些不良影响,这些影响会使学生管理工作变得很被动。

---

① 唐杰.人力资源管理理论在高校学生管理中的应用研究[M].成都:电子科技大学出版社,2018:186.
② 程慧."以普通生为本"推进高职院校学生管理工作[J].安徽商贸职业技术学院学报(社会科学版),2014(4):77-80.

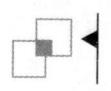

（二）奖优罚劣机制有失公平，难以惠及普通生群体

当前的管理工作机制实际上是采用的奖优罚劣工作机制，重点是针对优等生和后进生，在具体的评优评奖时，一般只惠及优等生，而惩罚时，大多又只针对后进生，处于中间层次的群体往往容易被忽视，这一工作机制有失公平。公平理论认为，人能否受到激励，不但取决于他们自己得到了什么，而且还取决于他们看到别人得到了什么。人们总是通过社会比较，全面衡量自己付出的代价与报酬是否相当，从而产生公平与不公平的感觉。通过比较，如果他们认为自己对工作付出的代价与获得的报酬比例相当时，就会心理平衡，产生公平感，于是心情舒畅，工作努力。

公平理论具体运用到地方高校管理工作中，则表现为学生干部的选拔任用、奖勤贷免、评优评奖及其他个人荣誉的合理分配，等等。作为被忽视的普通生群体，在无法获得公平待遇时，可能会积累不良心理情绪，逐渐缺乏对群体的归属感，变得缺乏进取心和积极性，给学校管理工作带来巨大的隐患。

（三）缺乏对普通生群体期望目标的正确引导

充分发挥个人潜力，并拥有适当的期望水平，对目标实现充满信心，对于人的成功来说至关重要。由于地方高校学生管理者精力有限，尚不能对所有的学生期望目标进行正确的引导。而作为数量占学生群体大多数的普通生，其期望目标往往处于不明确状态，对自己能力的认识也不够清晰，加上日常平平的表现和长期处于被忽视的状态，他们很容易丧失对生活与学习的兴趣。

可见，普通生群体期望目标的不明确主要来自两个方面的原因：一方面，地方高校学生管理经费不足，不能满足按教育部所要求的 1∶200 的比例足额配备相应的专职学生工作辅导员，使学生工作的力量显得有些薄弱；另一方面，普通生群体因长期处于被忽视的状态，已经习惯于满足现状，对期望目标的追求也比较被动。

四、借助心理契约解决"盲点"问题

（一）心理契约概述

心理契约自 20 世纪 60 年代引入管理领域，迄今为止，对其概念内涵的界定仍是见仁见智。美国著名管理心理学家 E. H. 施恩（E. H. Schein）教授首先提出这一术语。他认为，心理契约是"组织中每一个成员和不同的管理者及其他人之间，在任何时刻，都存在的一种没有明文规定的期望"[①]。它包括两部分内容：一是个人目标与组织目标和承诺的契合关系；二是个人在经过一系列投入、回报循环构成的组织经历之后，与所在团队形成的情感上的契合关系，体现在个人对组织的依赖感和忠诚度上。

换句话说，心理契约就是个人的奉献与他人（或组织）的获取，及其所提供的回报之间的一种内在的配合，一种心理上的约定。它虽然不是一种有形的契约，表现为一种心理期望，内隐、无形，具有主观不确定性，但它确实又发挥着一种类似有形契约的作用，

---

① 张建华，张可. 大学生心理挑战与应对 [M]. 保定：河北大学出版社，2009：202.

在组织中客观地存在着。

组织行为学家阿格里斯（Argris）等人在其《理解组织行为》一书中首次用心理契约概念来说明员工和组织之间的关系，将之界定为员工和组织对于相互责任的期望，包括个体水平的期望和组织水平的期望，即员工对相互责任的期望和组织对相互责任的期望，这是对心理契约的广义界定，强调组织与员工的双边关系。

20世纪80年代至90年代，一些研究人员指出，组织作为契约的一方提供了形成心理契约的背景和环境，但其本身并不具有形成心理契约的加工过程。心理契约一般被定义为一个雇员对其与组织之间的相互义务的一系列信念，这些信念建立在对承诺的主观理解的基础上，但并不一定被组织或者其代理人所意识到。[①] 这是对心理契约的一种狭义界定，强调员工对于组织责任和自己责任的认知。

普通生群体的心理契约研究，强调对普通生群体建立合理明确的期望目标，进行真实信息的有效沟通，满足其高级需求，以增强其在学校的归属感。

（二）心理契约在地方高校学生管理中的应用

1. 明确需求与期望，建立公平合理的"心理契约"

心理契约是以组织与成员之间相互的心理期望为基础的，因此，构建心理契约的关键是明确双方的需求。从普通生群体的角度来看，普通生是一个群体的概念，而不是个体的概念，其需求会因个体的不同而有所不同，若要满足这一群体的需求，首先要对普通生群体的需求进行调查，深入他们当中，采取多种方式，了解他们的需求是什么，然后再对调查的结果进行综合分析，并对普通生群体进行科学的引导，注意将个体需求与社会需求有效地结合起来。

针对普通生群体期望目标不明确的现状，有必要帮助其设计科学的职业规划，将其现在的学习与以后的职业发展有机地结合起来，让其充满对生活的信心，能够积极地行动起来。从高校的角度来看，高校所培养出来的学生质量如何，直接关系到学校的声誉与可持续发展问题，作为占学生群体最大基数的普通生群体的需求和期望，高校不能置之不理，有必要建立一系列制度来保障普通生群体需求的实现，如将招生、就业、评优与评奖等政策信息公布在其官方网站上，供普通生参阅，并做到实施过程中的公开、公平、公正。将普通生群体与高校之间的需求有机地进行匹配，以建立公平合理的心理契约。

2. 建立高校与学生群体之间相互信任的沟通机制

心理契约是一种隐含契约，所遵循的是社会交换原则，契约双方的交换关系不像经济交换那样具有及时性，这就需要契约的双方相互信任，并做到及时有效的沟通，保持信息的通畅。信任与沟通都是双向的，一方面，高校需要了解普通生群体的需求与期望，听取他们的建议，并及时传递相关信息给他们；另一方面，普通生群体也要了解当前高校的发展现状与所面临的问题。

当然，最为关键的是两者要以平等的姿态坐在一起进行沟通。高校可以定期开一些座谈会，甚至可以借鉴国外高校让学生参与学校管理的做法，让他们亲身体会作为管理者的难处。只有做到换位思考，相互理解，及时沟通，才能达到真正地彼此信任，进而使两者

---

① 彭川宇. 知识经济背景下知识员工心理契约研究 [M]. 成都：四川大学出版社，2012：21.

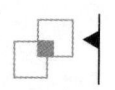

所签订的"心理契约"更为有效与坚固。

3. 建立"以人为本"的激励机制

管理心理学强调"柔性"管理，而不能像传统管理方式那样仅仅通过"硬性"管理来约束人的行为。"以人为本"就是在人性本善的基础之上提出来的，因此，地方高校在制定与完善相关制度的过程中，要充分体现"以人为本"的管理理念，以学生为本，以普通生为本，设计出合理的、公平的激励制度。

如扩大奖学金的覆盖面，使更多的普通生通过自己的努力也可以获得奖学金，让普通生明白自己并不是被忽视的群体，高校是在激励自己的，自己也需要积极地行动起来。总之，地方高校只有树立"以人为本"的管理理念，建立符合普通生群体特点的激励机制，才能使高校与普通生群体之间所签订的"心理契约"更加牢固。

第四节 基于马斯洛需求层次理论的地方高校学生管理

一、马斯洛需求层次理论概述

马斯洛（Maslow）认为，人类价值体系存在两类不同的需求，一类是沿生物谱系上升方向逐渐变弱的本能或冲动，称为低级需求和生理需求；一类是随生物进化而逐渐显现的潜能或需求，称为高级需求。[①] 人都潜藏着五种不同层次的需求，但在不同的时期表现出来的各种需求的迫切程度是不同的。

人最迫切的需求才是激励人行动的主要原因和动力。人的需求会从外部得来的满足逐渐向内在得到的满足转化。在高层次的需求充分出现之前，低层次的需求必须得到适当的满足。

在人自我实现的创造性过程中，会产生一种所谓的"高峰体验"的情感，这个时候人处于最激荡人心的时刻，处在最高、最完美、最和谐的状态，这时的人具有一种欣喜若狂、如痴如醉的感觉。

二、马斯洛需求层次理论对地方高校学生管理的启示

大学生处在特殊的人生阶段，有着与其他群体相区别的需求，同时在大学生群体内部，不同阶段又出现不同层次的需求：

（1）就四年制本科大学生而言，各年级学生相比，大一新生多数是初次独立在外生活，更希望得到帮助和照顾，即安全感的需求。

（2）针对二、三年级的学生而言，他们已经熟悉了自己所在的物质环境和人文环境，于是产生了许多新的需求，这时提高能力、人际交往等较高层次的需求成为主导。

（3）大四毕业生面临就业，受到来自社会、家庭、学校等多方的压力，需求就较为

[①] 唐杰. 人力资源管理理论在高校学生管理中的应用研究 [M]. 成都：电子科技大学出版社，2018：189.

复杂了。因此，我们需要根据大学生在不同时段的不同特点，考虑其不同的需求，从马斯洛的需求层次理论中得到相应的启示。

物质需求是人的第一需求，只有当物质需求问题得到基本解决之后，大学生才能更好地实现社交、自我实现等需求。生理和安全需求是最基本的物质需求。这是当前大学生需要重视的基础需求。当代大学生出现的各种不良习惯，比如，冬天睡懒觉翘课，晚上打游戏很晚睡觉，没有健康规律的生活饮食作息，不愿运动锻炼，天天宅在宿舍，这都是一种生理需求未被很好满足的表现。生理需求不正常、不规律、不健康，怎么会更好地到达自我实现的需求层次呢？因此，即刻养成良好的生活习惯是我们从马斯洛需求层次理论中得到的基础启示。

安全需求既属于内部需求，也关乎外部需求。安全需求一方面需要大学生加强自我保护意识，懂得一些保护自己的方法、途径，毕竟当今社会有好人，就会有坏人。害人之心不可有，防人之心不可无。必要时也可以学一些基础防身术，又能强身健体。另一方面，学校、社会的安全保护系统也应该尽量健全完善，给大学生及每一个公民一份安全感。

随着社会的进步，我国经济实力的迅速提升和我国人民生活水平大幅的改善，当代大学生的学习、生活状况发生了显著的变化。这些生活状况的变化改变着大学生这一群体的需求状况，大学生最迫切的需求已经开始由低级的、生理上的、安全层面的需求转变为感情上的、自我实现层面的需求。

当前两种需求得到基本满足时，对爱和归属的需求就开始支配人的动机和行为了。在这一层次的人，非常珍视友谊、家庭和在一定社会团体中和谐的人际关系。如果其需求得不到满足，人就会产生紧张、忧虑、沮丧，甚至有被抛弃的感觉。大学阶段正值面对生活事业的形成期，因而更加看重爱和归属的需求。所以，处在这个时期的大学生们，更容易受到感情的伤害，此时他们的心灵一般都很脆弱。而且这个年龄的人都比较敏感，又是初次体会现实社会的残酷，第三个层次的需求如果得到满足，就会使大学生的生活更加丰富多彩。

尊重的需求可分为自尊、他尊两类，包括自我尊重、自我评价以及尊重别人。与自尊有关的，如自尊心、自信心，对独立、知识、成就、能力的需求等。尊重的需求也可以如此划分：其一，渴望实力、成就、适应性和面向世界的自信心，以及渴望独立与自由；其二，渴望名誉与声望。声望来自别人的尊重，受人赏识、注意或欣赏。满足自我尊重的需求可以给人带来自信、价值与能力的体验，增强人的适应性等，而阻挠这些需求将产生自卑感、虚弱感和无能感。基于这种需求，人们愿意把工作做得更好，希望受到别人的重视，指望有成长的机会、有出头的可能。显然，尊重的需求很少能够得到完全的满足，但基本的满足就可产生推动力，这种需求一旦成为推动力，就会令人具有持久的干劲。

自我实现是马斯洛需求层次论的最高境界。就个人而言，它是一个"痛并快乐"的过程。发挥自我潜能、实现个人理想并非一蹴而就，需要极大的意志力克服外界困难和自身惰性。可一旦成功，实践者就会完全沉醉于事业的喜悦状态中，体验到强烈的自我力量。

在大学生面临就业时有多种选择。"自主创业"作为一种新的就业方式正在逐步走进人们的生活，这种就业方式为那些主张"我的事业我做主"的毕业生提供了广阔的发展空间。利用信息需要来认识自己，从而努力实现自我。大学生接受行为的选择与产生与其

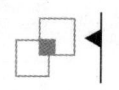

需求紧密联系在一起。

需求层次理论的研究表明，首先，人的行为受需求的支配和驱使，需求一旦被意识到就会产生动机，它就会以行为的形式表现出来，需求驱动人的行为朝一定的方向努力，以实现自身的满足。

其次，人们一般按照梯级从低级到高级来追求各项需求的满足。并不是说不同级别的需求不能在同一时间发挥作用，而是说在某一特定的时期总有某一级别的需求发挥独特的作用，处于主导地位，其他需求处于从属地位。

马斯洛的需求层次论让人们更清晰、更有条理地认识了大学生需求的层次，这有利于大学生认识自身的独特性并意识到自己真正要做的什么，最需要的又是什么。可以说，马斯洛需求层次理论使大学生认识了自我，发现了自身的优势，从而能够利用自身优势不断努力实现自我价值，找到人生意义。

第六章　走向对话的地方高校学生管理

地方高校肩负着培养地方急需人才和储备人才的艰巨任务。近几年，随着教育成本个人分摊的变大和高校优质生源竞争的激烈，地方高校的服务意识愈来愈强烈，地方高校更加重视满足学生和社会的"需要"。高校的学生管理工作是直接面向学生、直接接触学生的，高校的管理制度是否合理、合法、全面将直接影响管理工作的效果。本章将"对话理论"作为地方高校学生管理变革的理论基础，建立了充满生机活力、平等民主、有效反思的地方高校学生管理模式，并在此基础上培养了学生的对话理性，引导其对话人生。

第一节　对话理论在地方高校学生管理中运用的必要性与可行性

一、适应社会的变化与发展

人的根本属性是其社会属性，社会人不能摆脱掉时代而独立存在，因此也被毫无选择地带上了时代的印痕。当代社会正处于一个伟大的变革时代，经济全球化和第三次科技革命日益深入，民主化进程加快，互联网飞速发展，信息传播渠道增多，思想极为活跃、思潮风起云涌，如此形成的合力以前所未有的爆发力改变了人类社会政治、经济、文化以及生活方式，构筑了一个全球化、民主化、开放性、全方位的相互联系的总体，使对话成为必需和必然。当然，这些社会的最基本特征，也成为地方高校学生管理全方位发展的大背景。

（一）适应全球化浪潮的需要

经济的高速发展与科学技术的突飞猛进相结合，使人类进入全球化时代，深刻改变着人们的生活方式和社会发展模式，对于"全球化"，英国学者约翰·汤姆林森（John Tomlinson）一言以蔽之，即"复杂的联结"，在这里"全球化"不只是物理空间概念的联结，也是指全球意识的形成。这是一种对话、沟通、交流的意识，全球化使各民族、各地区、各群体的对话、交流已成为一种普遍现象。

在全球化背景下，"各种价值观念的碰撞、冲突更加激烈，……社会价值多元化更趋

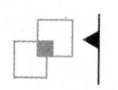

于明显。人们不再习惯于一种声音，'嘈杂'成了我们这个时代的一个特征"[1]。L·斯维德勒在《全球对话的时代》这本书中多次引用教皇保罗六世1964年宣布的话："现今需要对话。……正在改变着现代社会面貌的能动的行动过程需要对话。社会的多元化和人在今天的时代达到的成熟性需要对话。"[2] 这也是一种积极参与、广泛共享的意识，我们必须进入与那些思想和我们不同的人的对话中，去学习更多的单有我们自己不可能了解的实在，对所有世界观和文化敞开胸怀，积极主动而不是消极被动地进入世界，并通过参与对话深入地认识、挖掘并贡献我们自己的优秀精神财富。就此而论，对于走向全球化文明中的人类，对话是必需的也是至关重要的。

（二）适应国家民主法治化建设的需要

当今社会不仅需要与宽广的世界生态环境建立联系，而且也需要着眼于本国的建设和发展。随着我国社会法治进程的加快，"法治中国"被提升到前所未有的高度，培养现代法治社会的民主公民也成为高校的责任和使命。

对话之于法治社会的建设具有重要意义。随着法治化程度的提高，人们法治观念日益增强，思想观念更加开放、多元，主体意识全面觉醒，主体地位空前提升。对话作为一种精神，包括民主平等、公平公正、开放自由、理解包容等方面的理念和思想意识，促使了人们对完满社会和人的内在生活更深的觉醒，二者相得益彰。

对话之于民主公民的培养同样具有启示意义。现代法治社会的公民，不仅具有法律文本意义上的"主体地位"，且更深刻地具有法律意识和法制观念的"内涵文化"，具有开放、平等、公正的"核心本质"。本质上说，民主公民的培养需要深深地倾听、清晰地思维、驾驭多元化视角并与之洽谈的能力，以及尊重其他人和尊重差异的美德等一些基本技能，而这正是对话所具有的基本环节特征。就此而论，对话成为民主法治化建设的关键因素所在。

（三）适应信息化、网络化社会的需求

随着信息技术的发展，网络已经渗透到社会生活的各个领域，对人们的生活乃至思想观念产生着广泛和深刻的影响。正如安东尼·吉登斯（Anthony Giddens）所言："一个瞬息电子通信的世界……正在瓦解各地的地方习惯和日常生活模式。"[3]

信息网络环境下，人们超越了传统时空的限制，突破了交往双方相割裂的局限，传统的障碍和隔阂逐渐缩小，包容性和共享性逐渐加大。人们的交往出现几大变化：传统的单一主体转变为多级主体，单向信息传播转向多元交互，参与个体从消极被动转为积极互动，由此人们组成了新型的交往共同体，形成了资源共享的价值观念。这种互为主体的交往状态，体现了对话的精神和实质。

信息化、网络化社会促进了人们的自由。在网络中，人们敞开心扉，畅所欲言，自由

---

[1] 侯惠勤, 姜迎春, 黄明理. 冲突与整合：如何认识我国社会主义改革实践过程对人们思想的影响[M]. 北京：中国人民大学出版社, 2004：229.
[2] [美] 斯维德勒 L. 全球对话的时代[M]. 刘利华, 译. 北京：中国社会科学出版社, 2006：54.
[3] [英] 安东尼·吉登斯. 第三条道路：社会民主主义的复兴[M]. 郑戈, 译. 北京：北京大学出版社, 2000：34.

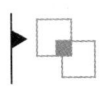

地发表思想言论，充分体现了对传统的颠覆和对权威的消解。

信息化、网络化社会延长了人的手臂、放远了人的眼光，促进了人们的开放多元，成为人们获取知识和各种信息的重要渠道与来源，人们足不出户便可知晓天下，而各种思想文化、价值观念的交融与碰撞只有通过对话才能形成各种共识。就此而论，对话已成信息化、网络化社会生存的必需与可能。

二、高等教育大众化的新诉求

随着市场经济的发展，高等教育改革步伐加快，高校招生规模不断扩大，高校后勤社会化改革不断深化，学分制等教学管理改革全面推广，都对学生管理模式提出了新的要求。换言之，社会环境和管理对象的变化推动了地方高校学生管理的发展，无疑，也给学生对话管理提供了新的广阔的空间和契机。

（一）高校招生规模扩大要求管理者转换角色

20世纪90年代初开始，我国高等教育进入了快速发展的阶段，高校扩招使高校学生管理工作难度与日俱增。第一，学校的教学、管理、后勤等资源全面紧张，更多的学生分享有限的资源，导致学校过度拥挤，教育资源捉襟见肘，各种矛盾错综复杂；第二，学生人数激增，使学生整体素质相对下降、学生来源多样化，学生事务也日益复杂；第三，市场经济的发展带来各种社会问题的折射，学生的问题和有"问题"的学生越来越多，如贫困问题、心理问题、就业问题等使学生管理的压力不断增加，这对高校学生管理提出了新的挑战和要求。学生管理工作者处于第一线，日常事务繁多，工作应接不暇，如果仍然一味追求亲力亲为、面面俱到，而不激发广大学生的自主意识和参与热情，纵使有"三头六臂"也不可能做好所有的工作，因此，学生管理者必须首先从传统意义上的"管理者"解放出来，提高管理工作效率。

（二）学分制条件下高校学生管理需要改革与创新

目前，全国各高校已普遍实施了学分制。学分制条件下打破了原有整齐划一的学年制，教学组织形式灵活多样，如弹性学制、自主选课制、主修辅修结合制等，注重学生发展的个性化、学习自主化、学生需求多样化、学生生活的分散化。传统意义上的班级的作用越来越小，反而形成了以课程为纽带的、多变的听课群。学分制条件下，学生可以选择教师、选择专业、选择课程，学生个性发展的空间更大了，但这并不是意味着学生可以随意选择，教师放任不管，教师还需要在学生的成才设计、构造合理的学科知识结构、自主选择学生方法等方面有所作为。

因此，学生管理在更多重视锻炼培养学生自主能力的同时，管理方式也由指令性管理向指导性管理转变，但这并不是管理的松懈与放任。

三、高校学生主体的出场

高校学生是未来经济、社会的建设者，是新一代先进文化的继承者、发扬者、实践者和创新者。学生处于学生管理活动的第一线和最前沿，所有的学生管理活动都在学生中得

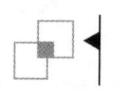

以实施。学生管理工作必须首先对学生客观地、历史地、现实地加以认识和理解,并从他们身上吸取积极的、合理的、有意义和有价值的因素,才能实现科学有效管理。

(一) 消费者角色的转换

消费者是一个和市场经济相连的经济概念。随着高校收费制度的全面实行,学生和学校的关系也是买方和卖方的关系,而学生消费者的提出正是由高等教育大众化所间接引发、高等教育市场化直接形成的结果,是一种注重和保障学生权益的"市场管理哲学"。学生缴费上学,对教育费用实行成本分担,在客观事实上,学生就是与学校处于平等地位的法律主体和利益相关者,作为教育服务的投资者、消费者,学生有权充分了解学校相关物质资源、信息资源等信息,有权对教育教学服务质量、教学课程、师资条件、管理环境等提出合理化的要求和建议;学校也要重视学生需要,保障学生权益,整合学校资源,为学生的发展提供一系列专业化、个性化的服务。

在主观态度上,学生也已不再满足于仅仅作为被管理的对象,他们权益意识、主观意识增强,希望自己的需要得到重视和满足,他们既关心眼前利益,也关心长远利益,既关心精神性收益,也关心经济性收益,因此也会强烈要求与他人(学校、教师、同学等)平等对话,根据在对话中的体验、领悟确立自己的判断并自主地处理各种事务和关系。

(二) 选择者角色的扮演

吴康宁认为,随着我国社会"多元性""选择性"色彩增浓,学生也开始扮演"选择者"的角色,并将其概称为"选择的学生",他们开始日趋明确地表达自己的选择愿望,主张自己的选择权利,自愿承担自己的选择后果。[①] 学生在根据自己的兴趣、能力和实际条件的基础上,具有更多选择高校、选择课程、选择教师、选择学习进度和修学方式等的权利,更能把握选择的主动性和自觉性,也能获得更多的发言权。

第二节 基于对话理论的地方高校学生管理运行机制

一、对话过程

运作机理的分析,就是把一个言说者同倾听者如何就某一事情达成一致理解的过程作为分析对象。为了便于理论上的分析,我们将对话分解出若干个"单元",并勾勒出对话过程的几个阶段:提出问题—表达倾听—话语理解—话语接受—对话循环,探讨在各个环节里对话得以生成和进行的运作机理。

---

① 吴康宁. 教会选择:面向 21 世纪的我国学校道德教育的必由之路——基于社会学的反思 [J]. 华东师范大学学报(教育科学版), 1999 (3): 10-18.

（一）提出问题

在一般情况下，提问比应答更重要，因为敞开的对话是由问题引导的，问题提示着意义生成的方向，提供了逼近真理的可能性。提问能促使思考，好的问题就像灯塔一样照亮人们向未知的水域航行，能够引导、推进对话的开展。谈话的原始程序经常就是问和答，一旦问题没有了，对话就暂时终止，转入"独白"。

1. 问题的确定

高校学生管理中的对话并非凭空而起，而是常常涉及某些问题，问题是对话的动力。

（1）问题的聚焦性

对话是"半封闭式"的，即表述一个话题时，尽管与主要话题相关，但随着对话情境的变化，极有可能突破界限，涉及其他问题。这样一来，应该讨论的问题不但没有能够解决，反而在一些无关紧要的问题上长时间地"空耗"，对话就此陷入了"无底洞"的恶性循环，无法找到航向，在黑暗的礁石间打转。这时，需要"掌舵手"及时介入，以各种方式加以"维护"和"引导"，使双方尽量围绕着中心话题展开讨论。具体来说，在对话的过程中，先行敞明问题，随时引导问题，同时也必须对问题做出公正和适宜的裁决，及时解决问题。

（2）问题的匹配性

话题匹配是对话通达的过程特征之一，即对话不能漫无边际，对话话语必须在双方认知发展水平阈值内。在对话过程中，一个问题的提出，既是对上一项表达的连续，也是下一项表达的刺激，应答者应当具有"破译"信息所必需的知识体系和经验储备，超过或低于都不利于对话的顺利进行。匹配的对话能激发双方的创造力和想象力，促进新知识及意义的生成。

"理解一个问题，就是对这问题提出问题"①，问题的确定可以采用问卷调查等书面形式确定，也可以通过平时观察、聊天等方式来积累。以学生管理中的对话为例，教师、学生都需要具有一种"问题意识"。教师要从学生出发，从小处着眼，既包括学生群体的共性问题，也包括学生个体的特殊问题，认真观察学生的学习、生活，挖掘学生的生活世界。学生也要积极参与，不能"两耳不闻窗外事，一心只读圣贤书"，关注班级、学院、学校的改革大事，在问题的关注中不仅解决了自己的问题，也为学生群体谋求了福利，更重要的是可以培养社会公民意识。

2. 提问的方式

提问方式的好坏也可能决定对话效果的好坏。就此，笔者梳理了一些提问方式，具体包括询问、陈述、澄清、探求、提供自身经验、反向思考方式、鼓励肯定地演绎分析、寻求突破、深层揭露等，这些提问方式都有助于触发问题的讨论，并使学生可以从中获得启迪。

问题聚焦并合理提出后，即可进入对话环节。

---

① ［德］伽达默尔. 诠释学Ⅰ. 真理与方法：哲学诠释学的基本特征［M］. 洪汉鼎，译. 北京：商务印书馆，2010：530.

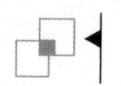

（二）表达倾听

任何话语都希望被人聆听、让人理解，得到应答，期待他人的回应，所以对话必然会构成一种双方或多方的表达和倾听关系。每一个言说者是倾听者，每一个倾听者同时也是言说者，对话反映的是相互关系的双向互动的过程。

1. 鼓励表达

表达，在保障对话连续、深入上起着"脚手架"的作用，如果人人缄口、乏善可陈，对话将无以延续。因此，鼓励表达就是摒弃自我预设立场，允许对话参与者就讨论中的问题，进行不同形式的思考、询问、辩驳。

（1）鼓励表达创新想法。"有想法就发言"，这是对话的基础。如果暂不确定说话内容，那就先听别人说，如果有主意或问题不断在脑中浮现，那么这个时候就畅所欲言地大胆表达，或许能为团队打开一扇通往新一层理解的大门。

（2）鼓励表达差异想法。当不同个性、文化背景的人在一起对话时，难免会有一些矛盾和冲突。如果回避差异、视而不见，被掩盖的矛盾往往会出其不意的爆发；如果不同意见被鼓励表达，那么分歧和冲突，也像多样性一样，成为团队的资源。因此，即使是与自己意见相左或有违常规，也被鼓励提出、说明、解释，不会因为意见不一而受惩处。

2. 善于倾听

对话过程实际上是由"听—说"关系构成的，"说"之所以成为可能，原因在于有"听"，有"听"才会有"说"，因此，倾听是对话的重要组成部分。

倾听不只是听见，听见是一个生理过程，而倾听则是一个分析和理解的过程，就像打开一扇大门，把物质、情感和智力融合起来寻找意义和理解。这种"倾听他人意见的意愿，以及在决定应该合理包容他人观点时的公正态度"[①]。

倾听能力是需要训练的，要去听到别人的潜意识和潜台词，提高自己的理解能力，揣摩到别人深层次更想要的东西。对话中，每一方都必须尽可能以开放的态度倾听对方，以便尽可能确切地设身处地理解对方。比如，当学生发表了自己的意见后，教师紧接着如果能够给予公正、客观、准确的评价，不仅充分发挥教师的主导作用，也会使学生在思维方法和价值观层面有获得感。"这样的投球般的快感，我认为应当是教师与学生互动的基本。"[②]

应该说，在倾听者转为言说者，开始发表意见时，对话才真正开始，而且这时的发言不是刚才预先构思好的答案，而是对一个已经被理解了的对话伙伴的回应。

在表达倾听之后，对话即将进入下一个重要环节——话语理解。

（三）话语理解

"话语理解"有两层含义，一种是"理解了意思"的"理解"，对话语内容加以恰如其分地确认与把握，这是话语理解的基础。另一种是"体味潜在想法"的"理解"，以批

---

① [美]詹姆斯·博曼，[美]威廉·雷吉. 协商民主：论理性与政治 [M]. 陈家刚，林莉，俞弘强，等，译. 北京：中央编译出版社，2006：71-72.

② [日]佐藤学. 静悄悄的革命：课堂改变，学校就会改变 [M]. 李季湄，译. 北京：教育科学出版社，2014：27.

判性思维去理解、学习和成长，可以牢牢把握自己先前的观点，但却是以一种谨慎稳妥的方式向前，也可以转变自己至另一种看世界的生活形式中，生存于并体验他者世界，把自己变成他者。要求像理解自己一样去理解对方，并期待领会和欣赏表达者所言内容，这是话语理解的升华。

话语理解的过程是对话者之间的视野、认知或情感不断辩证共建的开放过程，自身的片面经验也被嵌入其中的"过程式图景"，以更好地做出明智的决策，解决问题。

（四）话语接受

话语接受是对话的重要环节，从一定程度上说，话语接受是对话的实现，没有话语接受环节，一切对话则都会成为无效劳动而失去意义。从根本上讲，对话的有效性取决于话语接受的程度，也可以说，话语接受是提高对话的成效和促进科学化的生长点。

话语接受可以是支持性采纳，即对他人的言语、行动意义的尊重、解读后双方达成统一或认可，对话是有效的。但即使是完全采纳，也是多种观点否定之否定的辩证成果，对话参与者在理解的过程中通过"移位"相互包容、相互激荡，形成新认知的一种状态。

话语接受也可以是修正性批判，即听者对言说者提出质疑、反思与改进，对话也是有效的。事实上，即使结果存在差异的对话也是有积极意义的，因为任何人之间的见识、经历都不同，如果一方的立场态度或多或少有别于另一方，且都能找到适当的理由时，这样的对话更有价值。批判的态度是对话应有的特性，双方一起进入到思想讨论中，或有可能突破原有体验与理解的局限性，获取一些新的意义，达到一种新的意境，这对正确的认识问题、健康的自我成长至关重要。

需要说明的是，话语接受仅仅是某种时刻及情境之下的暂时性认知，而非固定答案。一个话轮的结束，也意味着新的话轮的开始，对话的循环就有可能获得新知，诠释新意。

（五）对话循环

因为共识不是全体一致，而是某种互相"妥协"的结果，共识的形成往往不是一个话轮结束即可，而是需要相互协调、反复论证。由于意义的不断生成，导致对话不是在起始处，而是在新的不同的点和不同的面产生新的循环，因此对话成为典型的周而复始、重复发生和螺旋上升的循环过程。

对话的特点之一就是蕴含连续性与动态性特征，每一次对话都是一种暂时性的辩证综合，并都将成为下一次新对话的基础。问题—回答—理解—接受这一周期，伴随着意义的不断呈现、深化、扩展，同时也伴随着对话者视域的不断转换、更新、提高，可见，对话可以循环往复以致无穷。

20世纪60年代末、70年代初，萨克斯（Sacks）、沙格洛夫（Schegloff）、杰斐逊（Jefferson）等三位美国社会学家提出了"话轮转换"（turn-taking）理论，他们阐述了简单有序的运行规则：一是讲话人自行选择下一个讲话人；二是讲话人不选，其他人"选择自己"获得发言权；三是讲话人不选，其他人也没有发言，则讲话人或继续发言，或选择等待（但等待时间不长）；四是一旦有人开始讲话，重复以上三个步骤。[①]

---

① [英]诺曼·费尔克拉夫. 话语与社会变迁[M]. 殷晓蓉，译. 北京：华夏出版社，2003：17.

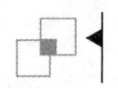

总之，对话循环由所有对话参与者共同实施，鼓励轮流的表达、话题的改变、互动的开始。

二、对话方式：协商民主

作为民主的新范式，协商民主就是通过自由而平等的对话、讨论、审议等方式，参与公共决策和政治生活。当我们在对协商民主所蕴含的基本元素、典型标志等进行思考之时，就会惊喜地发现，高校学生对话管理与协商民主具有相同的内涵指向。

（一）民主与对话之间的共通性

一方面，对话超越不平等而注重追求平等，对话拒绝压迫而强调追求自由，对话否定不公而坚持公正，反映民主的本质。

另一方面，民主的过程就是所有人通过讨论、辩论、审议的话语交往过程，是不断听取民众意见并使之转化为政策的过程，民主需要对话。

（二）协商民主内涵解读

协商民主是一种比较新的民主形式，在20世纪80年代末开始兴起。

"协商民主"包含"民主"和"协商"两个部分，哈贝马斯（Habermas）在《在事实与规范之间》一书中，将协商的理想从精英扩展到大众，自此以后，协商民主是指大众型协商民主。

陈家刚将协商民主界定为："基于人们主权原则和多数原则的现代民主体制，其中，自由平等的公民，以公共利益为共同的价值诉求，通过理性的公共协商，在达成共识的基础上赋予立法和决策以合法性。"[1] 这个定义涵盖了协商民主的三个核心内容。

（1）从协商的主体看，协商民主体现了民主

协商民主以人民主权原则为基础，强调所有利益相关者都有权参与到讨论中来，不仅体现了对参与者的包容，也意味着对不同立场、视角和观点的开放，不仅精英群体的理性声音有机会得以呈现，那些少数群体和边缘群体的声音也有机会得以表达。

（2）从协商的方式看，协商民主体现了协商

所有协商参与者是通过相互阐述理由的方式进行论证，并且这个理由是相互间可以理解并可以接受的。参与者不仅要提出理性为自己的主张进行辩护，而且要真诚地聆听他人的观点，不仅假设参与者立场改变的可能性，而且假设通过"更加论证的力量"加以改变。

（3）从协商的目标看，协商民主追求的是共识

协商民主中的反思和讨论并非是私利，而是公共利益，即怎样才能更好地促进共同体的利益发展。

可以说，协商民主提倡的是这样一种民主形式：自由而平等的公民，就共同的议题，自由地表达意见，愿意倾听并考虑不同的观点，基于理性的公共协商（对话、讨论、交流、慎思等），从而实现立法和决策的共识。

---

[1] 陈家刚. 协商与协商民主 [M]. 北京：中央文献出版社，2015：14.

（三）地方高校学生对话管理与协商民主理论基础

1916年，杜威（Dewey）出版了《民主主义与教育》，在杜威看来，民主不仅是一种政府形式，而首先是一种联合生活的方式，共同交流经验的方式。个体把各种观点放在一起，进行持续的沟通和讨论，这既是协商民主的过程，也是一种教育的过程。

罗伯特·韦斯特布鲁克（Robert Westbrook）明确指出，杜威所追求的民主教育理想，可以最合适地称之为"协商民主"。

（四）地方高校学生对话管理与协商民主相关联

1. 地方高校学生对话管理

地方高校学生对话管理将民主程序和规范内涵相结合，管理者与被管理者之间，相互尊重、彼此平等、共同参与，既肯定了民主权利，又尊重了管理界限，力图通过完善民主程序、强调自由平等的对话来消除冲突，保证公共理性和普遍利益的实现，获得相互了解，达成对话共识，实现预期目标。

我们将地方高校学生对话管理内蕴的民主特征概括为以下几点。

（1）主体的开放性与平等性

在地方高校学生管理中，开放性体现为主体的包容、广泛，以学生为圆心，学生可以与学生管理事务相关的任何一方，如专业课教师、辅导员教师，与学校管理层、与职能部门教辅行政人员，与同伴、朋辈、自我等产生对话关系。

平等性体现为任何一方与学生的地位都是平等的（弧边到圆心的距离相等），在这里，我们讨论的核心内在价值是，每个人在民主决策的认知条件方面都是平等的，而这也正是协商民主的要求。在对话过程中，如果有人连表达的机会都没有，他首先就被当作低人一等，平等参与是对话得以顺利进行的前提。

（2）议题的差异性和共识性

之所以要进行对话，是由于各自主体独立性，对于同一问题的观点和认识必然存在差异，但这种差异不同于一个吃掉一个、一个压倒一个，而是不同主体成员在强调公共利益的基础上，在相互作用中形成一种比较协调的运动方式。对话的过程，也是从差异逐步形成共识的过程，是对专制的否定和排斥。而且，对立的观点和争论、意见的分歧和多样，正是健康民主最肥沃的土壤、最真实的内核。比如，学生管理中，教师和学生必然存在利益上的分歧、认知上的级差，但对话就是承认主体差异，通过公开商谈、广泛辩论，聚合各方优质能量，利用"试错过程"弥合分歧，差异逐步缩小、距离逐步靠近，最终实现共赢，达成共识。以协同推进差异趋近为目标是对话的优势所在，也是协商民主生成的渐进过程。

（3）协商的交互性与有限性

对话的过程不是简单的线性过程，而是动态的交互状态。正反意见或者不同主张可以充分修正、补充和完善，相互取长补短，彼此感应互动，在张弛有度的对话过程中保持总体平衡态势，亦同教学相长，互促互进。同时，不同于抛物线或双曲线，圆形是有边界约束的。高校学生管理的对话也必须在一定框架内展开，比如教师、学生都要遵守对话伦理，强调合理性的程序和规则，符合有效性要求等。

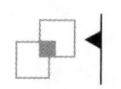

(4) 结果的责任性和合法性

对话明确参与者的责任感，同时也为公共决策提供合法性基础。严肃对待这种责任、自愿修正个人偏好的对话者，将有助于实现理性推动的共识，并"可以合理地期待其他人都支持符合其自由和平等的行为，努力满足这一条件是民主政治理想要求我们所做的工作之一"①。正如我们所了解的，如果学生能从讨论和决策之外转为参与共识形成的讨论之内，从消极的旁观者转为积极的对话者，那么，学生"在形成一种政治公共舆论的条件下，通过自身意志的深思熟虑的表达，以及对这种意志的实现实行有效的监督，将社会生活的发展完全掌握在自己手中"②，相关基本制度和基本规范，就能得到他们，包括更多学生群体的自觉支持。

2. 地方高校学生对话管理与协商民主的关系透析

基于以上的分析，笔者发现，地方高校学生对话管理与协商民主之间，具有共同的内涵指向，这对于理解二者关系，可以获得全新的认识体系和思维模式。

作为一种民主体制，协商民主重新强调基于平等开展的公共对话，强调公民对于公共利益的责任，强调通过集体理性和共识形成决策的过程。而地方高校学生对话管理，表现为主体的开放与平等、议题的差异和共识、过程的交互与有限、结果的责任和合法。在这个意义上，协商民主所内蕴的民主精神，构成了对话管理的新基点，而地方高校学生管理领域也就此成为协商民主运用的新坐标，是最有效的民主教育场所。

把学生平等政治参与置于核心，学生既是管理对象，同时也是管理的主体，教师和学生在相互交往的实践基础上，通过公共领域的争辩、讨论和交流等形式，使协商民主真正成为学生自主权的实现，成为学生的人生要义。就此，笔者的结论是：协商民主是地方高校学生对话管理的核心特质，而高校学生对话管理也是协商民主在教育领域的现实表征。

第三节 基于对话理论的地方高校学生管理目标与方式

一、基于对话理论的地方高校学生管理目标

一般地说，目标是目的或宗旨的具体化，是行动的蓝图和灯塔。走向对话的高校学生管理，是在管理的过程中，培植学生形成一种对话理性，引导学生过一种对话人生，这个目标的实现，首要和关键的任务在于培养学生具有完整的对话式认知，能开展一些对话式实践，进而内化于心，根本性指向于学会对话式生存。

（一）对话式认知是基础

对话应当是自主、理性的对话，也是对话主体的基本行为能力要求。对话式认知包括

---

① ［英］詹姆斯·博曼，［英］威廉·雷吉. 协商民主：论理性与政治 [M]. 陈家刚，林莉，俞弘强，等译. 北京：中央编译出版社，2006：72.

② 汪行福. 通向话语民主之路：与哈贝马斯对话 [M]. 成都：四川人民出版社，2002：9.

相关知识的建构、对话意识的培养，这是实现对话管理的基础要求。

1. 知识的建构

对话式认知首先包含知识的建构。对话本身具有知识建构的内在品性，致力于在对话中创造和形成一种知识建构的情境和场域。一方面，对话具有较大的随机性和开放性，对话双方都必须具有广博的文化素养、机智灵活的反应能力、兼容并包和海纳百川的胸襟和气度，一个人掌握的知识形式愈多，对符号世界的介入愈深，个体就愈是能够作为潜在的强有力的对话者。另一方面，对话本身具有一种自我生长的内在机制，更是一种具有价值观意义的态度，在开放、互动、相互尊重的氛围中，对话可以激发出许多独特、创新、不可替代的思想、观点和材料，指向于更深邃、更新颖、更富有启发性的知识建构。对话管理建构的知识既包括科学知识，也包括人文知识，甚至是课堂中学习不到的"内隐知识"。

2. 培养对话意识

对话式认知更深层次的要求是具备对话意识。正如滕守尧所言："如果没有一种'对话意识'，即使使用了纯熟而优美的语言，即使在谈话中有问有答，即使这种问答花样百出，那也只是机械的问答。没有对话意识的问答，……绝非是真正的对话。"因此，"真正决定一种交谈是否是对话的，是一种民主的意识，是一种致力于相互理解、相互合作、共生和共存、致力于和睦相处和共同创造的精神的意识，这是一种'对话意识'"[①]。对话意识包括秉持具有方法论意义的"对话式思维"和具有价值观意义的"对话式姿态"。所谓"对话式思维"，指的是在与拥有不同背景、环境、条件的人们探讨同一命题时的方法，这样的思维，有利于确定事实，接近真相，深入本质。所谓"对话式姿态"，指的是以开放、互动、相互尊重的态度，去与不同情境的人们一起探究、交流、推进相关命题研究的深度、广度和高度。

（二）对话式实践是关键

对话意识不是生而有之的，也不会自然实现，这需要学生在各种实践活动中体验、积累和实践，将学到的知识、潜在的意识转化为个人内在经验的一部分。对话式实践包括提升对话能力、践行对话理性，这是实现对话管理的关键环节。

1. 提升对话能力

那些不能很好地领会对方的话，或不能很好地表达自己的感受和需要的孩子，受到误解的可能性更大，这通常会导致他们破坏性行为的发生，因此，对话能力的提升至关重要。"对话活动是一种真正的有规则的活动，对话的规则是聆听和述说、紧扣主题、有始有终、承担责任。"[②] 对话能力就是"能够领会别人的思想，理解他们的立场和动机，在对照别人的基础上，明确自己的观点，认识和揭露对方的弱点，在逻辑关系中引申出自己的观点，并将之用于反驳"[③]。

[①] 滕守尧. 文化的边缘 [M]. 北京：作家出版社，1997：177.
[②] 洪涛. 逻各斯与空间：古代希腊政治哲学研究 [M]. 上海：上海人民出版社，1998：225.
[③] [德] 弗里德里希·包尔生. 德国大学与大学学习 [M]. 张弛，郄海霞，耿益群，译. 北京：人民教育出版社，2009：326-327.

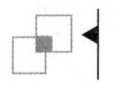

2. 践行对话理性

践行对话理性就是将对话贯穿于管理的每个事项、每个阶段并加以实践，如学生可以对学校发展建设、校园文化等工作中涉及学生切身利益的决策进行评议，培养对学校管理目标的认同感，调动主人翁的积极性；学生可以对课程设置、教师的教学质量等问题提出建议，促进学校的课程改革，提高办学质量；学生可以主动找辅导员教师或者学长学姐、同伴朋友聊天，解决问题、反思成长。在决策前，学生通过对话进行掌握信息、了解情况，及时发现问题，准确提出方案；在决策中，学生通过对话进行信息的收集、传递、整理、加工和交换；在实施中，学生对决策方案给予充分理解与支持，整个管理工作进程有效控制。有效的对话增进学校和学生、教师和学生、学生和学生之间的了解和情感，形成休戚与共的团体意识，还可以激发学生参与意识，调动学生工作热情，提高工作效率。

（三）对话式生存是根本

马丁·布伯（Martin Buber）曾指出："教育的目的非是告诉后人存在什么或必会存在什么，而是晓喻他们如何让精神充盈人生。"[①] 对话作为一种基本的生存方式或生活方式是值得倡导的，在对话中，学生不仅可以学会如何学习、如何认知，更重要的是，还能学会如何处事、如何生存。当对话式实践成为一种习惯，对话理性内隐于个体本身，就将最终指向对话式生存。对话式生存包括面向社会的和谐和民主发展、面向全人类的对话共存。

对话是一种精神、一种修养。民主社会的建设和发展需要一批高素质的公民，需要一种民主平等的精神，需要强烈的公民参与精神。对话是一种追求自由、渴望民主的思想情结，是一种开放兼容的精神诉求。帮助学生增强平等性、参与性意识，开展容纳性、共处性建设，取得多样化、多元性提高等，均可基于对话式认知，依托于对话式实践。如深切地倾听不同世界有着不同视角的、其他声音的胸怀，辨识和赞誉差异的能力，关爱他人、换位思考、容纳对方的大度，养成参与意识、责任意识和合作互助精神，使极端化和相互疏远的观点得到调节并能融洽相处……所有这些在和谐、民主社会的建设中都至关重要。

对话是一种高度、一种境界。对话与人类存在是什么关系？在某种程度上说，人类存在就是对话。正如海德格尔（Heidegger）所说："对话，和由对话所导致的联系支撑着我们的存在。"[②] 对话建立了一种相互敞开、相互依存的关系，对话是生命的相互烛照，是存在的相互趋近，是自我与他人共同"在场"的相互审视和相互认证。通过对话，倾听不同声音的交响，调适自己的经验视界，调整自我"在场"的姿态，重建自我对外部世界的感觉，是人类理性生存的标志。

二、基于对话理论的地方高校学生管理方式

对话管理的意义自不待言，但对话管理的质量如何保证？"凡战者，以正合，以奇胜"，在高校学生管理实践的组织运行中，刚柔并济、多管齐下，"管理有法无定法"，才能适应环境的变化，增强灵活性与适应性。

---

① ［德］马丁·布伯. 我与你［M］. 陈维纲，译. 北京：生活·读书·新知三联书店，1986：60.
② 谭学纯. 人与人的对话［M］. 合肥：安徽教育出版社，2000：3.

（一）建立符合对话精神的协商模式

走向对话的高校学生管理，首先要对话协商。建立符合对话精神的协商模式，就是协同管理主体，由"集权""权威"或"放任""服务"向"分权""民主""协商"的转变。将所有决策、利益、权力等运行放入对话协商机制中，才能找到多主体间的各种联结点和平衡点。

1. 从金字塔到扁平化

对话是一个交流信息的过程，离开信息的传递与交换，不可能产生对话。因此对话管理需要形成信息、资源交换的扁平化环境，保持信息流畅，缩短决策周期，不同主体才能基于对话协调各种关系，扮演观察者、参与者和行动者的多种角色，以区别于命令等级关系和等价交换关系。

2. 从集权到分权

我们的组织正处在一个合并、再造的时代，我们需要的管理者应是授权的、民主的、有远见的管理者，他们重视团结协作，支持坦诚互动，通过对话把不同主体（教师、学生）串联起来，让利益相关者参与进来，以此激发增效的联系，增强组织的凝聚力，从而发挥1+1>2的效果。在学校的重大事务且与学生切身利益相关事情上，学生管理部门不再随便以下发通知执行了事，更不能以行政逻辑要挟，必须通过专门的委员会集体决策，尽可能邀请学生代表参加，充分倾听学生的合理需求，让学生理智地思考和看待学生工作中的问题和矛盾，实现学生工作的和谐共治。

3. 从权威、放任到平等民主

改变传统的中心与边缘、管理与被管理、命令与服从等二元对立的思维方式，更多是作为"合谋者"参与到问题中，"每所学院和大学都有必要开展讨论，以便解决共同的教育问题和一些无法通过其他途径解决的普遍性问题。如果没有这些讨论，学校各部门对某些问题就会采取等待和观望态度，学生、教师和行政管理人员只能凭自己的想象各行其是。由于无法看到更远大的共同目标，他们就会丢掉团结合作的精神，而这种精神恰恰是大学教育的重要部分之一。"[①]

坚持柔性对话管理并非放弃制度，高校承担着人才培养的重任，必须形成一套制度体系来保证人才培养的质量。把对话和制度对立起来，必然出现"鱼和熊掌不可兼得"的局面。简单套用对话的信任、平等、尊重等来充当管理手段，最终将会走向管理的反面。因此，除了建立符合对话精神的协商模式，还必须积极探索符合法治精神的制度模式。

（二）建立符合法治精神的制度模式

制度是管理不可缺少的强有力手段，"小智者治事，大智者治人，睿智者治法"，"不以规矩，不能成方圆"，都充分说明了制度的重要性。在现实高校学生管理实践中，并非所有的事项都是能通过对话理性调节的，有时即使是符合对话资质的人，在理想的对话条件下，由于其他因素制约，还要依靠制度管理。科学、合理、合法的严密制度，公平、公正的管理秩序与高校学生管理密切相关，也是生机所在。

---

① 吕达，周满生．当代外国教育改革著名文献：美国卷·第一册［M］．北京：人民教育出版社，2004：219.

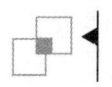

1. 完善制度的制定和修订

制度建设是一个制定制度、执行制度并在实践中检验和完善制度,理论上没有终点的动态过程,从这个意义上讲,制度没有"最好",只有"更好"。学生管理工作的有效开展,必须要有健全的规章制度来维护,并随着社会的发展不断更新。自 20 世纪 80 年代以来,我国颁布的有关学生管理方面的文件有《高等学校学生行为准则》(1989 年)、《普通高等学校学生管理规定》(1990 年),2005 年出台了新的《高等学校学生行为准则》和《普通高等学校学生管理规定》,2017 年 2 月又颁布了新修订的《普通高等学校学生管理规定》。各高校也根据自身的实际情况,修订和完善了相应的学生管理方面的规章制度,包括奖助学金管理、宿舍管理、校园文化建设、党团建设等办法,使学生管理工作朝规范化、制度化、科学化方向发展。制度也可以是人本的,人本的制度才能被"信仰",在此基础上建立起来的制度体系才具有长久性。在以公平、正义为基础的正当性考量中,如果制度制定能够进一步保证学生的参与,体现人文关怀,必定能够为学生自愿尊重与认同,入脑入心,进而有效实施、运行。

2. 坚持制度的监督执行

完善的规章制度关键还在于有执行、有监督,坚持管理制度的健全落实与监督执行并举,防止"制度真空",成为"墙上的制度"。既需要强制性的规章制度,也需要说理性的宣传教育,才能使学生管理工作达到"活而不乱"的境界。高校学生管理中建立的规章制度、行为纪律和管理措施,是社会与学校的集体意志对学生的要求,一般表现为对学生行为外在控制力量。但高校学生有思想、有理智,外在的规章制度只有被学生在主观上自觉地加以认识与理解并确信其价值和合理性,才能有效地贯彻制度、纪律和措施。

3. 注重制度的评估完善

邓小平同志曾指出:"制度好,可以使坏人无法任意横行;制度不好,可以使好人无法充分地做好事,甚至会走向反面。"[①] 建立制度的评估完善机制尤为重要。制度不是一成不变的,要根据组织或团体的发展不断修订,与时俱进,破立并行,不断改进管理制度,建立健全科学合理、具体实在、切实可行的制度,缩短"滞后时间",使其成为人心所向之法,形成符合法治理念的校园秩序和文化氛围。

第四节 基于对话理论的地方高校学生管理实践运作

一、高校学生对话管理的定位

笔者将高校学生对话管理的落脚点定位在三个方面,即平等性对话、参与式对话、反思型对话。但需要说明的是,三种类型并非是相互独立的、互斥的存在,而是呈现出有所重叠且多元共存的现象,如与专业课教师、专职辅导员的平等性对话中,也存在"参与""反思",与学校管理层、教辅行政人员的参与式对话中,也存在"平等""反思"等情

---

① 王天超. 让生命与教育的使命同行 [M]. 北京:光明日报出版社,2014:174.

况，三者是被内在地统一于整体性的学生管理中的。

（一）平等性对话管理

这主要表现为学生与教师等专业引导型人员的对话管理，这里所及教师群体包括两个类别，一是专业课教师，一是专职辅导员，共同构成专业引导型人员。

1. 什么是平等性对话

学生和教师是高校中最基本的角色，也是管理活动的最终承载者，大部分的管理活动都指向学生和教师，其效果在他们身上直接体现或间接表达出来。所谓平等性对话，是指在教育管理活动中，不是教师为学生，也不是学生为教师，而是教师与学生一起，形成"相互交往中的行动者群体"，平等切磋，情意互动，融洽和谐。如果师生间没有了平等，就没有了对话；没有了对话，也就没有真正的教育。

2. 平等性对话的形式

平等性对话的主要形式主要有两种，分别为周记式对话与课堂+工作坊对话。

学生通过每周写一封公开的周记以实现与高校管理人员的对话。运用工作周记这种方式与学生交流，是适合当今年轻学子特点的一种交往方式。透过周记，看到的其实是包含教师与学生之间的平等对话、互动。包含自信，对话强过自言自语，交流胜过闭门造车，这种方法不刻意、不强加，学生既可以自主阅读、思考，又能感觉到辅导员时时刻刻在关注着他们。没有豪言壮语式的高谈阔论，也没有居高临下式的严肃训话，但带给学生的，是植根于日常生活的爱，是质朴平等的鼓舞和交流。

课堂+工作坊对话是一种既着眼于课堂内，又重视课堂外的对话。教师以对话的形式，通过师生问答把课堂教学内容与日常生活中的具体问题结合，贴近学生的思想、感情和生活实际。课堂内，教师潜心钻研、大胆创新，把宏观课题转化成学生喜闻乐见的生动课程；将枯燥的理论转化成生动幽默的故事，来激发学生们的思考与行动。课堂外，教师全天候开着手机，学生可利用 QQ、微信等聊天工具找教师答疑，教师可与学生进行思想、生活、学习等方面问题的交流和解答，包括人生观、价值观的疑惑；学习的方法、效率、效果；人际交往、人际沟通的技巧；健康心态的养成；竞争力的锻炼；友情、亲情、爱情的困惑；理想与现实的差距等。

（二）参与式对话管理

这主要表现为学生与学校管理服务型人员的对话管理，这里所及"学校"主要包括两个类别：一是学校管理层，以校领导为代表；一是教辅行政人员，以相关行政职能部门人员、后勤服务人员为代表，共同构成管理服务型人员。

1. 什么是参与式对话

让学生真正参与到管理中来，是学生管理的必然趋势。参与式对话，即学生充分而有效地参与到管理过程中，通过自主的、有目的的参与行为的实施和真实意愿的对话沟通、交流表达，影响学校管理决策的形成和具体管理行为的施行，而不是被动听从安排和接受。在对话中参与，在参与中培养对话理性，是参与式对话的根本意旨所在。

2. 参与式对话的主要形式

（1）民主座谈会

座谈会是学生与学校之间进行对话的有效形式之一，主要功能是就某些政策咨询学生

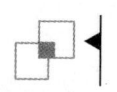

意见，阐明立场和原则，并找出解决共同关心问题的方法，就某些问题和政策达成共识，赢得学生对学校工作的支持。达成共识是座谈会的核心目的。

通过民主座谈会，学生既能直接反映问题和意见，又有效地消除了其对学校及个别教师的不满，同时也提高了学生参与管理的积极性，这对于提高学校工作质量、维护学校稳定是有益的。

（2）学生校长助理制度

为进一步拓宽学生与学校沟通交流的渠道，丰富学生参与学校建设和管理的载体，更好地创造条件服务学生成长、凝聚智慧推动学校发展，诸多学校设立了学生校长助理制度，可以说，这是高校基层民主的"新宠儿"，但绝不是一场"民主秀"。

学生校长助理制度的设立初衷有二：一是落实校园民主管理制度，鼓励学生参与学校民主管理，推动学校事业发展；二是落实学校人才培养目标，完善青年领袖培养体系。

学生校长助理制度是高校学生参与管理的一种重要渠道和表现形式，对高校与学生都大有益处。对高校而言，学生校长助理建立了学生和学校层面畅通的沟通和对话渠道，架起了新的绿色通道，彰显了校园民主；对学生而言，促进了自身发展，有助于形成对话理性，促进良性循环。

（3）学生代表制

学生代表制是目前各大高校在实践学生参与管理过程中常见的一种形式，现在相对比较成熟的两种形式分别为华东师范大学的"学生参议制"和华东政法大学的"学生代表常任制"。

高校在实践学生代表制的过程中，都非常注重积极参与、合理表达、理性维权，其中，华东师范大学更注重学生与学校的议事模式，并不断创新形式，华东政法大学重视学生代表任期的长效性，以保证代表权利的行使。无论哪种模式，学生代表制的实践已使学生参与管理这一行为深入人心，并取得了较好成效。

（三）反思型对话管理

这主要表现为学生与同伴、自我等个体影响型的对话管理，这里所及学生主要包括两个类别，一是同伴，一是自己，共同构成个体影响型人员。

同伴：以同学、导生、朋辈、朋友、师兄师姐、学弟学妹等为代表，一个人看得多远取决于站得多高，而一个人走得多远取决于与谁同行。高校学生在成长过程中，同伴的影响往往大于教师、书本，积极与同辈打交道，学生更容易找到认识自我和人际关系的新视角。

自己：即与自己内心的对话，听众是另一个自我，在对话中，倾听内心的声音，反思自己、超越自己，重建新的自我。这种"自我对话"说到底也就是我们的思考，思考的结果就是自我意识。

1. 什么是反思型对话

从对话角度看，反思对话是对话的高级形态。人类和其他动物的根本区别在于人类有能力对自己进行反思性的自我评价。

反思型对话包含两个方面，一方面是自我反省，即个体独立地对问题进行审慎的思考，通过倾听自己内心的话，对不言而喻的预设进行假定的追寻、澄清、质疑与批判，发觉与挣脱固有的认知习惯和僵化的认知信念的限制，不断获得新经验。另一方面是透过集体意识觉醒，个体之间或个体与集体之间就关心的问题进行理性的对话，在对话信息的相互给予与反馈中，衍生的一种省察、检讨、批判与认知重建的过程。这两个方面相互关联，理性的对话建立在审慎地思考基础之上，同时，经过理性的对话又会促使个体对该问题进行反思，改变最初看法。

总而言之，所谓反思型对话，就是通过反思自己及他人观点的同时来拓宽视野，整合多种观点以促进形成新的认知，并运用于自身生活，其主要形式包括同辈互助学习、自我反思等。

2. 反思型对话的主要形式

（1）同型对话

具有相同或相似经历、知识背景的人，如同伴、导生、朋辈指导，往往有着相同的感兴趣的话题、共同的语言，最易开启心扉，相互印证观念，共同分享经验，形成心心相印、和谐共存的对话氛围，也即玛格丽特·米德（Margaret Mead）所谓的"同喻文化"。

面对信息技术的快速发展和网络技术的广泛应用，以及高校教育教学的各项改革，现在高校学生的学习、生活、社交、娱乐等，早已超越了传统意义上的正式组织边界，形成了以个人兴趣需求为共振点的社区、社团、网络等多元化非正式组织，"同班不同室""同堂不同级"的现象非常普遍。因此，将同辈组织起来建立群体环境，用同龄人的感召和动员，不仅有助于培养率先垂范的学生精英以及主人翁身份的学生群体，也更能激发学生用新的方式和视角思考问题。也如佐藤学所说："在这个世界上，存在着无数值得学习的东西，与同伴一起相互学习具有无限丰富的内容，通过这种学习，我们能够改变自己的人生，也能够改变我们所生活的世界。"①

同型对话主要有以下两种不同的形式。

①个体形式。如一对一导生结伴、请高年级学生为新生写一封信、聊一次天等。

②小组形式。一对一的对话，结构简单，自由灵活，但互动范围有限。因此，可开展小组讨论活动，学生和学生之间的伙伴式回应的机会增多，时空扩大，师生互动和生生互动频繁而充分，保证提供信息的丰富性、成员的多样性和批判反思的深刻性。目前使用较多的是各种工作坊和训练营。

（2）文本对话

对话不仅限于面对面的交流，也不仅限于人与人之间的对话。本着对话的原则和精神，一个人也可以与自己的内心对话，可以通过印刷的文字与作者对话。

随着信息网络技术发展的日新月异，文本创造的载体也随之更新和多样。博客、微信、日志等反思札记，具有交流的便利性，自己做了些什么，做得怎么样，有什么成功的经验，又有什么失败的教训，都可以随时保存记录，呈现出方便、快捷、高效的特点。高校学生思想活跃、视野开阔、个性前卫，必然与博客、微博、微信等结下不解之缘。

---

① ［日］佐藤学. 静悄悄的革命：课堂改变，学校就会改变 [M]. 李季湄，译. 北京：教育科学出版社，2014：33.

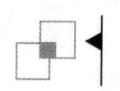

二、确立良好的对话原则

对话不是一个人的独白,而是有来有往的互动,为了使对话进行下去,对话双方必须共同遵守一些基本原则。为此,笔者以哈贝马斯(Habermas)的"普遍语用学"和格赖斯(Gris)的会话原则为基础,确立了三条对话原则。

(一)有效性原则

哈贝马斯的普遍语用学研究的就是对话的原则。按照哈贝马斯的逻辑,对话的目的就是要达到理解和一致,或者说达到交往的有效性,需要对话者遵守一些规范,确定并重构关于可能理解的普遍条件,概言之,即对话的明晰性、来源的可靠性、逻辑的一致性和表达的适切性。这些普遍条件,就是我们要讨论的对话原则。

1. 可理解性

即言说者是否选择合适的表达使双方相互理解。以学生管理中的师生对话为例,教师要考虑学生的知识结构、年龄差异、认识水平等因素,特别是采用学生喜闻乐见、乐于接受的表达,或是变平铺直叙为曲折表达,或是变直抒己见为"挑逗"回答,唤起共鸣。比如前文谈及的诸多对话案例,不管是包含教师的邻家大姐式的生活派、施索华教师散文诗歌般的婉约派,还是徐川教师节奏明快型的现实派,都有一个共同的特点,即以学生们可理解、可接受的方式说话,才可能引领学生启迪思考,入耳入心。

2. 真实性要求

即言说者是否表达客观世界的事实真相。比如学校有关职能部门领导在对学生做出情况解释时,对问题、情节的描述添油加醋或省略重要事实,故意夸大对自己有利的信息,隐藏或逃避对自己不利的信息;学生故意奉承教师旨意,仅呈现教师偏好的信息;在小组讨论中各怀心腹事、话到嘴边留半句,这样就算是掌握了一些情况,也会由于不了解真实情况而做出错误决策。

3. 正当性要求

即言说者是否选择现有正确的规范和价值,以便说者和听者获得一致认同。这表现在语义学上,就是包括信息发出者的原意、信息接收者的意义理解和意义生成;这表现在方法论意义上,就是对话的过程是反馈、讨论、批判、共享的过程。如果只是选取自己的支持者或观点相似者为对话参与者,而将相左或反对者排除在外,或者只是按照自己的认知结构去接受并传播符合自己需要的或与自己有切身利害关系的信息,掐头去尾,尽管在讨论的过程中有意见交流,但其形成的共同理解基本上仍然属于一种特殊立场下的偏执之见,是另一种形式的独白。

4. 真诚性要求

即言说者是否表达了个人主观内在世界的真实想法和感觉。真诚性是"一种倾向承认自由与负起义务责任的个人态度,及个人透过对话,相互认知、亲密和关爱,整合理性与情感以建立道德自我的抉择"[①],真诚性不仅是一种态度,也是一种行为表现。比如在师生之间、生生之间的对话过程中,真诚地表达自己的意向,愿意分享拥有的信息与资

---

① LEAHY R. Authenticity: From philosophic concept to literary character [J]. *Educational Theory*, 1994 (4): 36.

源、勇敢地承担个人思虑及行为上的缺失，真心地期待问题的解决，把人性中最深层、最美好的东西激发出来，真正深入人心、拨动心弦，共同促进团体情感、对话品质及工作成效。

由此，有效性要求的提出与被认可，不是强制的，也不是无理性的，而是在相互协调、相互统一机制上启动的理性谈话规范。

（二）合作原则

合作原则由美国语言学家格赖斯（Grice）提出，该原则的一个基本假设是：人们说话必须是合作的，这里的"合作"并非指会话双方的意见一致，而是指"谈话是需要的并出现得恰逢其时"，且对话内容符合参与各方公认的目的和方向。合作原则包含四个准则：

（1）量的准则，即说的话是对话所需，使对方得到应有的信息；
（2）质的准则，不说虚假的、证据不足的话；
（3）关系准则，所讲的内容具有相关性；
（4）方式准则，说话要清楚、简洁、有条理，避免模糊、隐晦、有歧义。

实际对话可具有两种不同的功能：信息交流型和人际交流型，它们实现不同的对话目的。前者是提供和获取信息，应该相互真诚合作；后者当然也有信息交流的存在，但获取信息并非主要目的。按照人际交流的目的，违背原则也是需要的，这也就是幽默、笑话不仅不被视为缺乏对话能力，还会被人们视为有高超的交际能力的表现。

（三）礼貌原则

礼貌原则是从修辞学和语体学的角度提出来的，该原则认为礼貌、客气是人类行为的重要规范，礼貌语言是世界诸语言中不可缺少的部分。人们在会话中之所以违反合作原则是出于礼貌，一定程度上弥补了合作原则的不足。礼貌原则包含几个准则。

（1）策略准则和慷慨准则，即求人帮忙时，尽量让别人少吃亏，尽量表达自己受益大；帮别人时，尽量多让别人受益，尽量把自己的代价说小。
（2）赞誉准则和谦虚准则，即尽量多赞扬、少批评他人，多批评、少表扬自己。
（3）一致准则，即求同存异，扩大相同观点，缩小不同意见，或者先表示象征性意见，再讲不同意见。
（4）同情准则，即减少自己与他人的不合，增加自己和他人之间的情谊。

三、选择恰当的对话策略

地方高校学生管理原本就是一个动态的历程，加之处在一个知识爆炸、价值多元的急剧变迁社会，出现各种未经预期的突发状况更是屡见不鲜。面对各种事项、场景、对象的种种不确定性，高校学生管理中需要运用不同的对话策略，这也成为每一位学生管理工作者的基本职责和智慧所在。

（一）指导性对话策略

当学生对某些问题存在疑惑，请求教师给予自己指导，或者教师发现学生沉浸在负面

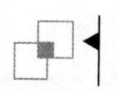

情绪中，需要及时开导时，可运用指导性对话策略，目的是使学生解开疑惑、放下负担、舒缓压力。这种对话要时刻关注学生的态度和情绪，抓住疑惑或不解的关键点，分析背后的原因。对于能解决的问题，及时对话帮助，对于情况暂不清楚、模棱两可的问题，可先做好安抚工作，待准备充分后再予以解决。

值得注意的是，在指导性对话过程中，有些问题可以一次性解决，有些问题需要持续性跟踪解决，不能急于求成。

（二）启发性对话策略

在高校学生管理过程中，常常出现这样的矛盾：教师因为信仰、爱国等话题过于尖锐而不敢谈，学生因为理想追求的世俗化导致在某些大是大非的问题上缺乏定力，当遇到这样的情境，可以运用启发性对话策略。亦即把事实拿出来与学生开诚布公地讨论，明大理、晓大义，让学生得到启发，形成合力，反而是一种捷径。

在启发性对话中，主题的选择和达成的目的，要提前明确规划，以什么样的方式在什么样的场合启发，更要深思熟虑。有时候学生"启"而不"发"，究其根源是对话时机不适、方法错误，没有与学生建立起融洽、平等的对话关系，这一点，尤其应该注意。

（三）诠释性对话策略

当对话谈及的事项、规章有非常明确和严格的规定，如不遵守或执行错误，将造成不利后果或违法受处分时，亦即对话事项的不确定性较低，可磋商的程度很小或可相互调整的空间很小时，则适用诠释性对话策略。

对话内容必须很明确，逻辑必须很清晰，表达必须很精准，不容有含糊、矛盾或前后不一致的因素。比如，当学生去学生处咨询有关勤工助学、国家贷款政策；去财务处咨询有关学生经费报销、补助等，相关行政教辅教师应非常清楚明确地向学生说明及答复有关政策内容、要求、截止时间等，不可有误，否则将带来不良后遗症。

（四）商讨性对话策略

当对话的事项、法令规章未做规定，或仅做原则性叙述，亦即对话事项的不确定性较高，可磋商的程度大或可调整的空间大时，则可使用商讨性对话策略，特别是该事项涉及学生权益问题，应当与学生或学生代表协商。

商讨性对话应给对话者共同自主性，即共同确定协商方式、内容和规则，如《学生管理办法》的修订，学生听证、申诉制度的完善，生活园区建设方案的确定，空调安装及使用细则的落实等事项。但因牵涉人员面较广，所需互相配合的事项亦多，为了达成良好成效，相关人员应在事前、事中、事后应做好充分准备，亦即对话前、对话中、对话后都需适当运用商讨性对话策略，否则分工不善、商讨不成，不但不能解决问题，还可能出现意外，造成不良影响。

（五）创生性对话策略

当对话项目的构想、程序、执行等有较大自主性和弹性空间，事项结果可以有多样、新颖和独特性时，可使用创生性对话策略。

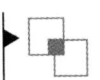

当然，天马行空般的创想、随性散发式的构思不能丢了主题，变成毫无意义的聊天、谈笑，需要对话主持人把控大局，收放自如。

(六) 反省性对话策略

当对话内容旨在检讨错误、批判过失，以随时调整状态、改正错误、振作精神，迎接新的挑战时，可采用反省性对话策略。学生如果缺乏问题的发现力，对话将难以持续；如果缺乏辩驳力，对话只能是简单的迎合；如果缺乏自我反思能力，对话将难以进入灵魂深处。因此，反省性对话过程是学生形成自己的思想，检验其价值，实现自我成长的最佳方式。

下篇：地方高校辅导员工作创新研究

我国辅导员制度由来已久，也经历了不同的发展时期，不同历史时期高校辅导员工作的主要内容具有明显的时代特征，因而，高校辅导员在不同历史时期工作的主要任务、定位与角色也存在明显的不同。随着改革开放的深入，原为政治工作建立的政治辅导员制度发生了深刻变化和发展，帮困、心理、就业、生涯规划、人际关系等工作成了辅导员工作的一部分。

近年来，随着国家对大学生思想政治教育的重视，辅导员作为大学生思想政治教育的骨干力量及大学生健康成长的指导者和引路人，越来越被人关注。加强辅导员队伍的建设，对促进高校改革与发展，对贯彻和落实国家教育政策有举足轻重的作用。然而，由于种种原因，高校辅导员在队伍培养、自身发展、出口、职业化与专业化发展等方面还存在诸多问题，因而需要结合新时期高校辅导员工作及其面临的挑战和高校辅导员队伍及其工作的现实状况，进一步分析和研究高校辅导员的工作制度、基本任务和发展策略。本篇在阐述高校辅导员工作基础知识的前提下，对地方高校辅导员工作精细化、课程模式下地方高校辅导员工作、地方高校辅导员职业化发展、地方高校辅导员评价问题进行了具体探讨。

第七章 高校辅导员工作概述

在高等院校中，辅导员是高校思想政治工作的主要力量，是工作在第一线的思想政治教育者。这支队伍能否与时俱进，切实有效地开展工作，是关系到大学生成长、成才的关键。高校辅导员面对新形势、新情况、新问题，如何在原有的基础上继承、延续与革新，是其需要考虑的问题。本章对高校辅导员的基础知识进行了解读。

第一节 高校辅导员概念的由来及角色定位

一、高校辅导员概念的由来

（一）高校辅导员的前身——政治辅导员

目前，国内学者界定"辅导员"这一概念，主要是从工作内容角度给出的。如宁先圣认为：高校学生思想政治工作辅导员（通常简称为辅导员）担负着学生的思想政治教育、日常生活及行为管理、社团活动指导、心理健康教育、求职择业指导等工作，学校中一切和学生有关的事情几乎都要由辅导员来协调、参与或直接负责。

（二）辅导员概念的产生

随着高等教育的发展，学生事务的范围也在不断扩展，"政治辅导员"的称呼已经不再适合辅导员的身份。在1995年11月《中国普通高等学校德育大纲（试行）》里面已经有了辅导员的概念和职责的雏形。

而中国高校辅导员最正规、最权威的定义是在两个文件里面体现的：一是2004年10月14日中共中央国务院下发的"16号文件"，文件中既明确了辅导员和班主任队伍是教育工作的骨干力量，同时又指出大学生思想政治教育的重要性和实施方法，并把"政治辅导员"的称号改称为"辅导员"；二是该文件的配套文件，2005年1月教育部在《关于加强高等学校辅导员、班主任队伍建设的意见》中指出："辅导员、班主任是高等学校教师队伍的重要组成部分，是高等学校从事德育工作、开展大学生思想政治教育的骨干力量，是大学生健康成长的指导者和领路人。"

教育部思想政治工作司对高校辅导员的定义：辅导员是高等学校教师队伍和管理队伍

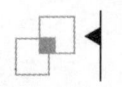

的重要组成部分,是开展大学生思想政治教育的骨干力量,是高校学生日常思想政治教育和管理工作的组织者、实施者和指导者,是大学生的人生导师和健康成长的知心朋友。加强辅导员队伍建设,对于培养社会主义合格建设者和可靠接班人、巩固党的执政基础,对于维护高校稳定、推动高等教育事业顺利发展,对于推进素质教育、促进大学生全面发展都具有十分重要的意义。

二、高校辅导员的角色定位

(一) 角色定位的概念

角色,指剧中的人物。20世纪20年代,美国芝加哥社会学派的代表人物乔治·赫伯特·米德(George Herbert Mead)把角色的概念引入社会学研究领域,专指个人在团体中所扮演之职务或必要之行为[①]。意指社会也是个大舞台,每个人在这个大舞台上同样扮演着实际生活中的各种角色,由此便形成了社会角色这个概念。

社会学家凯利(Kelly)认为,角色是他人对相互作用中处于一定地位的个体的行为的期望系统,也是占有一定地位的个体对自身行为的期望系统[②]。

归纳学者们的观点,可以对角色做出这样的界定:角色是由一定社会地位决定的、符合一定社会期望的行为模式。它是构成社会群体或社会组织的细胞,是人的权利、社会属性和社会关系的反映。

根据对角色概念的界定,工作在一定组织中的人,都有自己特定的地位,并扮演相应的角色。一个组织就是由一系列的角色所组成的社会结构网络。在这个社会结构网络中,每一个角色都是相对于或伴随于其他角色而存在的。任何一个角色都是由特定的社会需要决定的,并随着社会的发展而变化发展。角色的行为真实地反映出个体在群体生活和社会关系中所处的位置。因此,所谓角色定位,是指与人的某种社会地位、身份相一致的一整套权利、义务和行为模式。

(二) 角色定位的要素

角色定位包括三个要素:角色的社会地位、社会对角色的要求或期望、角色扮演的行为模式。

(三) 高校辅导员具体角色定位

2005年教育部发布的《关于加强高等学校辅导员班主任队伍建设的意见》进一步完善了辅导员的角色定位:辅导员是高等学校教师队伍的重要组成部分,是高等学校从事德育工作,开展大学生思想政治教育的骨干力量,是大学生健康成长的指导者和引路人。也就是说,辅导员不仅是德育教师,而且是学生成长、成才的管理者和服务者。

辅导员的角色定位可以定位在三个方面:管理者、教育者、服务者。

---

① 梁忠义. 实用教育词典 [M]. 长春:吉林教育出版社,1999:30.
② 庞丽娟. 教师与儿童发展 [M]. 北京:北京师范大学出版社,2003:32.

1. 管理者

首先，要当好先进文化的传播者。大学校园文化是社会流行文化的重要组成部分，已经成为引导社会主流文化的时尚先驱。把握了校园文化的走向，也就在一定程度上把握了大学生的思想脉搏。丰富多彩的校园文化既是学生锻炼成长的舞台，又是高校进行学生素质拓展教育的重要阵地，健康的校园文化活动是广大学生陶冶情操、凝聚精神、升华思想的重要载体。因此，大力开展健康向上的校园文化活动已经成为当前思想政治工作的一个重要方面。广大辅导员要积极引导大学生参加社团活动、素质拓展活动、科技创新活动以及社会实践活动等，让广大学生在活动中思想得到升华，能力得到锻炼。

其次，要坚持以贴近实际的原则开展工作。辅导员工作在大学生思想政治教育的第一线，是大学生日常思想政治教育和管理工作的骨干队伍。他们既要组织协调班主任、组织员、学生干部等从不同角度开展日常思想政治教育和管理工作，又要围绕大学生学习、生活中的实际问题开展日常思想政治教育，具体实施与大学生思想政治教育有关的各项工作部署，还要指导学生党支部和班委会建设。指导学生开展各种教育活动，大学生日常思想政治教育的一线工作主要靠辅导员来指挥和协调，他们是大学生思想政治教育的一线指挥员。

2. 教育者

首先，要用马克思主义以及马克思主义中国化的最新成果武装当代大学生。当前，我国经济体制、政治体制正处于不断改革和发展的过程中，社会生活也在发生着翻天覆地的变化，各种新情况、新问题也层出不穷，尤其是思想文化领域正发生着深刻的变化。高校大学生也在不同程度上受到了社会大环境的冲击和影响，因此，高校辅导员运用马克思主义的基本原理、观点、方法以及邓小平理论、"三个代表"重要思想和科学发展观引导大学生认识世界、了解社会、辨别是非，提高大学生的政治鉴别力和政治敏锐性就显得至关重要。

其次，要率先垂范、言传身教。高校辅导员在与大学生朝夕相处、言传身教的同时，要不断地通过开展法制教育、安全纪律教育、文明修身、精神文明创建等活动，对大学生进行良好的文明教育，通过活动来规范大学生的言行，陶冶他们的情操。因此，高校辅导员对大学生文明举止的塑造责无旁贷，广大辅导员应该努力使自己成为大学生文明修身的引导者。

最后，要切实担当好灵魂的工程师。辅导员是特殊的教师，是大学生的人生导师。大学阶段是一个人世界观、人生观、价值观形成和变化的关键时期，辅导员在这一时期对大学生发挥着特别重要的教育和引导作用。辅导员就是辅导教师，是在用自己的知识、经验和感悟辅导学生，做专业课程教育之外的日常思想政治教育工作，是在教学生如何做人和做事，从而不断提高大学生的思想政治素质，使之成为政治合格、品德优良、德才兼备的建设者和接班人。

3. 服务者

首先，要当好大学生职业生涯的设计师。随着高校就业体制改革的进一步深化，大学生自主择业或创业已逐渐成为目前我国高校大学生就业的主要形式。近年来，大学生就业压力逐渐增大，引导大学生理性择业，鼓励大学生自主创业，已经成为高校拓宽就业渠道的重要举措。辅导员要针对大学生的实际情况，对大学生进行创业理论教育，并且积极构

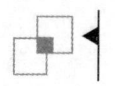

建创业平台，帮助大学生进行职业生涯设计，使大学生充分认识自己，客观分析环境，科学树立目标，使大学生能够在大学阶段当中，分目标、分阶段地完成各项任务，为他们成功走向社会打下坚实的基础。因此，高校辅导员要不断加强学习，不断提高自身的素质，努力使自己成为大学生职业生涯的设计师。

其次，要成为大学生心理健康的培育者。近年来，随着高校的扩招，大学生的组成较之前有了新的变化，出现了特困生群体、独生子女群体、高消费学生群等；另外，随着高等教育由精英教育向大众化教育转变，再加上学生就业制度的改革，大学生存在心理疾患的人数在不断攀升，这部分群体给高校、社会和家庭带来了一系列不稳定的因素。广大辅导员要通过心理测试、心理咨询、建立心理档案等手段，以及开展心理健康讲座、组织爱心座谈会、组织学习促进会、开展特困生帮扶活动等形式，有针对性地帮助大学生融入集体生活当中，使其树立生活的信心，塑造健康的心理和高尚的人格。因此，辅导员要努力使自己成为大学生健康心理的培育者，真正成为人类灵魂的工程师。

最后，要做好大学生的知心朋友。辅导员比青年学生具有更丰富的人生经历，而且与青年学生容易沟通，能够和他们打成一片，做知心朋友。做知心朋友，才能和青年学生一起经历成长的过程，应对成长中的困惑和问题，更好地了解他们的所思、所感。做知心朋友，才能正确辅导青年学生，才能教学相长，才能真正成为青年学生的人生导师，才能当好学生教育和管理工作的组织者、实施者和指导者。

第二节 高校辅导员素质构成

一、基本素养

（一）过硬的思想政治素质

思想政治素质是辅导员基本的素质，也是最核心的素质，是其他各项素质的基础和前提。作为学生的日常思想政治教育工作者，辅导员必须要有过硬的思想政治素养，能坚定不移地跟着党的政治路线行动，需具有鲜明的政治立场、敏锐的政治鉴别能力和崇高的政治气节；还需要时刻关注时事政治和国家大事，将最新的政治理论融入自身的思想政治体系中，从而引导学生树立正确的世界观、人生观、价值观。

（二）优良的德育素养

育人为本，德育为先。由此可见德育工作的重要性。孔子曰："其身正，不令而行；其身不正，虽令不从。"（《论语·子路篇》）辅导员作为学生的德育工作者，其言行举止、处事方式会影响学生，所以辅导员必须自觉提高自己的思想道德素养，做到育人先育己，带头遵守社会道德规范及法纪法规等，以身作则，用自己的人格魅力影响学生。同时，辅导员还要牢记"以学生为本"的育人理念，时刻关心和关爱学生、服务学生，更好地履行学校的育人理念，即学生进入校园的目的是为了更好地走向社会。

（三）健康的心理素质

由于现今大学生多为独生子女，生活环境优越，加之社会环境复杂等因素，导致一些学生或多或少存在心理困惑，甚至疾病。辅导员作为学生的良师益友，需及时掌握学生的心理状态，及时对学生进行有效的心理引导和心理干预。这就要求辅导员必须拥有健康的人格和心理素质。

（四）全面的专业知识素养

高校辅导员的专业知识素质培养是一项综合性很高的"工程"。除了具备以上思想政治素质、道德素养、心理素质外，还需具有管理学、教育学、社会学以及就业指导、学生事务管理等方方面面的专业知识。因此，有学者认为，多元的知识结构和良好的知识储备是高校辅导员做好大学生辅导教育的基石。

二、综合能力

（一）组织管理能力

作为学生日常思想政治教育和管理工作的组织者、实施者和指导者，辅导员是学生的前线指挥官，是班级会议、班级活动及调动班级积极性的核心人物。在管理上，辅导员应严格遵守校纪校规，秉承刚柔相济的工作理念：刚——以学校的制度和规章为前提，约束、管理学生；柔——在研究学生行为规律的基础上，采用非强制性方式，在学生的心目中产生一种潜在的说服力。从而达到协调矛盾，合理处理各种关系的目的，发挥好学校和学生之间的纽带作用。

（二）沟通表达能力

苏霍姆林斯基在《给教师的一百条建议》提道："在拟定教育性谈话内容时，你时刻不能忘记，你施加的手段是语言，你是通过语言打动学生的理智与心灵的，然而，语言既可能是有力的、锐利的、火热的，也可能是软弱的苍白无力的。"[1] 可见，辅导员在与学生谈话时，必须注意语言的沟通与表述技巧。所以辅导员必须掌握与学生之间的语言沟通能力及说服教育能力，同时具有一定的书面表达能力，把自己的所思所想准确地用文字表达出来，充分发挥上传下达的纽带作用。

（三）人际交往能力

大学是社会的一个缩影，是绝大多数学生即将踏入社会的最后一站。因此，人际关系的培养在这一时段尤为重要，这就要求辅导员运用自身学习的知识、经验去激发学生的人际交往能力。对于一个还未涉足于社会的大学生，辅导员要教育学生如何去面对社会中的需求，教会学生在以后的工作中运用灵活的方法处理好不同的问题。良好的人际关系是一个人心理正常发展、保持健康个性和生活具有幸福感的重要条件之一，也为工作、生活和

---

[1] 陈博. 天涯艺术观察［M］. 上海：复旦大学出版社，2014：375.

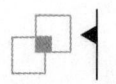

学习提供有益的支持。

(四) 调查分析能力

大学生在学习、交际中会出现各种类型的问题，辅导员作为管理者、协调者，需对各种问题进行深入的调查研究，分清其深层次原因，把握其根本，这样才能把握事情发生的根源，对症下药，为科学探讨解决办法提供依据。

(五) 计算机应用能力

当今时代是信息高速发展的时代，几乎各行各业都使用计算机办公，利用网络传递信息，辅导员这一职业也是如此。学生相关信息的收集及处理，学生各项资料的统计与储存等，都要求辅导员具备相应的计算机应用能力。除了在计算机的基本操作方法、计算机的基本知识方面加强外，辅导员还要学会在信息快速发展及普及的时代，更好地利用网络资源，引导学生正确地使用网络资源，遵守网络道德规范，自觉抵制不良网络信息的侵蚀。

在当代价值体系下的高校辅导员，除了满足基本素质和综合能力的要求外，更要有一种服务的态度，本着理解、包容的心态面对方方面面的工作和不同性格的学生，使他们在遵守制度的同时，也能感受到制度之下人心的温暖。这样，才能成为一个合格的高校辅导员。

第三节 高校辅导员的教育理念解析

一、以人为本的教育理念

(一) 以人为本教育理念的内涵解读

教育应该是与学生的身心发展规律相适应的，随着社会、经济和科学技术的飞速发展，学生接收信息的渠道日益增多，接收信息量远比过去要大，学生的个性发展更快，因此，高校辅导员在进行学生管理工作时要与过去有所不同，要随着社会的发展而不断地进行改革与创新。

学校管理的目标是建立"以人为本"的管理理念。以人为本的管理是指在管理活动中，坚持一切从人出发，突出人在管理过程中的地位，以调动和激发人的积极性和创造性为根本手段，以达到提高效率和人的不断发展为目的，实现以人为中心的管理。

在高等教育大众化的背景下，我国高校学生管理工作的一个必然诉求就是：确立以学生为本的重要工作理念，进一步把人文关怀彰显得当，服务学生、尊重学生关心学生、培养学生、激励学生、促进学生的全方面发展，这也将逐渐成为学生进一步工作的重要原则和指导思想。辅导员作为把学校和学生之间的正常联系维系起来的桥梁和纽带，是进一步把学生的工作新理念落实下来的重要主体，所以必须始终做到坚持以人为本的原则，始终贯彻以学生为本的基本理念。

（二）贯彻以学生为本的基本理念

贯彻以学生为本的基本理念，需要做到以下两点。

1. 坚持学生至上

贯彻以学生为本的理念，就需要对辅导员有一定的要求，要求辅导员始终坚持学生至上的原则，围绕学生的成长发展为中心，以直接服务于学生发展作为辅导员实现自身最高的职业价值，这不仅仅关系到职业道德的问题也涉及职业生态的问题。

2. 辅导员把自己摆在服务学生的位置上

贯彻以学生为本的理念，还需要辅导员摆正自身的位置，要永远做到把自己摆在服务于学生的位置之上，进行工作的前提就是要对学生有一定的尊重，进行工作的重点就是让学生的主体作用得到一个充分的发挥，而促进学生的全面发展则是一个永恒的工作目标。

为此，辅导员应该认真地换位思考一下，全面考虑学生的实际情况，对于他们的现实处境予以一定的理解；对于学生自身所拥有的个性、独立性和创造性要予以一定的尊重和肯定，根据学生的具体需要对于所服务的内容和具体形式进行明确的确定，使工作具有一定的针对性，让服务质量在一定程度上得到有效的提高，耐心地对学生的生命尊严进行细腻的呵护；对待学生要始终把他们视为处于独立状态的成年个体，与学生之间建立平等的师生关系，积极鼓励学生通过不同的途径参与到有关学生工作管理的各种事宜之中，并针对相关的工作让学生提出自己的意见，辅导员应该主动进行倾听、广泛收集学生所提出的意见，从学生反馈的众多意见中找出在工作过程中存在的不足之处，在使学生的主体意识既得到满足，又对学生的主体地位给予尊重的同时，把亟待进行改进的方面明确提出来；针对管理者的教育方式进行适当的改变，摆正自己的位置，塑造好为服务的形象。

二、"价值参与"的教育理念

（一）"价值参与"教育理念的内涵解读

"价值参与"主要是相对于"价值中立"而言的，具体指的是辅导员在对大学生的具体发展过程中所进行的相关引导，在引导时，辅导员需要将一定程度的价值观念渗透到引导当中，引导大学生树立积极的价值观念，进行合理的价值评判，以使自身内心产生的冲突得到适当的缓解，最终做出具有一定合理性的选择和积极行为的过程。

（二）贯彻"价值参与"的基本理念

对于大学生来说，他们的人生价值观并没有完全得到确立定型，相对于成年人而言，他们的自我分析、自我省察、自我调适能力并不是很充足，其一旦在生活中或者是学习方面遭遇了不快与挫折后，就很容易出现心理方面的困惑和价值方面的偏差。大学生价值问

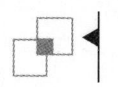

题的主要内容，具体包括对于自我价值的迷茫和面对社会多元价值的冲突，这也是促使他们产生诸种心理问题的主要原因。

因此，面对大学生这一较为特殊的群体来说，应该对他们进行有针对性的积极价值观念的介入和支持，这既是他们在健康成长过程中的具体需要，同时也是作为一名辅导员应有的责任。"价值参与"应做到以价值尊重为前提，以价值澄清为基础，以价值引导为中心，避免出现两个极端。

1. 价值尊重

所谓的价值尊重，主要是指辅导员对于大学生所具有的价值观念应该予以一定的理解和尊重，不随意进行排斥、不擅自作评价，能够做到以真切的理解，从而为大学生创设一个安全、轻松的人际氛围，让他发挥自身的优势自由地进行表达。

2. 价值澄清

价值澄清是在价值尊重的前提下，辅导员通过采用讨论、对比、实例等多种方式帮助大学生进一步地明确自己的价值观与价值取向，并详细地分析社会价值取向与自己的价值取向是否存在互为矛盾的地方，之所以导致自己出现价值冲突的根源来自何处。

价值澄清的本质就是可以协助大学生对自我内在的冲突进行理智的思考和客观的分析，为价值引导打好扎实的基础。

3. 价值引导

价值引导是实施"价值参与"的主要目的所在，即在价值尊重的前提下，在价值澄清的基础上，对大学生进行适当的引导（而非替代），让其进行适宜的价值选择。

三、实践性的教育理念

（一）实践性的教育理念的内涵解读

实践性原则的目标是以大学生成长为主，载体是各种实践活动，让大学生在不断的实践过程中去体验生命的内涵，逐步稳定地走向成熟。对于人的生命而言，它就是一个重要意义的存在，而所谓的意义是要诉诸实践之中的。人的生命实践性从更深层次上决定了辅导员所执行的工作必须在实践中才能得以完成。也就是说，只有让大学生在实践过程中把自己充分地展示出来，深刻体验种种生命的情感，觉悟人生真谛，大学生才能成长。

（二）贯彻实践性的教育理念

贯彻实践性的教育理念，需要辅导员做到以下两点。

（1）辅导员在开展具体的工作的时候，不应好高骛远，而是应该一切都立足于现实，对所存在的客观实际予以一定的尊重，避免进行过于纯粹理想化、抽象化的空洞教育，要始终把学生所存在的实际问题尽心尽力的解决好作为主要的任务。

（2）辅导员的具体工作应该要重点渗透在学生学习的实践、职业生涯规划实践以及生活实践中，这样才能做到理论与实践的有机结合。为此，在学生的工作实践过程中，辅导员就需要努力创造合适的机会，让大学生主动并积极投入到各种实践活动中去，让他们在相关的参与过程中进一步体验到自己的存在，展现自己的能力，思考和寻求人生真谛，真正在社会实践中成长。

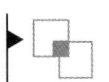

第四节 高校辅导员工作内容解析

一、思想引导

（一）思想引导的地位

思想引导是辅导员队伍的核心工作内容，是大学生思想政治教育的导向，集中体现在对大学生发展的政治方向和价值取向的教育引导过程中，核心体现在让学生获得健康向上的正能量，能客观分辨是非，坦然面对成败。在一个为成功和胜利喝彩的社会，要以健康的心态面对失败。成长的过程中，点点滴滴都是学问，教会学生知道在犯错误中学到的并不比正确中学到的少。对学生的思想引导既是一门科学，又是一个方法，是辅导员工作内容的中心。

（二）思想引导的目的

思想引导的目的是以观念形态、思想意识形式反映出社会发展对大学生成长的客观要求，体现国家和社会对大学生身心成长、思想发展的方向规定，是开展思想工作的出发点和归宿点，也是辅导员开展思想工作的依据和动力。确立思想工作的目的是进行思想引导工作的基本前提，同时又是提高思想引导工作动力的关键。用实现中国梦、建设中国特色社会主义共同理想，坚持马克思主义理论和社会主义核心价值体系，以爱国主义为核心的民族精神等内容，加强对大学生的世界观、人生观、价值观的教育引导，坚定学生的信念，增进爱国情感和民族自豪感，从而树立远大理想，使其成为学生全面发展的原动力。

思想政治教育虽然没有方针、政策那种权威性的力量，没有法律那种强制性的规范的威力，没有组织手段那种约束力，但它能影响、改变人的立场、思想、观点、态度，使人产生自觉的行为，其影响是内在的、深远的、持久的。开展大学生思想引导工作的根本目的就是要提高大学生的思想道德素质和科学文化素质，提高大学生认识和改造世界的能力，努力使大学生树立为共产主义奋斗的理想。这是一个长期的目标，它需要通过不同阶段的具体目标的实现才能逐步达到，就是要大学生努力为建设富强、民主、文明、和谐的社会主义现代化国家而奋斗。

（三）思想引导的内容与做法

思想引导的过程是通过辅导员与大学生的交互作用才能实现的，如同保持或改变物体运动方向一样，需要施加一定的外力才能实现。这个过程就是辅导员施加引导和大学生接受引导的双向活动过程。

为了培养全面发展的人，在教育内容上必须坚持思想性与科学性的统一，以形成大学生的科学世界观和积极进取的人生观，培养提高学生认识世界和改造世界的能力。辅导员需要首先将社会主义的政治思想和道德要求转化为大学生的思想意识，然后大学生将这些

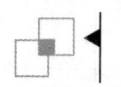

思想意识转化为自身的思想品德观念，进而形成一定的行为习惯，这就是思想引导从"知"到"行"的转化过程。按认识理论中知、情、意、行的顺序，大学生思想观念的形成应从认识开始，并按认识、情感、信念、意志行动的顺序发展，但在实际的思想引导过程中，以上因素往往同时起着作用。特别是在复杂多样的社会环境影响下，大学生个体也存在差异。辅导员选择思想引导过程的切入点非常重要。这样的工作没有具体的书面规定程序，需要辅导员因人而异、因时而异。

此外，学生在思想形成过程中的反复性比较突出，辅导员需要在此方面有所准备。思想引导的具体化就是要求辅导员坚持社会主义核心价值体系的主导性，同时考虑学生发展的实际，遵从学生思想成长的规律，充分发挥学生的主动性，注重教育方式的差异，兼顾环境的影响作用，科学地将工作在学生发展的每个过程都有效地实施下去。思想引导在学生成长中体现为形成"三观"，即世界观、人生观、道德观。

思想引导在具体工作中既关注技能，又关注人格完善；既关注现实的知识，又要为终身学习奠定基础；对学生在校期间负责，又要对未来教育发展负责。

二、发展辅导

大学精神的发展价值最直接地体现为大学及大学人对"人的发展"的无限可能性的追问与诉求。促进学生发展是大学存在的基本价值，而从发展的意义上说，学生的发展（学业、道德、品质、社会贡献）是"教师生命意义的确证"。对辅导员个体来说，没有什么比让学生共同分享希望与梦想更能激励他们的了。无论是在对学生思想的引导还是在事务管理的过程中，都渗透着对学生发展的教育目的。

（一）发展辅导的原则

发展辅导要求辅导员首先要明确"辅"，就是辅助性原则，任何强制性的服从都是没有意义的；二是"导"的原则，导是方式，是手段，目的是解决问题；三是专业性原则，辅导员要进行以上这些辅导工作，实现教育引导、事务管理和发展辅导的各项职能，掌握一定的专业知识并学会运用科学的专业技术方法，都是非常重要的。

（二）学习发展辅导

辅导员进行学习发展辅导应遵循启发式原则。对学生学习的辅导不以传授具体的知识为目的，因为那不是辅导员的任务，而是教会学生在不同的学习时期，明确不同的学习方法。

1. 入学辅导

解决对"学习"的认识问题，是辅导员对学生专业素养发展辅导中要解决的第一个问题。辅导员要在学生入学教育中，抓住学生困惑和茫然高发期这个有利时机，以专业发展情况介绍为牵动，对学生未来几年将要进行的专业学习进行一次全面的辅导教育，让学生再一次明确大学的学习目的。辅导员要深入了解学生，对学生学习倾向做一个基本测评，并与专任教师配合，立足学生实际，对学生专业学习情况、专业发展兴趣及其他拓展潜能进行基本测评，帮助学生解决学习的疑惑，建立初步的学习兴趣。以此为基础，让学生树立专业学习和发展潜能的自信心，相信自己能成才，辅导员在满足学生成才需求方面帮助学生树立学业为本的理念，制订个性化的专业学习计划。在分析学生个性特点的基础上，通过入学的学习倾向测评分析，着力解决高考填报志愿时学生的专业选择的盲目性问题，根据学生自身的兴趣特点与专业的相关度，为学生专业学习做初步的目标预测。辅导员不仅要熟知所带学生的专业设置、学科分类、专业骨干课的基本内容、学分制规定、就业走向等问题，还要针对大学授课方式和学习模式，也要联系学生家庭的实际包括地域、父母职业等因素，让学生制订个性化的专业学习计划，入学开始先学会学习。

需要特别说明一下，入学和毕业这两个端点在学生的发展教育中尤为重要。相比来说，新生入学教育更加重要，也始终是国内外高校普遍重视的问题。这方面，美国的"新生定向"和"研讨班"的新生指导形式是我们可以借鉴的。新生定向的定义是："借助于不断推出的服务和帮助，使新生实现从以前的环境到大学的转折；使新生置身于该校广泛的教育机会之中；使新生融入该校的生活之中。"[1] 新生定向以学生的发展为导向，基于生活实践，是一项内容广泛、功能全面的教育活动。活动的模式主要有新生日（周）、新生课程和注册前活动。有大众媒介、群体活动、个别咨询和课程四种形式。在以定向日（周）为特征的定向活动不能完全适应学生需求的时候，研讨班出现了，研讨班是水平较高的学生在教授指导下进行创造性研究，并通过报告讨论和交流其研究成果的教学形式。其定向课程贯穿一个学期甚至一个学年。学术部门的教师和管理部门的学生工作人员共同组成研讨班的师资。研讨班的内容分为三个层次：第一层次是提供信息和传授知识；第二层次是培养和训练相关技能；第三层次是指导学生确立生活方式和价值观。既教内容也讲方法，既有具体也包括抽象，既有集体研讨也有个性化辅导。新生定向与研讨班这两种为学生发展的导航服务性质上是一致的，宗旨都是在努力解决新生入学起点的适应性和不断发展的问题需要。

2. 大学四年的辅导

大一学生辅导的关键词是养成，大学二、三年级学生则侧重于发展性学习辅导。大学自由时间的增加，并不意味着积极有效时间的增加，而且时间利用方式出现多样性或分化。[2] 经过一年的基础课程学习以后，无论我们在前面给过学生多少指导，要变成学生自己的体会及在实践中变成自觉的行为，都是需要有一个过程的。二、三年级的学生在正式开始专业课程的学习后，对时间管理的认识和对专业学习的认识都会有新的变化。这时候的指导工作的着重点应放在对学生学习规划的调整和应用方面，包括对大一时个性发展计划的调整与补充，目的是保证计划的有效实施。另外，加强见习和社会实践的指导，使学生对专业的理论学习和实践逐渐接轨，为后面的学习选择做好准备，大二、大三学生辅导的关键词是发展。

大学四年级学生则侧重于选择性学习辅导。学生进入实习阶段，这个时候的辅导工作最核心的内容是帮助学生在总结前面三年学习的基础上对未来的发展方向定位。这是一个选择性的指导工作，对学生的未来就业方向定位非常重要，要全面结合学生本人前三年的专业学习情况、学生兴趣特长、家庭情况、社会发展情况等实际，对未来做出科学的选择，同时对考研、就业、出国深造等做相应的具体准备工作。以学习为主线的发展辅导工

---

[1] 方巍. 研讨班：美国高校的新生指导 [J]. 外国高等教育资料，1996（4）：28-30.
[2] [日] 藤田英典. 走出教育改革的误区 [M]. 张琼华，许敏，译. 北京：人民教育出版社，2001：76.

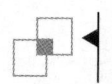

作，是辅导员实现提高学生就业竞争力的主要途径，大四学生辅导的关键词是选择。

（三）生命健康发展辅导

对学生发展的辅导除了学习方面以外，生命健康发展辅导是另外一个主要内容。即让每个学生都身心健康地度过大学的生活，并为进入社会就业打下基础。

1. 要教学生学会健康的生活方式

相对于高中，大学生的闲暇时间是很多的。大学是大学生身体逐步成熟的生命最旺盛的阶段，他们又有较多的闲暇时间可用，但一些学生很可能滥用时间，甚至挥霍自己的身体，导致身心的损伤。要养成良好的生活习惯，建立有序的生活模式，最基本的是要让学生学会安排作息时间。作息时间紊乱在大学生中是普遍存在的，辅导员通过教育，使学生懂得健康知识，自觉认识到身体健康是未来发展的基础，因此，要从现在做起，养成良好的生活习惯。除时间管理以外还要养成良好的饮食习惯。从珍惜关爱生命的角度，引导学生远离吸烟、酗酒、电子游戏等不良生活习惯，这些都是对大学生生命健康辅导的重要工作内容。

2. 要关注学生的心理健康，培养良好的处世心态

从健康意义上说，一个人的心理健康往往比身体健康更为重要。因此，辅导员要引导学生正确地认识自我。个人的自我认知是在以往的经历和环境与他人比较的过程中形成的，恰当的评价自己是个体发展的首要基础和适应社会的前提条件。恰如其分的评价使人充满自信、扬长避短，与环境的适应也表现为平衡，反之则表现为自我冲突，自高自大或自轻自贱。

教会学生认识自己"是一个什么样的人"，使学生将现实自我与理想自我达到统一，让学生认识到外部环境是不易改变的，只有提升自身的适应能力，才能在未来获得较好的发展。要明确学会关心的目的是教育学生学会真正地关心自我，赋予学生一种合理的人生态度。要让学生养成良好的心态，常常看到自己的光明面，帮助学生以乐观、自信的态度面对自己的人生，积极向上地迎接各种困难和挑战。与此同时，还要教会学生处理心理危机的基本方法。

一般而言，大学生心理常见的危机有成长危机、人际关系危机、就业危机、学业与经济状况危机和情感危机五大类。细分一下可以看出主要关系到学业、情感、就业等几方面。这些危机的产生一般都有不可预见性和不可控性的特点，会给学生成长带来非常大的困扰。辅导员要协助学生正确认识这些危机产生的可能性和必然性，建立积极的心理预防机制，以理智、科学的态度去面对挫折与冲突，用积极适当的方式释放那些破坏性能量，这样就会把那些日常的心理困扰及时排解掉，学生也会逐渐明白想要新的发展就一定要有新的适应这个道理。大学生出现心理危机都是正常的，即使个人努力也不能很好地排解掉，这时大学生可以寻求心理咨询师的帮助。总之，珍爱生命是心理健康教育的底线。

发展辅导，无论从专业素养教育还是生命健康发展教育来看，其目的都是增强学生在社会活动方面的适应性，使学生在社会活动中能自然地与社会和谐地融为一体。无论在现实世界，还是在虚拟网络世界，教学生学会与人交往都是必要而且必需的，这样学生才能立足基本的道德规范，用科学的态度、积极的努力去实现个人与社会的统一。

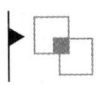

三、事务管理

辅导员丰富的工作内容具体地体现在对学生事务的管理方面,管理离不开规则和规范,教育活动是一种在目的引导下的活动,具有十分鲜明的主观性,包括各种具体的原则和规范。辅导员的事务管理主要通过规章制度的建设与执行、课外活动的组织与管理、集体建设管理等三方面实现。

(一) 规章制度的建设与执行

事务管理的基本保障是建章立制。让学生在学习、生活中去熟知各项条款和规定,对教师来说维持秩序是当然的,但对学生来说是强加的东西,只有学生认为是理所当然的时候,外部性的纪律和秩序才能存在于个人内部。制度与个性尊重不是一对矛盾的概念,在发展的视域里,尊重个性、发展个性的教育并不是无条件、无边际的。

制度对学校具有重要意义。制度涵盖的范围较广,包含纪律、政策、文化等诸多方面。制度是硬性的,而管理的艺术在于执行制度是科学的,让学生在行动中实现自律与他律的完美结合。发动学生共同参与制度的制定,使制度既反映学生自身发展的需要,维护其自身利益,又使制度的执行过程实现原则性与灵活性的结合。让严肃与人文关怀同步,原则性与灵活性共生,学生自然就会焕发出生命的活力。

(二) 课外活动的组织与管理

制度以外,管理还体现在学生的自我管理和教育中,在日常工作中主要体现在课外活动的组织和管理方面。课外活动是教育工作,离不开教师的指导。

对学生活动的管理内容一般包括学生社团活动的组织管理、学生业余文体活动的组织管理、社会实践活动的组织管理等。

社团活动是学生活动的重要载体,学生社团是由一些志趣相投的学生,按一定的申请程序申请,由学校批准成立,不同年级、专业、性别、层次的学生自愿加入,自主开展活动的群众性团体,旨在为学生提供活动和发展的平台,主管部门是学校各级团组织和社团联合会。辅导员在社团活动的科学化、规范化过程中发挥着重要作用。在组织管理社团活动中,辅导员要坚持"符合活动要求,遵循活动原则,依据活动程序,提供活动保障"等原则,对社团活动进行把关。

文体活动组织管理主要指辅导员通过策划组织形式多样、高雅、健康的文娱体育活动,积极与艺术课、体育课教学配合,陶冶学生的高尚情操,培养其健康审美情趣。

社会实践活动是大学生在校内外参加教学实践、专业实习、社会调查、生产劳动、社会服务、科技发明、勤工助学、"红色之旅""三下乡""四进社区"等各类实践活动的总称。组织管理社会实践活动既要让学生了解社会、认识国情,以增强学生的历史使命感和社会责任感;还要精心策划周密,使社会实践成为学生在校的一门必修课程,并按照固定的教学计划进行组织。

总之,加强对学生课外活动的引导,实际上是细化思想政治教育的过程,组织活动的思想性、艺术性、趣味性、文化性、科学性等都需要辅导员与学生一起在活动方案选择、

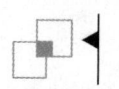

过程控制、应急预案、活动后总结等各个环节进行有效的管理控制与组织实施。课外活动的组织与管理旨在不断提高学生自我管理能力和创造力的，在活动中完成育人工作。

（三）集体建设管理

对辅导员来说，集体建设管理主要指党团、班集体建设，是中心任务。它与大学生活息息相关，对学生的能力培养和人格塑造非常重要。特别是在高等教育的发展过程中，与传统育人所不同的外部问题和内在问题不断出现，表现出复杂多变的情况。辅导员的具体工作就是通过加强党团、班的建设，保证党团组织的政治导向性和组织约束力，巩固班级的文化导向性和活动凝聚力。

1. 党团建设

党团建设首先要做好大学生党员的发展工作，从新生入学教育开始就要着手这项工作，引导学生早日主动靠近党组织，建立一支数量多、素质高的入党积极分子队伍；在积极分子的培养过程中，要广泛征求意见，在学校入党积极分子培养体系内，通过党校等多个渠道详细了解每一个入党积极分子的思想情况；严格"推优制"，把好入口关，向学生党支部推荐合格、够标准的积极分子作为发展对象。

在对所带班级学生党员的管理过程中，完善党员思想汇报制度、党课制度和党员活动制度，使党员教育制度化、规范化、民主化，建立完善党员考评体系，把学生的情况及时向党组织汇报，听取党组织的指导性意见和方法，解决有关问题，使学生党支部保持先进性、纯洁性。

作为学生工作日常方面最直接的管理者，辅导员在党团建设上发挥了重要作用。其工作成绩在很大程度上体现于基层团组织的活动中，因此，其应加强对团支部干部的选拔、教育和管理工作，提高他们的思想水平和工作能力，使他们成为团支部的骨干核心。以主题团日活动、争先创优活动入手，通过身心健康的文体活动，丰富团员的业余文化生活，对其进行有力的思想政治教育，增强学生的历史使命感，激发其爱国热情，让"全民团员"成为"全民先进"。

2. 班集体建设

班集体建设是高校辅导员集体建设管理最基本的工作，其内容包括班级制度建设、日常事务管理、班委会建设、学风建设、班级文化建设等。回顾班级管理的历史，可以看到，最初的班级管理只是为了保证知识的有效传授，是为了谋求整齐划一的秩序而产生的制度。如同赫尔巴特（Herbart）在这方面强调的："如果不紧紧而灵巧地抓住管理的缰绳，任何课都无法进行。"① 在班级授课规模较小的情况下，教师就会有足够的精力对学生实施个别化的管理，师生之间也有可能进行直接交流。

现代大学的发展特别是高等教育大众化实现以后，班级规模不断扩大，专业分科教学带来了多科教师同时面向一个班级的情况。这样，任课教师对班级的深入管理和人文关怀程度也会越来越低，辅导员的角色的意义在于强调管理为"谁"服务。那些传统的班级管理一般是"并非要在学生心灵中达到任何目的，而仅仅要创造一种秩序"②。班级管理

---

① ［德］赫尔巴特. 普通教育学，教育学讲授纲要［M］. 李其龙，译. 北京：人民教育出版社，1989：23.
② ［德］赫尔巴特. 普通教育学，教育学讲授纲要［M］. 李其龙，译. 北京：人民教育出版社，1989：23.

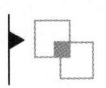

只有明确为学生的发展服务，赋予班级以生命的意义，才能使辅导员成为重要的教育力量，使班级不只是向学生提供知识的组织形式，也不仅仅是向学生高效传递知识的组织形式。班级管理可以在治理"不安分"的学生方面发挥作用，也能体现生命关怀，为每一个生命生长提供一个有意义的生活空间。

第五节 高校辅导员工作原则与方法

一、高校辅导员工作原则

高校辅导员的工作原则是指辅导员在开展工作的过程中应遵循的思想行为准则。本质上是思想政治工作和管理工作规律的反映，带有客观性、必然性、理论性的特点。坚持这些原则是做好高校辅导员工作的根本保证。

（一）高校辅导员工作原则确立的依据

高校辅导员的工作原则是在理论指导下，在长期的实践中摸索、形成和发展起来的，具有科学的理论依据和广泛的实践依据。

1. 是党的教育方针的具体体现

党的教育方针决定着高等教育的目的、政策、制度和内容。按照党的教育方针，高校承担着人才培养、科学研究、服务社会三大职能，高校辅导员工作作用日益突显，在人才培养等方面占有着越来越重要的位置。高校辅导员工作具有育人职能，具有强烈的政治性，在工作过程中，要传播党的路线、方针、政策，使受教育者形成符合党和国家要求的思想观点和行为习惯，实现大学生政治社会化。因此，高校辅导员工作的原则必须依据党的教育方针确立。

2. 是马克思唯物主义和辩证法思想的指导结果

马列主义坚持唯物辩证法，认为一切都应从客观实际出发，用实践来检验真理、指导行动，用矛盾分析法看问题，重视并遵循事物发展的客观规律。因此，高校辅导员工作原则应遵从教育教学客观实际，尊重学生思想行为实际及其变化规律，在工作中全面分析判断事物，分清优势与劣势，不断总结经验教训，在反复提炼中完善和提高。

3. 高校辅导员工作实践经验的总结概括

高校辅导员工作的原则是对辅导员工作实践活动经验的高度概括和总结，并需要反复回到实践中接受检验，使其不断丰富、发展和完善。辅导员工作原则是高校辅导员工作开展的核心准则，能高于工作实践，具有很强的指导意义。

（二）高校辅导员工作原则的意义

高校辅导员工作原则是辅导员工作必须遵循的准则，对辅导员工作起着导航定向、规范和提高的作用。

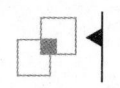

1. 对辅导员工作起导航定向作用

高校辅导员工作担负着培养和塑造适应国家社会主义建设需要的合格建设者和可靠接班人的重任，具有强烈的政治性和方向性。辅导员工作面临量大、面广、头绪多等特点，如果没有原则的指导，很容易在实施过程中出现偏差和错误，影响党的教育方针的贯彻落实和教育目标的实现。所以在繁忙而琐碎的日常工作中，坚持辅导员工作原则能保证各项工作方向一致，作用互补，相得益彰，从而增强辅导员工作的针对性和实效性。

2. 促使辅导员工作规范化

高校辅导员工作随着高校在校学生情况的变化也出现了一些新特点，各种复杂和困难局面增多，突发事件和应急处理情况明显增加。因此，对高校辅导员工作提出了更高的要求，要求工作细致化、规范化、系统化，高校辅导员工作只有遵循一定的科学原则，才能采取相应行之有效的办法，使自己的工作符合大学生的思想形成规律和成长成才规律，从而有效调节、规范辅导员的工作行为。

3. 提高辅导员工作效率

高校辅导员工作原则能充分贯彻党的工作方针，正确反映辅导员工作的规律，认真总结辅导员工作的经验教训，具有科学性和指导意义。准确把握并坚持辅导员工作原则，能提高辅导员育人质量和工作效率，增强辅导员工作的科学性和有效性，减少工作中的无效劳动，甚至有害劳动。总之，辅导员工作原则有利于推动辅导员工作的开展，提高辅导员工作的效率，促进辅导员工作目标的实现。

（三）高校辅导员工作原则把握

1. 民主性原则

民主性原则是指实施辅导员管理工作的过程中，对人对事都力求客观公正，师生都有同等的权利发表意见。

坚持民主性原则有利于增强学生对辅导员的信任度，实现师生的心理相容性；实施民主性管理是科学管理的基础，也是辅导员管理工作本身的要求；遵循民主化原则，就是要管理的程序、管理的手段、管理的方式都民主化。因为我们的教育对象既是管理的客体，也是管理的主体，而管理工作本身是说理的工作。

2. 全面性原则

全面性原则是指辅导员管理要贯彻面向全体学生，对全体学生的全面发展负责的基本要求。辅导员管理要促进学生品德、智能、身心、个性的全面发展。把辅导员的管理看作一个系统，抓紧着眼点，即各构成因素的关联性，从总体上有计划、有目的、有组织地开展辅导员管理工作，以全面提高辅导员管理的整体效果。

3. 系统性原则

系统性原则是指辅导员要重视学生集体，依靠并通过集体活动管理个别学生，又通过管理个别学生去影响集体，做到集体与个别管理相结合。我们必须把辅导员管理工作作为一个系统工程来看待。辅导员管理工作也必须向全方位和开放型的模式发展，确定全方位的学生管理工作新体制，建立学生管理工作的组织机构，形成学生管理工作职能部门。

4. 导向性原则

导向性原则是指辅导员在管理中对学生的思想和行为进行引导，使学生树立科学的世

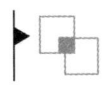

界观、人生观和价值观，形成良好的品德和个性。

在管理中，辅导员对学生进行行政性统一管理是必要的，但不能对学生的各个方面都实行统一式的行政性管理，要做到"管而不死，活而不乱"。随着就业形式的改变，学分制的实行，学生的自由度高度扩大，这就要求辅导员必须改变以往那种"地毯式"和"消防员式"的管理方式。要在完善学生管理法规上下功夫，明确哪些是必须管死的，哪些是应该放手的。做到管理职能明确，强化服务性管理，发挥学生的自我管理作用，尊重学生的自主性，对各种学生组织进行政策性、实体化的指导性管理。关注学生关心的热点和重点问题，及时对他们做出正确的引导，这样才能促进辅导员本职工作的顺利完成。

5. 主体性原则

21世纪是知识经济时代和信息时代，全球经济呈现一体化发展趋势，创造性已成为学生的重要素质。创造性是主体性的最高表现，因此，辅导员管理工作也要适应这一历史潮流，在管理中注重主体性原则。

主体性原则是指在辅导员管理中要明确学生的主体地位，承认和张扬学生的个性，让学生有不同的程度的自主权和选择权，允许学生参加学校日常管理工作，启发学生进行独立思考，引导学生进行自我教育、自我管理和自我约束，培养学生的探索精神和创新能力。

6. 渗透性原则

渗透性原则是指在辅导员管理过程中，辅导员要用自身的素质和爱心感染、感化学生，从而取得良好的管理效果。学生规范意识的养成存在一个逐步渗透的过程。在此过程中，辅导员对制度的态度会影响学生对制度的认识；辅导员的言谈举止会影响学生对某一事物的判断。

辅导员在对学生行为管理的过程中，在落实学校各类制度时，会对学生认识管理制度及遵守制度的态度产生极大的影响。因此，辅导员应该有意识地塑造自己的师表形象，强化正面效应，有效实现学生管理的目标。

二、高校辅导员工作方法

（一）高校辅导员工作方法选择的必要性

1. 大学生的思想状况处于不断的变化中

辅导员的工作方法，必须根据大学生的不同特点有针对性地进行选择，坚持从实际出发，来确立和采用教育、管理的途径和方法。

在现实生活中，大学生的思想状况和行为表现是千差万别、千变万化的。从思想质的规定性来看，有正确思想与错误思想，积极思想与消极思想，先进思想与落后思想的差别；还有政治立场、思想观点与一般思想认识问题的差别。

从思想量的规定性来看，即从思想存在和发展的规模、范围、程度、深浅等方面来看，有普遍与个别、一贯与偶然、系统与零散、深刻与肤浅的区分。

从思想发展变化的趋势来看，有尚未形成而将要形成的思想；有正在形成和发展的思想；还有正在转化和衰亡的思想。

从思想存在的状况来看，有广泛流行的思想状况；有剧烈对抗的冲突状况；有含而不

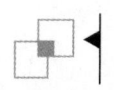

露的隐蔽状况，还有以假乱真的虚伪状况。

从思想存在的内容和形式来看，有政治、人生、道德、职业方面的，也有物质生活、精神生活、人际关系等方面的。

从思想产生和发展的原因来看，有客观原因，也有主观原因。客观原因包括社会影响、学校教育以及家庭教育等方面，主观原因则包括思想基础、个性特征、文化水平、生活经历以及思维方式等内容。

总之，每一种思想形式，都有它自身的内容和发展变化的方式，都有它特殊的矛盾和特殊的本质。而不同质的矛盾，只有用不同质的方法才能解决。

2. 避免工作中的教条主义和经验主义倾向

辅导员工作的方法是多种多样的。每一种方法并不是万能的，都有一定的使用范围和使用条件，离开特定的范围和条件，这个方法就难以发挥作用了。辅导员工作方法也和做其他事情一样，一切以时间、地点和条件为转移，必须具体问题具体分析。离开方法使用的范围和条件，不讲条件的滥用方法，辅导工作不仅无法收到良好的效果，而且还可能带来新的问题。因此，在选择教育的具体方法时，一定要看所选择的方法的适用范围和条件是否与实际情况相符合，一定要选择符合实际需要的教育方法。

忽视教育方法的选择，或在辅导员工作过程中盲目使用教育方法，容易犯教条主义或是经验主义的错误，两种错误方法都会使辅导员工作遭受挫折、导致失败，或者将本来做得好的事情弄得很坏。因此，为了避免工作中的教条主义和经验主义倾向，辅导员要科学地选择工作方法。

（二）高校辅导员主要工作方法

无论做任何工作，都要讲究方式方法，方式正确、方法得当，工作就会事半功倍。以下是辅导员工作中比较常用和有效的方法。

1. 调查研究法

要解决某些问题，首先要对问题背景和具体情况有细致、客观的了解，才能得出正确的结论，从而从本质方面入手，采取相应措施，解决问题，这需要调查研究。调查研究是解决问题的必要途径。

个案调查是辅导员工作中最常用的方式。例如，在对班级后进同学的帮助工作中，通过观察、访问、个别谈话等手段弄清其形成后进的原因，这个过程就是个案调查，经过这样充分的准备，就可以对这类学生进行有针对性的指导，矫正其不良思想行为。

2. 说理启迪法

将要解决的问题明确提出来，通过举实例等形式充分分析问题的本质，帮助学生预测问题后果；或者侧面揭示事物本质，使学生在不知不觉中受到启发和教育。

在运用这种方法时应注意两点：一是方法要适宜，要根据大学生的思想、行为、心理特点，举一些他们容易理解和接受的例子；二是方式要缓和，现代大学生基本都是独生子女，从小到大很少受过激烈的批评，同时处于这个时期的青年，其逆反心理都比较强，如果采用激烈的方式，很容易使学生的感情、自尊心受到伤害，从而引起矛盾的激化。

3. 交流沟通法

建立融洽、相互信任的师生关系的最有效方法就是情感交流。在交流中，学生能够体验到尊重、理解的情感，从而建立对辅导员的信任。同时，随时与学生沟通是相互传达、了解信息、增强理解的重要手段，通过相互交换意见、交流思想、表达情感、统一认识来达到教育目的。

要想达到预期目的，就应根据大学生的特点采取适当的交流、沟通方法。例如，辅导员可以多参加班级组织的课外活动，在活动中淡化自己的教师地位，尽量让学生感觉到你是他们中的普通一员，在轻松活泼的气氛中，大家很容易敞开心扉；经常与学生进行朋友式的交谈，能够了解他们真实的想法，拉近师生间的距离。

4. 人格影响法

大学阶段是大学生世界观、人生观、价值观形成的关键时期，大学生的观念很容易受到外界现象的影响。因此，教师的一言一行都会对他们产生潜移默化的作用。作为辅导员应该时刻牢记自己的位置和作用，处处以身作则，身体力行，注意提高自身道德修养，用行动感召他们，用人格魅力影响他们。

（三）辅导员工作方法的探索与创新

1. 在指导思想上，突破"纯政工"的界限

积极主动地向各个领域渗透，坚持从单一服务到全方位服务的转变，注意把握有利的教育时机并充分调动教育资源，积极引导学生关心时事，面向世界，开阔视野，使学生在学习大学知识的基础上，更加贴近社会实际，做到全面发展。

2. 在管理方式上，应尽量杜绝对学生使用命令性的工作方式

工作中，要真正做到管理与教育并重，感性与理性并存，指导和引导相结合。通过政策、考研、就业、心理、行为等方面的引导和指导，发挥工作的职能，使教育对象在不知不觉中受到启发和教育。

3. 在工作方式上，切忌空洞教条式的思想理论说教

当今的大学生思想开放、头脑活跃、思想灵活，反对教条主义和空洞说教。因此，辅导员应该通过实际例子将大道理转化为学生容易接受的小道理，通过摆事实、讲道理，启发开导学生，使学生在启发中受到教育，从而起到细雨润物的效果。

4. 在服务方式上，要尽量变被动为主动

要广泛涉猎社会各个方面的问题，不断丰富自身的知识和阅历，积极主动地深入到学生当中，发现问题，并把它们扼杀在萌芽状态，从而起到防微杜渐的效果。

5. 在工作机制上，要实现"自上而下"向"自下而上"的转变

坚持基层第一，要具有干实事、讲实话、求实效的思想。经常深入到学生中间，进行调研，根据调研结果，制定管理和教育方案，摒弃那种"想当然"而没有根据的错误做法。针对教育对象的多层次性和易变性的特点，努力建立开放、协作式的工作机制。

6. 在教育形式上，要注意对学生全面教育和引导，始终做到为学生的健康成长和全面成才服务

教育中要注意培养学生的集体意识和大局意识，在活动形式上，要摒弃那种为举办活动而举办活动的思想，合理设计活动内容，在活动中融入教育理念，面向学生，突出特色，有针对性地开展活动。比如学生经常参加大型活动，在节目的编排上，辅导员就应鼓励学生自己构思，自己设计，不要照搬别人的东西，这样每次参加活动都会得到不同程

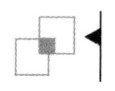

（二）高校辅导员的工作职责

辅导员的工作职责是指辅导员从事高校学生工作应该履行的责任，即辅导员工作分内的事情具体包括哪些内容。

第一，帮助高校学生树立正确的世界观、人生观、价值观，确立在中国共产党领导下走中国特色社会主义道路、实现中华民族伟大复兴的共同理想和坚定信念。积极引导学生不断追求更高的目标，使他们中的先进分子树立共产主义的远大理想，确立马克思主义的坚定信念。

第二，帮助高校学生养成良好的道德品质，经常性地开展谈心活动，引导学生养成良好的心理品质和自尊、自爱、自律、自强的优良品格，增强学生克服困难、经受考验、承受挫折的能力，有针对性地帮助学生处理好学习成才、择业交友、健康生活等方面的具体问题，提高思想认识和精神境界。

第三，了解和掌握高校学生思想政治状况，针对学生关心的热点、焦点问题，及时进行教育和引导，化解矛盾冲突，参与处理有关突发事件，维护好校园安全和稳定。

第四，落实好对经济困难学生资助的有关工作，组织好高校学生的勤工助学，积极帮助经济困难学生完成学业。

第五，积极开展就业指导和服务工作，为学生提供高效优质的就业指导和信息服务，帮助学生树立正确的就业观念。

第六，以班级为基础，以学生为主体，发挥学生班集体在大学生思想政治教育中的组织力量。

第七，组织、协调班主任、思想政治理论课教师和组织员等工作骨干，共同做好经常性的思想政治工作，在学生中间开展形式多样的教育活动。

第八，指导学生党支部和班委会建设，做好学生骨干培养工作，激发学生的积极性、主动性。

这些工作职责涵盖了高校辅导员工作的方方面面。细细分析这八项工作职责，可以看出辅导员工作是具体而琐碎的，任务重、责任大。根据《普通高等学校辅导员队伍建设规定》中对高校辅导员工作职责的描述，辅导员的工作职责可以分为两大类：一类是大学生日常思想政治教育工作，另一类是大学生日常管理工作。而日常管理工作又可以分为：

（1）日常事务类，如班干部的培养、奖助学金评定以及助学贷款的处理等；
（2）具体事务类，包括心理健康教育工作、就业指导工作等；
（3）学风建设类，如听课、查课、督促学生学习等；
（4）困难学生事务类，包括留级生、心理问题学生处理等；
（5）突发事务类，对突发事情的应急处理。

二、地方高校辅导员工作精细化的内涵

地方高校辅导员教育管理工作精细化是大势所趋。精细化管理是发源于 20 世纪 50 年

代的一种企业管理理念①，它是社会分工和服务质量的精细化对现代管理的必然要求，是一种以最大限度减少管理所占用的资源和降低管理成本为主要目标的管理方式。它是一种意识，是一种理念，是一种认真的态度，是一种精致文化的管理。精细化管理要求在工作中做到精、细、准、严。

教育部《关于加强高等学校辅导员、班主任队伍建设的意见》中规定专职辅导员和学生的数量总体上按1：200的比例配备。可见，高校辅导员作为负责高校日常思想政治教育工作和学生日常管理工作第一线的工作者，面对着200个甚至更多的学生，要想高质量地完成工作，面临着巨大的压力和挑战。地方高校大学生虽然思维活跃、自我意识强烈、善于表现自己，但相对来说心理较脆弱、受互联网文化影响较深，日常的教育管理工作更难开展。

辅导员工作是集教育、管理和服务于一体的系统性工作。不管从哪个角度来说，都要求高校辅导员能够保质保量地完成大学生的教育管理工作，培养出社会主义合格的建设者和可靠接班人。在这样的工作量和工作质量要求下，辅导员如果采用粗放式的学生教育管理方式，虽然能够完成相应的工作量，却无法保证工作的质量。如果采用类似企业的精细化教育管理工作方式，在现实面前，面对如此琐碎繁重的教育管理工作，要求辅导员面面俱到，事事精细化，不管在时间上还是在精力上都是无法达到的。

企业精细化管理讲究专注地做好每一件事，在每一个细节上精益求精、力争最佳。然而，面对200名，甚至300名到400名的学生，面对如此繁重的工作量，面对突发事件，一个辅导员在有限的时间里面无法做到面面俱到，无法保证能做好每一个细节。但是，辅导员教育管理工作也有一定的规律可循，并且有轻重之分。只要把握住高校学生教育管理工作的规律和特点，抓住学生教育管理工作中的关键环节和重要节点，做到关键节点的精细化，往往能够事半功倍，在有限时间内高效地保质保量地完成工作。

由此可见，地方高校辅导员工作精细化是在把握高校教育管理工作的特点和规律的基础上，发挥高校辅导员的主观能动性，做到辅导员"面"上工作和"点"上工作的精细化。"面"上工作精细化就是要明确辅导员工作的具体范围，对辅导员工作有整体上的把握。这里的"点"不包含辅导员工作中每一个细节，而是指地方高校辅导员工作中的"关键节点"的精细化。"点""面"结合的精细化管理，能将学生的教育管理工作做细、做精、做实，达到事半功倍的效果。

因此，地方高校辅导员工作精细化是在借鉴企业精细化管理概念的基础上，结合地方高校辅导员工作的规律和特点，而采取的一种有益探索和大胆尝试，是地方高校教育管理工作的新理念和新策略。辅导员工作精细化的目的是为了提高高校思想政治教育工作和日常管理工作的针对性和实效性，更高质量地完成工作任务，进而培养出更优秀的大学生。

三、地方高校辅导员工作精细化的必然性

地方高校辅导员队伍为我国的高等教育事业做出了重要贡献。随着时代的快速发展，地方高校思想政治教育工作和日常管理工作的环境发生了巨大的变化。全球经济一体化和网络信息技术的快速发展使整个地球变成了"地球村"。大学生能够更方便快捷地接触到

---

① 黎红友. 新时期高校辅导员教育管理工作精细化探析［M］. 成都：四川大学出版社，2016：2.

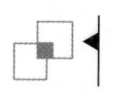

外部事物，也更容易受到校园外思想的影响，这样一来，传统的高校思想政治教育工作和日常管理工作的方法已经无法适应新时期国家对高校人才培养质量的高要求。在这种情况下，地方高校要主动出击，积极探索学生教育管理工作的新途径和新方法，才能达到地方高校人才培养质量的高要求。地方高校辅导员工作精细化是大势所趋，是众多原因共同作用的结果，是时代的要求。

（一）辅导员工作精细化是落实国家有关政策文件的重要举措

《关于进一步加强和改进大学生思想政治教育的意见》文件中的第二点"加强和改进大学生思想政治教育的指导思想和基本原则"提到，"努力提高思想政治教育的针对性、实效性和吸引力、感染力，培养德、智、体、美全面发展的社会主义合格建设者和可靠接班人"[1]。中共中央办公厅、国务院办公厅印发的《关于进一步加强和改进新形势下高校宣传思想工作的意见》中也提出，"准确把握师生思想状况，创新工作理念和方式方法，把解决思想问题与解决实际问题结合起来，不断增强针对性、实效性"[2]。

要提高地方高校思想政治教育工作和日常管理工作的针对性、实效性，必须对目前的高校思想政治教育工作和日常管理工作进行系统的回顾和梳理，并对客观环境发生变化的高校教育管理工作进行深度思考，研究地方高校辅导员工作中的规律和特点，进而把握工作的关键环节，并对关键的教育管理工作进行精细化。从这个角度来说，地方高校辅导员工作精细化是落实国家对辅导员工作要求的重要举措。

（二）辅导员工作精细化是地方高校人才培养的内在目标

培养出德、智、体、美、劳全面发展的高素质人才，促进大学生综合素质能力的发展是地方高校的人才培养目标。21世纪以来，地方高校在校大学生的规模不断扩大，如何在有限的资源条件下，保证人才培养的高质量，这对工作在高校第一线的辅导员提出了更高的要求。辅导员教育管理的对象是有感情、有思想的大学生。因此，对辅导员工作的关键环节精细化，要确保每个大学生的全面发展，这是地方高校人才培养的内在目标。

（三）辅导员工作精细化满足高校教育管理工作的特点要求

地方高校辅导员工作事务繁杂，包含的内容非常多，涉及大学生日常学习生活以及感情等方方面面。对地方高校辅导员工作中的每个细节都进行精细化，实际上无法全面落实。因此，抓住大学生管理工作的特点，对关键环节进行精细化处理，是做好地方高校辅导员工作的有效途径。

（四）辅导员工作精细化是各类辅导员培训班的内容要求

为了进一步加强辅导员专业化、职业化和专家化建设，教育部专门制定了普通高等学校辅导员培训规划。每年定期举办各类高校辅导员培训班，包括全国高校辅导员骨干专题

---

[1] 傅锁根，孙大为，赵嘉敏．民族地区高校思想政治理论课教学研究[M]．呼和浩特：内蒙古大学出版社，2016：236．

[2] 王宋荣，杨移贻．使命、挑战与创新 特区高校学生工作创新与实践[M]．广州：广东高等教育出版社，2017：17．

培训班、全国大学生心理健康教育工作专题培训班等。这些培训班通过设定特定主题，将大学生思想政治教育和大学生日常管理工作的相关经验及规律传授给高校辅导员，使辅导员在自身已有工作水平的基础上，能够快速提高业务素质，把握学生教育管理工作的特点和规律，实现辅导员工作精细化，提高辅导员工作的效率。

（五）辅导员工作精细化是提高工作实效性的需要

辅导员是地方高校教师队伍和管理队伍的重要组成部分，是开展大学生思想政治教育的骨干力量。辅导员工作精细化要求辅导员时刻把握学生的思想动态，掌握学生教育管理工作的脉络、特点、规律以及学生教育管理工作的重要环节，并要求辅导员在处理大学生事务的过程中发挥主观能动性并善于思考。通过"面"上工作和重要"点"上工作的精细化，促进学生教育管理工作进入良性发展的轨道。地方高校思想政治教育工作和日常管理工作的主客观环境都发生了变化，地方高校辅导员工作的难度进一步加大，更需要辅导员善于总结和反思，通过"点""面"结合的精细化思路，提高辅导员工作的实效性。

（六）辅导员工作精细化是促进辅导员自身成长的需要

地方高校辅导员工作和学校其他行政管理工作有所不同，地方高校辅导员工作需要更多的"用心""用情"和"主动"，要求辅导员老师发挥自身的主观能动性。如果把大学生管理工作仅仅当作"窗口式"的"被动"服务，不仅不能把大学生管理工作做好，而且辅导员的激情和信心也会消磨殆尽。

要想在有限的时间里高质量地完成较为繁重和复杂的辅导员工作，辅导员除了要勤奋以外，还要与时俱进，能够进行深度思考，不断对自己的工作进行总结和反思，探索高校思想政治教育工作和日常事务管理工作的规律，把握辅导员工作的本质，进行辅导员工作精细化。这样不仅能够提高辅导员工作的质量，同时也能够促进辅导员自身的成长。反过来，辅导员各方面能力的提升，又会进一步提升学生管理工作的质量，形成良性循环。

第二节　日常管理工作精细化

一、日常管理工作的内容

大学生日常管理工作内容繁杂、重复、工作量大，占据辅导员大部分时间。而这些日常管理工作和大学生的学习生活息息相关，关乎学生的切身利益。大学生日常管理工作不到位，也会影响大学生的思想政治教育效果。因此，面对繁重的大学生日常管理工作，辅导员要善于进行工作总结和思路方法创新，提高日常管理工作的实效性，为学生的学习生活做好服务。

大学生日常管理工作的内容包括班级管理、学生奖助贷管理、学风管理、社团管理、学生党建工作、学生入学教育、学生就业管理以及日常突发事件应对等，涉及的范围非常广，可以说，只要和大学生相关的学习生活，都是辅导员管理服务的范围。

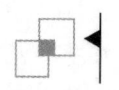

二、班级干部管理精细化

班干部是大学生和辅导员之间沟通的桥梁，是班级实现自我教育和管理的中坚力量。培养高素质的班干部队伍也是培养社会主义后备管理人才的重要途径，这是辅导员的分内之事。如何选拔出优秀的班干部，对班干部进行有效培训，培养出优秀的班干部团队，对大学生实现自我管理有着重要的意义，这也体现出高校辅导员的行政管理水平。因此，班干部管理是辅导员工作中的重要环节和关键节点，需要对班干部进行精细化管理。

（一）班干部选拔精细化

1. 借助新生入学信息完成班干部精细化选拔

班干部是辅导员的得力助手，班干部的选拔是否成功，直接影响到班级管理质量，甚至整个学生管理工作的质量。特别是新生入校后的班干部选拔，对于一个班级在大学期间的整体发展有着重要的影响。为了协助自己更加快速有效地做好班级工作，辅导员需要从几百个相对陌生的学生当中选拔出工作能力较突出、成熟稳重、政治素质过硬的班干部队伍。有经验的辅导员，在新生尚未报到之前，就已经开始思考班干部选拔的问题了，他们会积极查阅分析新生的相关背景资料，尽量掌握更多的新生信息，为班干部的选拔做准备。

辅导员一般会在新生入学报到前后的一段时间仔细查看学生的相关信息，且有意识地观察学生。新生报到前，辅导员可以到招生就业处拷贝学生的招生信息资料。这些信息的内容非常丰富，包括学生个人的基本信息，如姓名、性别、籍贯、出生年月、民族、生源地所在高中信息、家庭住址以及家庭联系方式等；学生的高考成绩，包括语文、数学、外语等科目；学生的报考志愿，包括第一志愿到第六志愿所报考的专业信息等；入学新生的高中班主任老师对学生高中三年的评语等。

招生信息经过了各省、自治区、直辖市的招生办工作人员的认真审核，是入学新生最原始和准确的资料，辅导员可以通过这些信息对自己的学生有一个初步的了解。辅导员对学生的资料信息掌握得越翔实、越准确，就越能够有的放矢，有针对性地开展工作。

辅导员迎接新生的第一项具体任务就是分班和分寝室。分班和分寝室一般同时进行，但是两者相互关联。一种方法是先按照学生总人数和班级个数来分班，再按照班级的学生来分配寝室；另一种方法是先将所有学生分到寝室后，再按照寝室的分布情况来分班。两种方法进行优劣比较，第二种方法相对更好。相较而言，在分配寝室的时候，要遵循的原则会更多一些。

整个大学求学期间，大学生待在寝室的时间远远多于待在其他地方的时间，寝室是大家共同交流、学习和生活的地方。寝室内部同学之间的人际关系如果处理得不好，甚至长期处于紧张的状态，会影响到他们大学期间的学业和个人的身心健康发展。一个好的学生宿舍集体，可以是学生学习的园地，获得信息、交流思想的窗口，养成良好品德作风、文明行为习惯的重要阵地。因此，在分配大学生寝室的时候一定要慎重。

一般分配寝室要遵循的原则包括：

（1）同一个寝室的学生尽量来自不同的省份。同一个省份的大学新生由于生活习惯、生活方式、甚至思想观念等差异不大，加之身处异地，有着浓厚的"老乡"情节，容易抱团。从长远来看，不利于同省同寝室的学生与寝室外的班上其他同学交流，不利于整个班级工作的后续开展和班级的团结。

（2）尽量将农村生源和城市生源平均分配到寝室中去。在同一寝室，尽量不要全部都是农村生源的学生或者城市生源的学生。这样做有两个目的：一是让来自农村的学生和城市的学生相互学习沟通；二是通过这样的分配能让贫困的学生较平均地分配到各个班级，利于以后较公平地评选国家助学金等，使家庭贫困的学生最大限度地得到资助，顺利完成学业。

（3）高考成绩按照不同的省份进行高分段和低分段混合，尽量不要将不同省份或者同一省份高分段的学生分在同一寝室中。

（4）尽量保证每个小寝室都有班干部。第四个原则指标也是四个中最难量化的。前三个原则的量化标准分别是省份、生源地和高考成绩，很容易按照这些量化的指标去分配。在还没有亲眼见到学生的情况下，尽量确保每个小寝室都有班干部，确实不是件容易的事情。不过，辅导员可以按照省份进行选择。选择同一个省份中，高中老师给予评价比较高的、成绩较优秀的同学作为班干部的后备人选。

确定这四个原则后，就可以在保证这四个原则的前提下，在一定范围内进行随机分配寝室。通过这样的方式，能够让来自全国各地的大学生学习处理人际关系，学习适应和被适应，学习相互之间如何沟通交流，在学习上互补，这利于班级工作的开展。寝室分配完毕后，就可以按照寝室分配的情况进行分班。

在分班的时候，唯一要注意的就是同一寝室的学生尽量分到同一个班级，尽量不要出现一个寝室里的同学被分配到不同的班级。这样做的目的也是为了班级的管理，保持班级的凝聚力和向心力。

辅导员通过新生的招生信息，可以完成新生的分班工作和寝室分配工作。在这一过程中，根据入学新生的详细信息，找出有潜力做班干部的人选范围，然后分到不同的班级和寝室，为以后的班级工作打下良好的基础。

2. 辅导员的认真观察有助于班干部选拔精细化

每年的新生入学报到期间，辅导员是最为辛苦的。在这段时间，迎新工作千头万绪，学校不同的部门随时发布新的通知，辅导员要跟进处理。辅导员的迎新工作任务繁重，包括新生迎新工作的安排、新生家长会的安排、开学典礼的工作安排以及突发事情的应对等。在此过程中，即便辅导员的工作再忙，也需要留意观察新生。

通过迎新阶段的细致观察，再加之迎新前对新生个人资料的了解，从新生的工作能力、道德品质、合作精神、领导能力以及踏实作风等角度对学生进行考核。并且在迎新工作的中后期，有意识地将部分迎新工作分配给有潜力当班干部的学生去做，进而在实践中对学生进行考核，有利于新生班干部的选拔。

3. 不同年级的班干部选拔精细化

班干部是辅导员的得力助手，是班级的骨干，建设一支素质过硬的班干部队伍是辅导员的本职工作，也是一项需要长期开展的系统工作。为了能够让更多的学生得到锻炼，大学四年期间要对班干部进行轮流选拔。

在大学一年级的开始，由于同学们之间彼此了解不够深入，班干部主要由辅导员来指定。辅导员指定的标准主要依赖于学生的入学信息，特别是高中老师的评语以及是否有班

· 143 ·

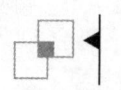

干部的经历等。另外，还依赖辅导员在学生入学期间对学生的观察。

在大二和大三的上学期，由班级的民主选拔产生班干部，通过这种方式让获得班级同学认可、能力强、负责任的同学继续担任班干部，也可以让有意竞选班干部的其他同学来参加选拔。

进入大四阶段，由于班级活动的减少以及有些班干部外出实习等原因，辅导员可以通过前三年的了解指定每个班由一至两名学生来负责班上事情的处理。通过不同年级的班干部选拔精细化，确保班干部的素质和质量，为班干部做好班级工作打下良好的基础。

（二）班干部培养精细化

优秀的班干部不仅依靠班干部的选拔精细化，更重要的是选拔完后对班级干部培养的精细化。只要学生有乐于为他人服务的意识，有任劳任怨、吃苦耐劳的精神，其工作能力可以通过辅导员的培养来获得。如何培养出优秀的班干部，对辅导员来说不仅是一门技术，更是一门艺术。

辅导员要能够通过"点""面"结合的方法对班干部进行培养。"面"上要定期地给班干部开会，可以是班干部培训会，也可以是班级活动交流会，还可以是班级情况汇报会，以开会的形式和班干部交流如何做好班级工作，如何和班上同学交流，如何更好地为班上同学服务。另外，对于班长和团支书等主要干部，辅导员要进行点对点的辅导交流，找出班干部的问题所在，有针对性地提出意见，加速班干部的成长。

班干部的选拔和培养是辅导员工作中的重要环节，是为了培养出更多更优秀的班级干部，更好地协助辅导员工作，因此，班干部的选拔和培养等环节都需要精细化。

三、高校学风建设精细化

（一）高校学风建设的重要性

1. 优良的学风是大学生健康成长的重要保证

学风即学习的风气。[①] 高校学风是高校教师和学生精神面貌、做人品质以及教学传统等各方面的整体反映。优良的学风能够激发人奋勇向前，共同进步，充满正能量；不良的学风让人意志消沉，精神懈怠，充斥着负能量。

地方高校的学风建设面临着各种问题和挑战。随着信息技术的快速发展，大学生可以随时通过网络接收各种外界信息，并根据这些信息做出个人的价值判断。而这些个人价值判断往往会受到社会的影响而出现偏差，例如可能过多地从自身角度出发，不会换位思考等。另外，随着我国经济的快速发展，在社会主义核心价值观尚未落实到位的情况下，社会上一些负面的东西也会侵蚀大学生的思想。因此，为了高校大学生能够健康成长，高校需要加强学风建设。

2. 优良的学风是大学生形成良好习惯的重要保证

拥有良好的习惯已经成为非常重要的人才素质之一，大学生应该在大学期间打好基础。高校大学生在校学习并取得好成绩是学生的本职任务，而优良的学风是学生认真学习

[①] 王丹平. 文化·力量 大学校园文化建设 [M]. 广州：华南理工大学出版社，2016：180.

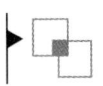

的保障。除此以外,大学生在校期间能够养成良好的行为习惯比学习成绩本身更为重要。

例如,目前高校大学生上课时间看手机已经成为一个普遍难题,表面上只是一个不良的学风现象,而当学生这种上课看手机无法聚精会神听课形成习惯的时候,就会体现在以后的学习生活中,做任何事情都很难让自己集中精力。那么毕业后走出高校到社会上工作,也就无法做到专注于某一件事。

又如,如果学生自己每次都提前10分钟到教室准备上课,当形成习惯后,会发现每次提前10分钟进教室就是理所当然的事情了。相反,如果每次上课都迟到5分钟,长此以往,就会形成拖沓的习惯。因此,在用人单位眼里,除了需要员工具有良好的专业知识以外,更需要员工具有良好的行为习惯,而这些良好的行为习惯不是一天两天就可以养成的,都是在校期间慢慢养成的。

当这些良好的行为,包括认真听课、善于总结与思考等成为一种习惯后,就会在以后的学习工作中享受这些好的习惯带来的好处。在快节奏的当今社会,拥有良好的行为习惯已经成为一些社会成员的稀缺能力,为了让大学生拥有这些良好的行为习惯,高校要加强学风建设,通过良好的学风促成大学生形成良好的行为习惯。

综上所述,高校学风建设不仅是大学生良好学习环境的保证,更重要的是大学生养成良好行为习惯的保证。作为工作在高校第一线,负责大学生日常教育管理工作的辅导员,需要把学风建设当成重要的工作来抓,并且要根据具体情况,对高校学风建设进行精细化管理,切实提高学风建设的成效。

(二) 高校学风建设精细化的管理策略

高校学风建设是一个较复杂的系统工程,需要学校学生工作部、教务处等多个部门的相互配合和共同努力。

1. 高校学风建设"面"上的精细化管理策略

第一,完善学校的规章制度。无规矩不成方圆,高校要在已有的规章制度的基础上,建立切实可行的制度,通过学校的规章制度来约束学生的日常行为,为良好学风的形成打下制度基础。

第二,根据不同年级的学生情况特点,分阶段管理。如四川大学就根据学生的情况提出大学生在校期间的管理策略,"大一严格管理、大二规范管理、大三激励管理、大四成才管理"[①]。良好的开端是成功的一半,大一新生的入学教育一定要做好,学校的相关规章制度要给学生讲透彻,而且要严格按照规章制度规范学生的行为。新生的可塑性强,入学教育是新生入学后的第一堂课,会给学生留下深刻的印象。

第三,其他"面"上的精细化管理策略,包括组织优秀的高年级学长给低年级学生做学习经验交流、组织学生参观考试作弊警示展、构建高年级和低年级的互助小组、加强对大学生使用电脑的管理等。通过高校学风建设"面"上的精细化管理,能够提高年级的整体学风,营造良好的学习氛围,促进学生整体进步。

2. 高校学风建设"点"上的精细化管理策略

高校优良的学风是由全体师生共同营造的,辅导员要能够善于做好学生个体的工作。

---

① 四川大学党委办公室,四川大学校长办公室. 四川大学年鉴 2008 [M]. 成都:四川大学出版社,2012:15.

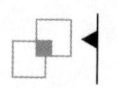

通过对大学生的精细化教育管理，能够促进辅导员对个体学生的深入了解。例如，通过对学生学业成绩的把握、家庭情况的把握、个人在学校的表现以及和班上同学的相处情况，采取针对性的方法来解决学生个体上的问题，促进学风建设。

"面"上工作和"点"上工作的精细化是相辅相成的，只有通过"点""面"结合的精细化管理，才能切实有效地做好高校学风建设，为学生营造良好的高校学风环境。

四、高校学术型社团管理精细化

随着我国高等教育事业的快速发展，高校大学生社团发展迅猛。作为大学生校园生活重要组成部分的大学生社团，已经成为大学生乐于参与的团体。在这个过程中，大学生社团在高校的教育教学中扮演着越来越重要的角色，成为高校实施素质教育的重要平台。为了加强对高校学生社团的建设和管理，共青团中央、教育部颁布了《关于加强和改进大学生社团工作的意见》。

经过多年的发展，高校大学生社团不管在理论研究还是应用实践方面都取得了长足的进步。就理论研究而言，在学术期刊网络出版总库（CNKI）中以"高校学生社团"为主题进行搜索，检索到2005年以来相关研究文献上千篇。就应用实践而言，目前各个高校的学生社团形成了百花齐放、百家争鸣的繁荣局面，高校大学生社团在人才培养中发挥着其他教育途径无法替代的作用。

但是作为高校大学生社团重要组成部分的学术型社团却还处在初级建设阶段，其相关理论体系和管理实践都有所欠缺。在CNKI数据库中，和"高校学术型社团"主题相关的研究论文非常少；国内仅部分高校设有学术型社团，并且尚处于建设初期。这些都将影响学术型社团在高校育人中发挥作用。

（一）学术型社团的内涵与特点

目前在我国高校中存在的学生社团类型多样，可以分为思想政治型、实践服务型、社交型、文学艺术型以及学术型等。作为学生社团重要组成部分的学术型社团，目前学界尚未达成一致的定义。高校学术型社团是由有志于某一学科或某一研究领域的学生在专业教师的指导下，以学术研讨、课题研究、教学实践为主要活动形式，以提高学生综合素质、创新能力为目的而组建的群众性学生自治组织。[①]

与其他学生社团相比，学术型社团有以下四个方面的不同。

1. 目标不同

学术型社团是高校激发学生潜质与潜能的重要平台，目标是培养学生的实践创新能力，具有学术共同体的特征。学术型社团要依托于具体的学科背景，能够促进学生专业深入学习的需要。

2. 指导老师的作用不同

学术型社团在满足社团基础活动的基础上，要更加注重社团成员学术能力以及专业能力的提升。其他类型的社团主要依靠社团指导老师"面"上的指导，包括活动的审批、

---

① 何艺新. 高校学生学术型社团建设的实践与探索 以四川大学马克思主义学院学生学术型社团建设为例 [M]. 成都：四川大学出版社，2016：4.

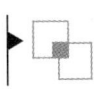

活动的总结等。学术型社团的指导老师不仅要进行"面"上的指导，还要进行"点"上的带动，需要付出更多的辛勤劳动。

3. 社团中学生的年级层次不同

一般社团的成员主要由高校一年级和二年级的学生构成。而学术型社团对成员的学科专业性要求相对较高，因此，成员主要由二年级及以上的高年级学生构成。

4. 社团审批的条件不同

相比较其他类型的社团，成立学术型社团所需要的条件相对更多，包括有合适的专业老师指导、有专业实验室做依托、有对应的学科竞赛可以提供实践机会等。

（二）学术型社团是开展个性化教育的重要载体

创新是一个民族的灵魂，培养一批高素质、勇于创新的人才是建设创新型国家的需要。创新是提高社会生产力和综合国力的战略支撑。[①] 当前高校人才培养的根本目标是培养具有国际竞争力的创新型人才。因此，深化教育改革，注重创新精神和创新人才培养，是高等教育担负的重要历史责任和使命。而个性化教育是创新的前提和基础。

创新型人才不是千篇一律的，而是要强调个性化教育。个性化教育是一种承认差异、发展个性、以学生为中心、促进学生个人潜能发挥的创造性教育。[②] 随着高等教育事业的快速发展，高校已经认识到个性化教育在培养创新型人才中的重要作用，并且高校教育改革也正朝着个性化教育的方向发展。

当前，我国已经进入大众化高等教育时代，高等教育正处在从规模扩张转向提高教育教学质量的关键时期。在这种情况下，高校要想培养出国家需要的创新型人才，必须确立个性化培养的教育理念。一方面，随着高校多年的扩招，在校大学生人数急剧增加，导致高校的办学资源有限；另一方面，高校已经意识到对大学生进行个性化教育的重要性。目前，国内不少高校提出在通识教育的基础上进行个性化培养的人才培养模式，并且采取了一些个性化培养的措施，包括小班教学等。

个性化教育的基础是要进行不断的尝试，而拥有不断尝试机会的前提是丰富的教育教学资源。充足的个性化教育资源是高校保证能够开展个性化教育的必备条件。高校如何整合有利于大学生个性化学习的资源，保证大学生个性化教育的顺利实现，是摆在高校面前的难题。在目前的情况下，让高校对所有学科都进行小班化教学等方式来进行个性化教育，不管从师资力量上，还是硬件条件上，都是无法达到的。

高校学术型社团是对第一课堂教学的重要补充，是培养大学生兴趣爱好的有力举措，能够给大学生提供更加充分的科研实践机会，是高校培养大学生专业能力的新途径，更是高校教育教学整体工作的重要组成部分。学术型社团能够提供多样性的学习探究形式，并且能够将大学生的专业教育深入化。高校学术型社团能够根据大学生自身的需要，实现大学生进科研团队、进实验室、进课题组、参加学科竞赛等目的，增强其自身的科学文化水平和创新能力。

可以看出，高校学术型社团的作用与个性化教育的要求之间表现出高度的契合。因

---

① 许智勇. 高等学校实验室管理理论与实践 [M]. 长春：吉林大学出版社，2018：140.
② 黎红友. 新时期高校辅导员教育管理工作精细化探析 [M]. 成都：四川大学出版社，2016：63.

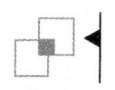

此，学术型社团是高校进行个性化教育的重要载体和资源，既能克服目前高校教育教学资源紧张的问题，又能够满足高校进行个性化教育和大学生进行个性化学习的需要。

(三) 学术型社团的筹建与精细化管理

1. 高校学术型社团的筹建

相较于其他的学生社团，高校学术型社团的发展需要相对更多的资源支持，包括对口的实验室、课题组、学科竞赛支撑以及指导老师的精心指导等。因此，学术型社团要想得到可持续发展，首先要解决如何统筹学科资源的问题，应从学院的层面进行顶层设计，筹建数量相对合理、相互之间尽量不交叉的学术型社团。在筹建高校学术型社团时，有以下三个要素需要考虑。

（1）有丰富的学科竞赛做支撑

学科竞赛有利于培养高校学生创新能力。近几年，各类型的学科竞赛蓬勃发展，然而高校对学科竞赛的组织实施却存在一定的问题。目前高校组织大学生参加学科竞赛一般包括四个环节，即"教务处—学院的学生科—指导老师—学生"。四个环节下来以后，往往出现不合适的指导老师指导不适合参加某个类型比赛的学生去参加比赛，并且比赛常常缺乏连续性。

因此，高校需要从学院的层面对学科竞赛进行统计分类，通过学术型社团来精细化学科竞赛的组织开展，减少中间环节，这样既有利于学科竞赛的长期可持续化组织实施，也有利于学术型社团的活动开展，最终有利于大学生的个性化培养，提高创新能力。

（2）有配套的实验室做支撑

在高校中，学科实验室有较强的学科优势。因此，依托实验室搭建学术型社团，是学术型社团发展的良好选择。在指导老师的安排下，利用实验室，可以定期开展学术讨论、学术沙龙等日常社团活动，让社团成员有进行个性化学习的机会。

（3）有足够的专业老师做指导

指导老师强有力的持续指导是学术型社团持续发展的必备要素。相较于其他类型的社团，学术型社团指导老师的作用更加重要，需要其具有主观能动性。因此，在建立学术型社团的时候，学院要从顶层进行设计，综合考虑学科竞赛、实验室以及指导教师等多重因素，这样才能筹建相对合理的学术型社团，保障学术型社团有可持续发展的依托平台，开展常态化的社团活动，实施个性化培养的目标。

2. 学术型社团的精细化管理

依据学科背景、实验室情况以及学科竞赛的汇总分类等要素从顶层对学术型社团进行精细化设计，筹建数量合适、规模适中的学术型社团只是第一步，要真正发挥学术型社团在个性化教育方面的作用，需要对筹建好的学术型社团进行有效的精细化管理。学术型社团要在借鉴其他类型社团管理经验的基础上，创新学术型社团的管理模式，推动学术型社团的可持续发展，服务于高校个性化教育的目标。

（1）高校充分认识学术型社团的重要作用

相较于其他类型的社团，学术型社团除了需要校团委、学院的支持外，还需要教务处、学工部、科技处等部门的协调配合，绝不是单一职能部门就能够完成的。如果缺乏统一的规划与管理，学术型社团的工作将无法持续下去。因此，学术型社团的工作需要学校领导的支持和重视，学校要充分认识到学术型社团是高校进行个性化培养的重要载体。学校对学术型社团的关注和重视，直接影响到学术型社团工作的推进力度。

以四川大学为例，在学校的高度重视下，学校共成立了近300个学术型社团。为了更好地落实四川大学"精英教育、个性化教育、自由全面发展的教育"[①]的育人理念，鼓励大学生根据个人需要积极参加学术型社团，学校成立了四川大学学生学术型社团工作指导委员会，统一规划指导全校学生学术型社团工作，并制定了《四川大学学生学术型社团激励办法（试行）》。目前，在学校的重视以及多个部门的共同努力下，学术型社团已经成为四川大学第一课堂的重要补充，是学校进行个性化教育的重要载体和激发大学生潜质与潜能的重要平台。

（2）整合资源，保证学术型社团活动的顺利开展

在高校重视学术型社团的前提下，需要了解学术型社团顺利开展所需要的各种资源。只有熟悉学术型社团所需的资源架构，才能更好地整合资源，掌握和控制学术型社团运行的整个过程。因此，在整合高校学术型社团开展所需资源的过程中，要采用系统论的观点，将高校学术型社团的资源系统分为经费资源、指导教师资源、社团成员资源、活动场地资源、学科竞赛资源等。每个资源的子系统之间通过相互作用，从而形成一个开放复杂的系统。通过实现对这个复杂资源系统的控制，来整合多方资源，保证学术型社团的顺利开展。

（3）加强管理，促进学术型社团的可持续发展

有了资源以后，需要对这些资源进行科学化的精细化管理，才能保障学术型社团的持续有效运行，提高个性化教育的效果。各种类型的学术型社团需要在专业老师的指导下，定期开展内容丰富的社团活动，包括技术沙龙、学科竞赛、学术讨论、学术讲座等。这些形式的社团日常活动需要进行精细准备，对于具体的专业方向要持续化和系统化，才能保证个性化培养的效果。因此，在活动的开展过程中，要加强对资源的管理。

指导老师在社团中的作用非常重要，要切实加强对指导老师的激励措施，制定指导老师的激励政策，对指导老师的工作量进行认定。对于参加学术型社团的大学生，要制定相关的奖励办法。对于学术型社团的经费资助，要制定具体的经费使用管理办法。只有制定规范的管理制度，加强对学术型社团各种资源的管理，才能保证社团高效持续地发展，摆脱传统大学生社团"因人兴社、因人废社"的问题。

（4）积极反馈，不断提高学术型社团的建设水平

目前，仅有部分高校意识到学术型社团的重要作用，并且学术型社团在高校的发展尚处于起步阶段，学术型社团的管理还处于探索初期，相关的管理制度还处于试验时期，没有可以直接借鉴的规范管理机制。因此，在具体的学术型社团工作开展过程中，要注意管理制度与实践的衔接，形成反馈机制，在管理实践中不断对管理制度进行修正，增强高校学术型社团工作开展的针对性和时效性。通过工作中积极的反馈，学术型社团的建设水平会得到提高。

---

① 四川大学党委办公室，四川大学校长办公室. 四川大学年鉴2015 [M]. 成都：四川大学出版社，2016：199.

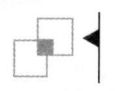

第三节　思想政治教育工作精细化

一、思想政治教育工作面临的现实挑战

（一）大学生主观意识上对思想政治教育重视不够

学生在进入高校之前，面临着高考的压力。因此，大部分学生在读大学之前的学习重点都放在学习文化课上。整个社会、学校和家长对学生的思想政治教育重视不够，导致学生主观意识上对思想政治教育不重视。进入高校后，学生仍然持有这种先入为主的想法，外加高校思想政治教育的内容、形式比较单一、枯燥，更加大了高校开展思想政治教育工作的难度。

（二）大学生的思想观念受社会影响较大

随着我国突飞猛进的发展，人们的生活得到了较大的改善。市场经济本身的一些消极因素随着互联网等信息技术的快速发展不断被放大，这些对大学生的思想观念造成了不可忽视的负面影响。特别是刚刚步入大学校园的新一代学生，在父母的呵护中成长，部分人不会换位思考，容易产生一切以自己为主的想法。

另外，高校的教师，特别是辅导员老师，理应成为传播正能量的主力，成为开展大学生思想政治教育的主力军。但是，有些高校教师的素质有待提高，他们有可能对学生产生一些负面消极的影响。

（三）现有的高校思想政治教育内容枯燥、形式单一

多年来，党和国家一直强调要创新高校思想政治教育内容和形式。表面上，高校思想政治教育有多种途径，包括形势与政策课、思想道德课、党课等，但是基本上都采用单一的"说教式"教学。随着时代的发展，在校大学生可以全方位地接触到各种信息，传统的思想政治教育内容和形式已经无法吸引他们。因此，在目前的形势下，高校已有的思想政治教育内容和形式需要创新，不然会影响大学生思想政治教育工作的针对性和实效性。

（四）现有的辅导员管理模式较难完成思想政治教育任务

依据《普通高等学校辅导员队伍建设规定》，高校辅导员职责包括两大类：一类是大学生的思想政治教育工作，一类是大学生的日常管理工作。而大学生的日常管理工作占据了辅导员大部分的时间，辅导员很难高质量地完成思想政治教育的任务。

二、思想政治教育工作精细化策略

精细化策略是在地方高校辅导员的工作实践经验中提出的，具有现实依据。大学生的

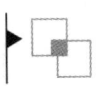

思想政治教育工作是辅导员工作的重中之重。结合大学生思想政治教育工作实践，高校思想政治教育工作具体的精细化策略如下。

（一）高校辅导员要实现自身管理的精细化

辅导员是开展大学生思想政治教育的骨干力量，在大学生思想政治教育工作中扮演着关键角色。在我国目前的高校教育管理体系下，辅导员和高校大学生的接触最为频繁。大学生在日常的学习生活中遇到困难，第一个想到的就是辅导员老师。相较其他的学校教学管理人员，辅导员对自己的学生情况最为熟悉。因此，辅导员对大学生进行思想政治教育有很大优势。

大学生的思想政治教育工作和学校的其他工作不同，对大学生思想政治教育效果进行定量化评估相对较难。对进行大学生思想政治教育工作的辅导员来说，至少需要满足两个条件才能真正做好这项工作：

（1）辅导员自身必须具备高度的政治责任感和良好的道德修养，使自己成为大学生的楷模和典范，给大学生起到模范带头作用；

（2）辅导员要具有满腔热情，愿意奉献于教育事业，并善于总结和思考，善于创新工作方式和教育方法，使自己的综合素质不断增强，包括心理健康教育能力、和学生的交流能力、换位思考能力等。

大学生的思想政治教育工作还需要辅导员有耐心。需要辅导员身体力行地参与其中，并且要讲究方式方法，对于不同的学生要采取不同的工作方式。有激情缺乏方法或者有方法缺乏激情都没有办法做好学生的思想政治教育工作。因此，为了工作的需要和自身的发展，辅导员自身管理需要精细化。

这包含两层含义：

（1）国家以及高校对辅导员的管理要精细化、体系化，这方面已经初见成效；

（2）辅导员自身对自己管理要精细化，要能够配合国家和高校的要求、工作的需要以及自身的发展，有规划地对自己进行精细化管理，提升自己各方面的能力与水平，包括政治理论、政策水平、思想培养、信念追求、语言能力、文字能力、网络运用能力、教育宣传能力，等等。

总而言之，不管是进行大学生的思想政治教育工作，还是大学生的日常管理工作，要提高工作的针对性和实效性，都需要教育管理工作的精细化，而辅导员是工作的实施者，在工作中起关键作用。因此，辅导员要具备很高的思想政治素质，要有扎实的业务素质、健康的心理素质以及良好的职业道德素质等综合素质，需要对自身进行精细化管理和培养。

就大学生思想政治教育而言，辅导员需要具备的能力包括收集大学生思想状况信息的能力、分析大学生思想状况的能力、实施思想政治教育的能力以及把握大学生思想政治教育方向的能力等。

（二）高校辅导员要为学生树立榜样

进入 21 世纪以来，特别是最近几年，随着移动互联网等新信息技术的快速发展，当代大学生和外面的世界无缝对接，大学生的自主意识不断增强，传统灌输式的思想政治教

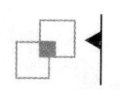

育方式已经无法达到应有的效果，有时还会起到反作用，影响学生学习的兴趣，甚至失去对辅导员的信任。

灌输式的思想政治教育方式是教条式的、硬性的、单向的教育，而当代大学生需要更加形象的、贴近自身生活的教育模式，需要带有批判性的、能够引起自身触动而进行主动反思的教育。

好的榜样是推进大学生思想政治教育工作的有效途径。生活中不是缺少美，而是缺少发现美的眼睛。每个辅导员所带的大学生中都会有好的榜样，这些学生榜样以自身真实、鲜活的事迹践行着优秀的道德品质以及社会主义核心价值观。而且这些鲜活的事迹就发生在他们的周围，通过榜样的宣传，更能引起大学生的共鸣，使思想政治教育活动变得具体生动，提高大学生思想政治教育工作的实效性。

因此，辅导员要善于在自己的学生中发掘典型、树立典型，通过典型人物的引领作用，提升大学生思想政治教育的效果。通过在学生中树立榜样，以学生案例进行思想政治教育，是大学生思想政治教育"面"上工作的精细化。

(三) 高校辅导员要开展个性化思想政治教育工作

这是思想政治教育工作"点"上的精细化。地方高校大学生的个性差异较大，由于受到自身条件、家庭教育、学校教育以及主观能动性的不同，不同大学生的素质状况表现不同。因此，只依靠思想政治教育"面"上工作的精细化，还无法完全达到理想的教育效果。不管是大学生思想政治教育工作还是大学生日常管理工作，辅导员工作的精髓在于能够进行点面结合，既要保证"面"上工作的效果，又不能忽视学生个体的差异，需要进行个性化的"点"上工作的针对性。

因此，辅导员要通过各种途径全面细致地了解每一个大学生，在具体"点"上工作精细化的时候，注意将大学生进行分类教育管理。对需要重点进行思想政治教育的大学生，能够做到个性化教育；根据学生个性特点进行针对性教育，做到有的放矢。

综上所述，地方高校思想政治教育面临新的困难和挑战。为了进一步提升大学生思想政治教育的针对性和实效性，必须创新高校思想政治教育工作的思路和方法，实施高校辅导员工作精细化。具体总结为三点：

第一，辅导员自身要具备大学生思想政治教育能力，需要自身能力保障的精细化；

第二，大学生思想政治教育工作要实现"面"上的精细化，例如采用榜样教育法、社会实践法等；

第三，大学生思想政治教育工作要实现"点"上的精细化，有针对性地开展个性化教育。

通过上述三点精细化策略，有助于大学生思想政治教育活动开展得鲜活生动，能够有效增强高校思想政治教育工作的效果。

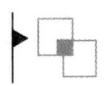

第四节　地方高校辅导员精细化工作推进的保障

一、地方高校辅导员的重要性已成为社会共识

高校大学生是祖国的未来和希望，他们承担着实现中华民族伟大复兴的中国梦的重要任务，培养出德、智、体、美、劳全面发展的大学生是地方高校重要的责任。大学生在大学期间既要"成才"，也要"成人"，两者相辅相成，缺一不可。大学期间的成才教育工作主要由专业教师负责，成人教育工作则主要由高校辅导员承担。

在大学期间，大学生接触最为频繁的是辅导员老师。当大学生遇到困难，寻求帮助的时候，首先想到的也是辅导员老师。辅导员几乎负责了大学生在校期间的所有学习、生活等方面的琐碎事宜。高校辅导员作为一线管理人员，直接面对学生，是学校和学生之间的桥梁。很难想象，在我国现行的教育体制下，如果没有高校辅导员这个职位，相应的工作如何开展。

国外对应的岗位是窗口式的服务，例如心理咨询岗位、就业指导岗位等专岗，由学生主动提出需求，对应岗位给予相应帮助。我国普遍采用高校辅导员制度，主要原因有以下几点：

第一，在我国现行的教育体制下，升入高校的大学生普遍自主能力较弱，因此在大学期间需要高校辅导员的引导和帮助，为学生步入社会做好准备；

第二，地方高校辅导员不是窗口式的管理服务，而是主动式地帮助管理，这也充分体现了国家对在校大学生的重视，体现了社会主义制度的优越性；

第三，地方高校辅导员在管理好大学生的同时，还要肩负起贯彻党的教育方针、开展大学生思想政治教育的重要工作。

二、国家与高校对高校辅导员精细化工作的支持

要做好高校辅导员的工作，辅导员自身必须具有高度的政治责任感、良好的道德修养以及健全的人格，除此以外，辅导员还要能够与时俱进，能够不断地丰富自己的知识结构，时刻充满着热忱，具备主观能动性。很难想象，一个缺乏主观能动性、政治责任感淡薄的辅导员如何做好辅导员工作。辅导员对自身工作最大的荣誉感来自和自己朝夕相处的学生。对高校辅导员来说，只有从心底真正热爱这份工作，才有可能真正做好这项工作。

作为一个相对特殊和重要的工作岗位，高校要想保持住辅导员的这些初心和品质，就必须对高校辅导员进行精细化管理。这种精细化管理最重要的是让高校辅导员能够持续产生职业自豪感。制定合理的高校辅导员工作质量评价体系，是对高校辅导员工作的认可和尊重，是保持高校辅导员初心和促进高校辅导员队伍健康可持续发展的关键。

中华人民共和国教育部令第 24 号《普通高等学校辅导员队伍建设规定》中第二十二条对高校辅导员的工作质量考核做了说明，"各高等学校要制定辅导员工作考核的具体办

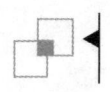

法，健全辅导员队伍的考核体系。对辅导员的考核应由组织人事部门、学生工作部门、院（系）和学生共同参与。考核结果要与辅导员的职务聘任、奖惩、晋级等挂钩"①。

虽然目前国内很多高校按照教育部的要求已经制定了一系列和高校辅导员工作相关的评价体系，然而这些考核办法大部分是唯结果论。诚然，由于高校辅导员工作的特殊性，高校辅导员的考核评价是一项困难的工作，特别在对于学生的思想道德教育方面，缺乏科学的评价手段。但高校仍要坚持以人为本，深入辅导员工作中，多聆听一线辅导员的心声，通过定量和定性相结合、过程和结果相结合，实现多角度、多元化的评价方式，充分尊重高校辅导员，进而保持和提高高校辅导员工作的积极性、主动性和创造性，促进高校辅导员队伍健康可持续发展。

三、构建高校辅导员管理体系，实现高校辅导员队伍专业化建设

自中央16号文件提出高校辅导员队伍的专业化建设以来，国家和高校在辅导员队伍建设方面进行了深入探索。国家为了稳定住高校辅导员队伍、建设辅导员队伍，从顶层进行设计，颁布了一系列的文件，提出了一系列的建议，采取了多种措施。地方高校在具体实施过程中也在尽力配合。

从现实方面来说，地方高校可以调研统计近年来辅导员的工作流向情况，通过真实的数字反映地方高校辅导员队伍专业化建设的情况，进而在已有辅导员队伍建设措施的基础上，通过构建辅导员管理体系架构，真正实现高校辅导员队伍的专业化、职业化和专家化。

综上所述，地方高校辅导员工作的精细化要求辅导员自身具有主观能动性，能够与时俱进，把握辅导员工作的规律，具备较高的业务素质和政治素质。地方高校辅导员要善于利用国家和高校对辅导员工作的相关支持政策，在主观意志的鼓励和客观条件的支持下，提升自身的管理能力，实现学生管理工作的精细化，进而促进高校辅导员管理体系的建设与完善，从整体上提升地方高校辅导员的专业水平。

---

① 张雯欣. 高校辅导员工作手册 [M]. 北京：光明日报出版社，2017：189.

第九章　课程模式下探究地方高校辅导员工作

作为高校开展大学生思想政治教育主力军和学生日常管理工作的组织者、实施者和指导者，辅导员队伍建设问题越来越受到高校的重视。近年来，地方高校频频探索以"课程化"模式开展辅导员工作，就是要让辅导员更好地兼顾教育与管理职责，使其工作更加系统化、长效化。因此，探索建立辅导员工作"课程化"模式的流程就显得尤为重要。本章对课程模式下地方高校辅导员工作问题进行了探究。

第一节　辅导员工作课程化模式的内涵

一、辅导员工作课程化模式基本内涵解读

关于辅导员工作"课程化"的内涵，最早提出此工作模式的是辽宁工程技术大学，其在2009年提出的辅导员工作课程化方案中对这一模式进行了描述：将内容不一、形式多样、头绪繁多的高校辅导员工作，如思想政治教育、文明行为管理、学习方法指导、心理健康工作、生涯规划辅导、评优入党选干、第二课堂开展等，按照课程理念加以整合，突破课程即学科已有的课程观，从课程是知识、课程是经验、课程是活动的新课程观角度和以学生发展为本角度出发，构建领域广泛、复合交叉、点面结合的若干模块课程，辅导员为所带学生开设"综合指导课"，分为基础指导课、专项指导课、特色创新课，这就实现了高校辅导员工作的具体化。

简单地说，辅导员工作课程化模式就是辅导员通过"上课"的方式对学生实施有效的教育、管理和服务，同时把其教育实践或活动整体转变成一门课程的形式，并按照课程实施的要求和规律加以建设。

二、辅导员工作课程化的主要维度

辅导员工作课程化的内在意蕴主要包括辅导员工作课程化是一种工作理念、一种工作方式。辅导员具有教师和干部的双重身份，就教师这一职业而言，传道授业解惑是社会的理想期待，这一理想期待内在规定了教师的职业能力。就辅导员的职业能力而言，既需要有具备辅导员日常具体工作的能力，还需要运用专业知识为价值引领进行赋能，以获得较好的育人效果。

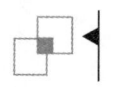

（一）以创新发展辅导员队伍建设理论为辅导员工作课程化的价值标准

辅导员工作课程化内涵的界定，借鉴吸收了教育学、管理学、思想政治教育等学科的理念，参考了现代课程观的观点，吸收了国家有关政策文件精髓。根据现代教育理论，课程是学校为实现学生培养目标而选择的教育内容及其进程的总和，只要是学校有组织、有计划开展的教育、教学活动，都应归入课程的内容。《普通高等学校辅导员队伍建设规定》界定了辅导员的身份和工作职责。因此，辅导工作课程化可以说是具有充分理论依据和政策依据的。

辅导员工作课程化模式的提出也有其现实基础，主要包括：辅导员角色定位清晰，辅导员工作职业化、专业化、专家化、团队化趋势凸显；新课程观日渐成熟；高校思想政治教育工作备受关注；科学的绩效评价技术支持等。同时，围绕高校辅导员工作课程化模式这一主题，通过立项课题、发表论文、出版著作等方式，从具体指导思想、基本原则、基本原则、基本流程、相关教学特点、相关教学技能、相关教学方等方面系统论证高校辅导员工作课程化模式的相关理论问题，能够实现对辅导员的全面认识，无论从角色定位、工作性质，还是从工作内容、工作行方面都更加明晰，进而创新和发展了高校辅导员队伍建设的相关理论。它在保持辅导员队伍职业生命力、激励职业内在力、涵养职业价值观念、锤炼精神品格等方面具有重要的价值。

（二）以专业知识为辅导员工作课程化的专业标准

专业知识是辅导员以教师身份开展教育教学，不断提升教学质量、增强职业认同和自身角色认同的核心与基础。现代意义上的课程观认为，课程包含的含义更为广泛，除了教师在课堂上为学生所教授的各门学科课程之外，还包括课堂外有计划、有组织开展的各类教育教学活动。也就是说，课程是为实现人才培养目标而选择的教育内容以及实施过程的总和。

从辅导员的职责使命而言，课程化工作模式的价值取向以学生的全面发展为目标，它使实现方式更加社会化、生活化和综合化。辅导员工作课程化是以课程的方式规划辅导员的工作，辅导员以教学的方式开展工作。

从思想政治教育工作及其学科支撑来看，辅导员理论学习的首要任务是系统、深入学习马克思主义理论知识，读原著、学原文、悟原理。马克思主义理论学科知识主要涵括马克思主义理论知识、中国特色社会主义理论知识、中国共产党的历史知识、国情国史的知识等。传道者自己首先要明道、信道。高校教师要坚持教育者先受教育。只有彻底相信理论，才可能真心说服学生。这些基础理论知识是辅导员提升课堂教育的政治性、思想性、导向性和实效性的基础。值得注意的是，单一的知识传递并不必然形成正确分析问题与解决问题的思维。要引导学生辩证地看待问题，这也要求辅导员应从理论回归到与学生紧密相关的"生活世界"中，坚持宏大理论与微观叙事相结合，以生活叙事的表达方式让学生觉得理论可感、可亲、可信，彰显立德树人的价值关怀。

从教学效果层面而言，高校辅导员还应具备关于教学管理与学生成长规律的知识。在党和国家政策的推动下，辅导员的角色定位已经从单一的"政治引路人"转变为围绕人才培养的"教育管理者""教育服务者"；职责也从"培养大学生政治素质"发展为"促

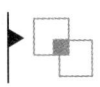

进大学生全面发展"。在这样的转变中，如何把握当代大学生的特点，并用科学理论强化引领他们，这就必然要求辅导员在教学过程中能达到知识性与价值性的统一，能处理遵循学生成长成才规律与分析、阐释现实问题的能力之间的张力等问题。面对学生的各种疑惑，辅导员必须坚持把解决思想问题和解决实际问题相结合，在解决实际问题中，不断总结、反思，不断增强针对性和实效性。

（三）以职业定义为辅导员工作课程化的行为标准

对职业的定义是职业能力的基本要素，明晰职业定义是引领高校辅导员职业化、专业化发展的基本准则，是提升高校辅导员能力的重要途径。《高等学校辅导员职业能力标准（暂行）》中将高校辅导员的职业定义为："辅导员是高等学校教师队伍和管理队伍的重要组成部分，具有教师和干部的双重身份。"由此，为辅导员职业建立了相对独立的知识和理论体系，规范了辅导员的工作范畴，为辅导员的岗位职责和边界提供行为规范。

首先，明晰的职业定义有助于辅导员增强职业自信心，获得职业归属感，履行起教学育人的职责。其次，明晰的职业定义准确定位了辅导员职业能力的界限，辅导员工作课程化建设，能有效提升辅导员履行工作职责的标准和责任，使辅导员教师身份的作用不断发挥出来。

三、辅导员工作课程化的价值意蕴

辅导员工作课程化：用课程的形式规划辅导员的工作内容、用教学的标准要求辅导员的工作行为、用科学的方式评价辅导员的工作效果，促进辅导员履行教师的角色，优化工作方式，发挥教育功能，从而提升工作效果。

辅导员的主要工作为开展学生日常思想政治教育。辅导员工作课程化的建设，是以高校辅导员的九大工作职责为框架的，整合辅导员开展的具体工作，通过课程的形式与学生之间产生良性互动，从而达到一种良性循环的效果，提升辅导员的工作实效。

（一）强化辅导员队伍的职业化定位

辅导员是开展学生思想政治教育工作的骨干力量。目前，全国高校辅导员队伍的整体建设发展不同步，对辅导员的角色理解不准确、履行职责不到位、评价体系不完善、落实相关政策不充分等问题是各高校辅导员队伍发展的痛点。对辅导员工作的课程化建设的探索，在系统规划辅导员工作内容的基础上，以课程的形式整合辅导员开展的工作，有利于强化辅导员的教师、干部"双重身份"，有利于学校职能部门和学院对辅导员工作的"双重领导"，通过课程的形式，有利于延伸辅导员的工作效果，从而定位辅导员角色。

（二）提升辅导员队伍的专业化水平

立足于新时代人才培养的新要求，高校辅导员队伍建设职业化、专业化、专家化、团队化的现实条件越来越充分。高校大学生思想政治教育工作，尤其是日常思想政治教育工作是经验性的工作，这是很多人的共识，不过，这类工作从内容到手段、从任务到机制、从人员构成到评价体系等反映出的科学性、系统性和专业性还不够。

辅导员开展具体教育工作的内容，与传统的思政课在内容上是没有冲突的。构建辅导

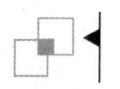

员工作课程化体系，转变辅导员开展日常思想政治教育工作的话语体系，帮助辅导员从日常工作的走进寝室、走进活动延伸至走上讲台、走进课堂，这些都能提升辅导员解决学生实际问题的能力，也能让辅导员的工作更加贴近学生、贴近实际、贴近生活，同时，这不仅是思想政治教育理论教学的实践补充，也有助于提升辅导员队伍整体的专业化水平。

（三）实现辅导员队伍的内涵式发展

辅导员队伍承担着大学生日常思想政治教育和管理工作，在思想政治教育工作体系中承担着尤为重要的职责。落实辅导员职务职级"双线"晋升制度，是辅导员队伍可持续发展的必由之路。学习思想政治教育的基本理论和相关学科知识，参加相关学科领域学术交流活动，参与校内外思想政治教育课题或项目研究，是《普通高等学校辅导员队伍建设规定》中明确规定的第九项职责，也是对辅导员个人科研能力提出的要求。

推进辅导员工作课程化建设，整合教学、科研、管理、服务等各方面的资源，搭建辅导员实现理论探索和实践工作相结合的研究平台，这些措施能引导辅导员在知识储备和业务能力上下功夫，能促进辅导员队伍的全面发展，能培养辅导员成为引导大学生全面发展的高素质人才，能为高校思想政治教育工作的亲和力和实效性打下坚实基础，能实现辅导员队伍建设的内涵式发展。

第二节 探索与实施辅导员工作课程化模式的必要性

一、是明确辅导员自身定位与落实课程观的需要

（一）是明确辅导员自身定位的需要

综合考察全国高校辅导员的队伍建设状况，可以说他们都不同程度地存在着角色不清、定位不准的问题，在大部分高校中，辅导员被称为"边缘人"。他们接受学校与院系的双重领导，随时都要完成学校的各级党政管理职能部门布置的任务和本院系布置的工作事务，俨然成了学生的"保姆"、校职能部门的"勤务兵"、院系的"服务员"，是"万金油"式的干部。辅导员对自己的工作很难有理想的价值归宿。他们出路窄、待遇差、地位低已是不争的事实。

作为教师和管理者，辅导员理应承担"教书育人，管理育人，服务育人"三项工作职责，但由于其整天忙于事务工作，却把作为教师的首要工作——教书育人抛之脑后，这是辅导员队伍发展迫切需要解决的突出问题。规划、实施辅导员工作课程化产生了积极的作用，它把辅导员开展的具体工作用课程形式整合起来，借助课程和教分考核辅导员的具体工作，强化辅导员的教师、干部"双重身份"，加强学校职能部门和院系组织对辅导员工作的"双重领导"，落实辅导员教师、干部"双重待遇"，促进全员、全程、全方位育人格局的形成。

(二) 是课程改革和发展的需要

进入 21 世纪,随着课程改革的深入、课程理念的更新,原有的课程观——课程即学科的概念被打破了。新的课程观认为,课程是知识,课程是经验,课程是学校有组织、有计划的所有教育、教学活动。课程改革的发展体现出以学生发展为本的趋势,体现出综合化、社会化、生活化的趋势。辅导员工作课程化正是顺应了课程改革和发展的趋势,深化了对课程观的新认识,把辅导员所从事的具体工作,按照课程理念加以整合,使之成为领域广泛、复合交叉、点面结合的若干模块课程,成为较为稳定、便于实施的课程。辅导员工作过程就是上课过程,这从理论上解决了高校辅导员无课可上的问题,从实践上解决了高校辅导员无时间上课的问题,使辅导员的"双重"身份得以践行。

二、是实现高校全方位育人的需要

高校的核心工作就是"育人",无论是正式课程,还是非正式课程;无论是显性教育形式,还是隐性教育形式,都应该紧紧围绕这一核心工作来展开。辅导员作为高校"育人"一线的主力军,工作"课程化"模式让他们不仅可以在教室里,也可以在教室外开展教育活动;既可以用知识讲授的形式,也可以用现场演示的形式进行教育活动;既能将学生思想政治教育、文明规范、心理健康、职业生涯规划整合为课程教学内容,又能将社会实践、党团建设、校园文化、学生资助等纳入到课程体系中。可见,辅导员工作"课程化"内容是以非正式课程形式构筑高校育人体系的重要部分,这部分课程教育对人才培养起到至关重要的作用,它用非正式课程弥补了以学科知识为中心的专业教育的不足,是高校实现全面育人、提高人的综合素质这一终极目标的必经之路。

尽管实现辅导员工作"课程化"还有很多需要解决的问题,要有制度保障、人员保障、经费保障等一系列配套支持,但这种工作模式使学生的教育和管理在广度和深度上都获得了更大的突破,是高校建设好辅导员队伍值得探索的新途径。

三、是全面提升高校辅导员水平的需要

(一) 是加强高校辅导员建设的需要

教育学家顾明远指出:"社会职业有一条铁的定律,即只有专业化,才有社会地位,才能受到社会的尊敬,如果一个职业是人人都可以担任的,那么,它在社会上是没有地位的。"[1] 这里的职业化、专业化有以下几层含义:一是指一个普通的群体经过一段时间后不断成熟,逐渐符合职业标准,成为专门职业并获得相应专业地位的过程;二是一个职业群体的专业性质和发展状态处于应有的水平,拥有一套完善的专门知识和技能体系作为这一群体从业的基本依据;三是拥有相当高的社会声望和经济地位。具体到辅导员职业来讲,则是辅导员队伍在发展过程中获得较强的专业素质,形成鲜明的专业标准,拥有稳定的专业地位的过程。

---

[1] 罗邻球,王阿凡,肖洒. 辅导员工作向课程转化的思考 [J]. 高教论坛,2017 (10):74-76.

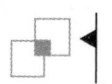

随着高等教育改革的日益深入，高校辅导员队伍建设职业化、专业化、专家化的现实条件也越来越充分，但不可否认的是，我国高校辅导员队伍的非专业性和流动性状况依然严峻。究其原因，就在于辅导员专业化知识体系和专业化课程体系滞后。从职业发展角度考察，辅导员工作职业化是实现辅导员队伍专业化、专家化的基础。

要想让辅导员职业成为像专业教师一样的长期从事的稳定职业，就必须创造条件，使辅导员从工作中获得预期的事业感，并自觉地把它当作奋斗一生的事业看待。而辅导员工作课程化是辅导员获得职业声望、专业地位的重要途径。是辅导员安心做好本职工作的前提条件，因此，课程化是高校辅导员职业化、专业化、专家化建设的迫切需要。

（二）是提高辅导员工作实效性的需要

辅导员是与学生接触时间最多的教师，从学生入校开始，无论是在生活上还是在学习上，辅导员教师都是全程相伴的，对于学生的爱好兴趣、心理状态、精神需求等有着比较深入的了解。如果辅导员有能力充分利用这一有利条件，适时开展大学生思想政治教育，势必能够提高思想政治教育的效果。但由于目前很多高校辅导员的学历层次不高、学科知识结构单一、思政专业能力低下等原因，他们只能就事论事地进行简单说教，工作流于形式，不能满足大学生思想政治教育工作的客观需要。实施辅导员工作"课程化"模式，一方面，可使思政教育内容更系统、更全面，与学生的需求更贴近，使辅导员的说教不再空洞，更易于学生接受；另一方面，对辅导员队伍职业地位的提高、整体素质的完善，增强思想政治工作的实效性，形成思想政治教育的长效机制，都是十分有利的。

实施辅导员工作课程化模式，可以避免辅导员由于超负荷的工作将科学管理变成简单应付，将上传下达变成简单复制，将热情周到变成冷若冰霜；可以将辅导员从繁杂的工作中解脱出来，通过课堂教学将"管理"与"育人"相结合，提高工作的实效性。

（三）是科学评价和考核辅导员工作的需要

建立科学的评价和考核体系能够为高校客观、准确地对辅导员进行培养、使用、分配、调整、晋级和续聘等提供有效的依据，同时也是对辅导员职责行为的规范和强化。

但从工作实践上看，辅导员考核具有复杂性和难操作性，这主要是由辅导员工作的烦琐性、事务性、滞后性和长期性的特点决定的，要完全做到科学、规范、有效是非常困难的。实施辅导员工作"课程化"模式，可以最大限度地避免或纠正在对辅导员进行绩效评价和考核过程中出现的问题，如缺乏科学经验的评价和考核指标体系，缺乏操作性的评价和考核方案，缺乏监督性的评价和考核过程，缺乏反馈性的评价和考核结果，等等。同时，借助课程和教分，在全面反映辅导员工作特点的同时，还能对辅导员的发展方向和行为表现产生直接的导向作用。

（四）是实现辅导员队伍专业化建设的需要

目前存在的辅导员数量不足、人员结构混杂、学历层次不高、学科知识结构不合理、人员流动性大等问题严重影响着高校辅导员队伍建设，只有辅导员队伍走专业化道路才能解决这些问题。要像彻底摆脱将辅导员看成是学校分流的富余人员或可以滥竽充数的工作角色的固有印象，就必须通过专业化的培训、选拔机制和规范化的管理、保障体系提高辅

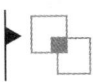

导员的理论水平，整合和优化辅导员的知识结构，提高辅导员的能力素质，建设一支符合教育工作需要的专业素养高的辅导员队伍。

实施辅导员工作"课程化"模式，能够让辅导员从繁杂的、不相干的事务性工作中解脱出来，也能使其在授课过程中获得较强的专业素质，并逐渐发展到专业自立；能够让辅导员队伍在发展过程中，形成鲜明的专业标准，获得科学、合理的绩效评价；能够让辅导员拥有稳定的专业地位，这是其安心做好本职工作的前提条件。

四、是增强大学生思想政治教育工作实效性的需要

大学生思想政治教育是大学育人的重要环节，它涉及多个专业领域，既包括大学生思想道德发展，又涵盖大学生学习、身心、生活发展。我国高等教育的快速发展对高等院校思想政治工作提出了新要求，也使高校辅导员面临了新挑战。

目前，高校辅导员队伍客观上存在的种种问题，严重影响了大学生思想政治工作的效果。由于队伍的非专业性，使工作很难保证其规范性与有效性；由于角色的不确定性，学生思想政治工作不到位现象时有发生；由于队伍的不稳定性，高校思想政治工作水平一直未有提高。所有这些，都使大学生思想政治教育工作的实效性大打折扣，而进行辅导员工作课程化建设，借助课程和教分，像考核专业课教师那样来考核辅导员的具体工作，能够提高辅导员队伍的职业地位和整体素质，能够形成思想政治教育的长效机制，能够增强思想政治工作的实效性。

第三节 课程化模式下地方高校辅导员工作体系构建

一、关于体系

体系一词在英文中有许多解释，诸如体系、系统、体制、制度、方式、秩序、机构、组织等。

体系在《辞海》上的解释为"若干有关事物相互联系，相互制约而构成的一个整体"。

关于体系，往大说，总宇宙是一个体系，各个星系是一个体系。往小说，社会是一个体系，人文是一个体系，宗教是一个体系，甚至每一学科及其内含的各分支均是一个体系，一人、一草、一字、一微尘，也是一个体系。大体系里含有无穷无尽的小体系，小体系里含有无尽无量的、可以无穷深入的更小的体系。众多的小体系，构成了一个大体系以至于总体系。

二、辅导员工作体系

辅导员作为一个在政治思想和业务水平上都有严格要求，人才培养质量和政治思想素质又有明确目标和任务的重要职业，就应该有，也必须有明确规范的工作体系来促进和保

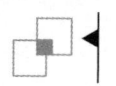

证辅导员工作任务、目标,以及党和国家赋予的历史使命的顺利实现。然而,无论从论理论层面还是从实践层面上看,辅导员工作体系都还没有明确、规范的提法和要求。

(一)宏观层面没有明确的提法和要求

直到现在为止,还没有人提出和探讨过辅导员工作体系。从国家政策、文件等宏观层面看,也还没有明确的提法和要求,辅导员制度关于工作体系的理论尚还空缺。近年来,尽管国家出台了不少关于辅导员的各种文件,有权威性的要算教育部2006年5月颁布的24令,其中明确了辅导员的5项工作要求和8项工作职责,但对辅导员工作内容表述颇具宏观性和方向性,很不具体和明确,没有直接、明确地对辅导员工作板块、体系和内容进行要求。因此,既导致实际工作中的理解和执行上的双重偏差,又造成现实工作中辅导员工作"无边无际",责任"无限化"的尴尬、窘迫局面。辅导员工作体系如果没有明确的界定和相关要求,我国辅导员制度建设就不完全,理论就有空缺,辅导员工作就缺乏规范的要求和管理,这就会长期影响辅导员工作目标任务的实现,从而制约高等教育的发展。

(二)实际工作的微观层面缺乏明确管理的依据

目前,宏观制度层面和实际操作层面都没有对辅导员工作体系有明确界定和要求,这导致其在认识、管理和实践上产生了多种理解和结果。首先是在工作板块和内容上必然会出现认识和实践上的双重偏差。其次是必然会出现工作思想的放松、迷茫和疏忽。再次是工作管理、考核缺乏明确和权威依据,方法措施缺乏科学性和完整性。从管理学的角度看,管理和考核就是促进工作的杠杆、动力和导航仪,明确规范的工作体系对加强和促进管理的作用和意义巨大。

由于没有辅导员工作体系这一明确的提法,更没有辅导员工作体系的明确划分和定位,因而辅导员工作变得随意性、主观性很强,这严重降低了辅导员的工作效率和质量,也阻碍了辅导员职责的履行。

三、课程化模式下地方高校辅导员工作体系概述

这里倡导的辅导员工作体系,是指在实施辅导员工作课程化模式下,从院系层面对辅导员工作进行规范化研究,重构课程化模式下院系辅导员工作体系,优化过程管理,明确院系层面实施辅导员工作课程化模式的方法、途径和标准,建立辅导员工作课程化模式的长效机制。

课程化模式下辅导员工作体系构建,包括以下五个方面:一是保障体系;二是课程体系;三是质量监控体系;四是考核评价体系;五是过程运行体系。

四、课程化模式下地方高校辅导员工作体系具体构建

(一)保障体系

保障体系是指为了实现某种目标而采取的各种保障性措施所构成的一个整体及其相互

关系结构。辅导员工作课程化模式保障体系就是院系把对辅导员工作课程化模式产生一定影响的因素（主要包含政策、制度、机构、人员等方面）有机地结合起来，促使各要素处于最佳状态，形成一个能够保障辅导员工作课程化顺利、有效开展的有机整体。保障体系是辅导员工作课程化模式实施的重要支柱。

1. 政策支撑

政策是国家政权机关、政党组织和其他社会政治集团为了实现自己所代表的阶级、阶层的利益与意志，以权威形式标准化地规定在一定的历史时期内所采取的一般步骤和具体措施。政策的实质是阶级利益的观念化、主体化、实践化反映。

辅导员工作课程化模式离不开政策的支撑，政策支撑是开展辅导员工作课程化的前提，只有构建科学、系统的政策支撑体系才能保证辅导员工作课程化的顺利开展。政策支撑体系的构建可从学校和学院两个层次着手来进行，首先学校要对辅导员工作课程化模式进行论证，对开展辅导员工作课程化的必要性、重要性和可行性有充分的认识，要在全校全面实施辅导员工作课程化模式，并提供相应的政策保障，做好学校课程化模式的顶层设计工作；其次，院系领导要高度重视辅导员工作的课程化，要在学校的统一要求和部署下，积极主动推进院系辅导员工作课程化模式，并立足学院的实际情况提供相应的保障措施。

2. 制度健全

制度，也称规章制度，是国家机关、社会团体、企事业单位，为了维护正常的工作、劳动、学习、生活的秩序，保证国家各项政策的顺利执行和各项工作正常开展，依照法律、法令、政策而制订的具有法规性或指导性与约束力的应用文，是各种行政法规、章程、制度、公约的总称。健全的规章制度是各项事业成功的重要保证，实施辅导员工作课程化模式亦是如此。

地方高校可按照"打基础、管长远、增后劲"的总体思路，结合地方高校的实际情况，在推行辅导员工作课程化模式的过程中建立一整套具有自己特色的规章制度，如《辅导员工作量化考核办法》《辅导员集体备课制度》《辅导员优秀教案评选办法》《辅导员精品课评选办法》《学生工作人员酬金计算及发放办法》等。

3. 机构合理

机构，指由两个或两个以上构件通过活动连接形成的构件系统。泛指机关、团体或其他工作单位，也指机关、团体的内部组织。

辅导员工作课程化模式要求学生工作的机构设置要与其相匹配，首先，应设置辅导员、班导师工作课程化模式教研室，在教研室设置主任、秘书等岗位，并进一步明确教研室各成员的工作职责，充分发挥辅导员课程化教研室在课程体系构建、师资队伍建设、优秀教学团队培育、合格人才培养、教学及科学研究活动开展等方面的统筹推动作用。其次，在课程建设方面，《专项指导课》一般应有相应的辅导员专职岗位相对应，如《学生党建指导课》对应"学生党支部书记"岗位，《共青团工作指导课》对应"团委书记"岗位，等等。对于《基础指导课》，则要求设立与之相对应的年级辅导员，实施分年级或班组的分工模式。

4. 人员到位

辅导员是实施辅导员工作课程化的主体，辅导员的数量和辅导员工作的积极性、主动

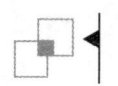

性和创造性直接影响着辅导员工作课程化的开展。一些高校或院系辅导员人数不足，这就会让辅导员在承担繁重的《专项指导课》《基础指导课》教学任务，从而导致辅导员工作积极性不高，主动性不强。因此，合理的辅导员数量和辅导员工作到位的程度是开展好辅导员工作课程化的关键因素。

（二）课程体系

课程体系主要是指学校依据一定的教育目建构的各学科、各科教育以及教学活动的系统。课程体系是实现学校人才培养目标、确定人才培养规格、体现人才培养特色的最主要的教学载体。课程体系是辅导员工作课程化模式的基础，分为《专项指导课》和《基础指导课》两大模块。

（三）质量监控体系

"提高质量"已成为当前我国高等教育发展最突出的"主题"，教育部专门印发了《教育部关于全面提高高等教育质量的若干意见》，对提高高等教育质量的意义、任务、措施给出了明确的指导性意见。而质量的提高需要监控来确保，因此，高校辅导员在工作中要加强质量监控工作。

所谓监控，是指对对象的监督和控制。质量监控，是在实施质量计划的过程中对质量对象进行监督和控制，从中发现质量问题，并对质量进行有效改进，这是实现质量目标的保证。

要想对课程化模式下辅导员工作的质量和效果实施有效的监督、检查、评估和指导，不断提高教育教学效果，就必须构建并完善质量监控体系。一套完善的质量监控体系应该覆盖教育教学的全方位、全过程和多层次，考虑到辅导员工作课程化模式正处于运行、推进的初级阶段，因此，质量监控体系可从简单到复杂，从单一教学过程到全过程，逐步进行完善。

1. 教学效果调查

由于问卷调查具有节省时间、经费和人力；有效避免主观因素干扰、减少调查误差；匿名性好、便于收集真实信息；调查结果便于分析和处理等特点，所以辅导员课程化教学效果调查可采用问卷调查的方法进行。教学效果调查问卷的内容包含被调查学生的基本信息，辅导员围绕《专项指导课》和《基础指导课》中各个教学项目所开展的情况和效果等进行。

通过采用问卷的方式开展教学效果调查，一方面，可以清楚了解每位辅导员的教学工作是否按照学校及学院的要求扎实开展以及工作开展后是否达到了预期的效果，另一方面，也可以准确了解广大学生的实际需求，这样辅导员就能根据学生反馈的意见和建议对其开展的教学项目或子课程进行增加或删减，以增强每个教学项目或子课程设置的针对性和实效性，提高教学质量。

2. 技能及方法培训

近年来，随着高校辅导员工作课程化模式的实施，各地方高校辅导员开始依据思想政治工作规律，运用管理学、教育学、心理学、哲学等学科知识和技术，指导课模块课程和专项指导课模块课程。在具体教学工作中，他们探索出了很多好方式、好方法，从不同角度来看，主要有以下几种方法。

从教学主体创新角度开看：角色扮演法、互动教学法、自我教育法、合力教育法等。

从教学内容创新角度开看：诚信教育法、感恩教育法、主题教育法、兴趣教育法、精品活动法、科技学术法、案例分析法、项目教学法、生涯规划法、学涯规划法、学习指导法、心理咨询法、职业指导法等。

从教学行为创新角度开看：预防在先法、以身作则法、民主管理法、激励评价法等。

从教学工具创新角度开看：媒介引导法、模拟教学法等。

从教学双边活动创新角度开看：矛盾转换法、对症下药法、疏导教育法、循序渐进法、沟通交流法等。

这些方法，有的是辅导员对通用工作方法的传承，有的是其在实际工作中的独创。综合分析这些方法，既涉及思想政治教育方式创新层面，也涉及解决问题方式创新层面，既涉及教育咨询方式创新层面，也涉及所用工具创新层面。伴随这些新方法的运用，一些新的教学技术和手段也不断涌现出来。这些技术和手段属于方法论创新范畴。

3. 优秀教案评选

优秀的教案是在辅导员遵循教育规律、教学规律和人才成长规律的前提下，在充分了解授课对象特点的基础上，经过精心规划和设计，反复充实和不断完善，以及不同辅导员间相互借鉴和帮助下得来的。它是辅导员教育思想、智慧、动机、经验、个性和教学艺术性的综合体现。

每一学期，学院辅导员、班导师工作课程化模式领导小组按照制定的《优秀教案评选标准》对优秀教案进行，并给予优秀教案的撰写人适当的物质和精神奖励。通过开展优秀教案的评选，能提高辅导员课程化的教案质量，也能强化辅导员课程化的教学效果。

4. 精品课评选

精品课的评选是在辅导员优秀教案评选的基础上，依据《精品课评选标准》，对辅导员开展的某一门教学项目或子课程的教学实践活动进行的评选。

精品课的评选，一方面鼓励辅导员利用新的教学方法和手段，创新完成自己所负责是教育教学活动，不断提高自身的教学水平；另一方面能充分发挥精品课的辐射性和示范性作用，营造人人重视、人人参与精品课创建的良好氛围，不断推进辅导员课程化的课程体系整体建设。

（四）考核评价体系

考核评价是指各级组织单位运用科学的考评手段，从多角度对所属工作人员的工作情况、满意度及各方面的表现进行等级评定。辅导员工作考核评价就是通过收集辅导员在学校内开展思想政治教育工作情况的信息反馈，并综合运用定量方法和定性方法对相关信息进行分析，对辅导员的工作过程及其工作效果进行评判的过程。

辅导员工作课程化要求用科学的方式评价辅导员的工作效果，这就要求我们必须要建立一套科学、合理的考核评价体系。课程化模式下对辅导员工作进行考核评价，必须要在坚持定性与定量考核相结合、过程与结果考核相结合、公平公正公开、导向性与重视反馈的原则的基础上开展。辅导员工作考核评价体系应以领导、同事、学生为考核评价主体，通过绩效考核的手段，以考核评价辅导员的工作为最终目的，科学、合理地衡量辅导员

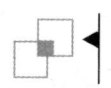

工作。

1. 教学计划执行登记

教学计划执行登记是辅导员过程考核与定性评价相结合的产物，每周五辅导员依据学期初制订的教学计划进度表对自己的教学计划执行情况进行详细登记，同时，根据实际情况列出下一周的教学计划。教学计划执行登记应采用表格的形式，一方面方便归档和统计，另一方面能形成过程考核档案，这样，过程考核档案就成了对辅导员教学情况进行定性考核的直接依据。

2. 学生满意度调查

学生满意度调查是学生个体对辅导员定性评价与学生群体对辅导员定量评价结合的产物，每学期末，学院要对辅导员逐个进行学生满意度调查，学生就"满意"和"不满意"两个选项进行选择，对于每位辅导员来说，其获得"满意"的数量与"满意"和"不满意"之和的比例，就是该名辅导员学生的满意度，满意度是量化的，这从一定程度上也反映出辅导员工作的实际效果。

3. 绩效量化考核

绩效量化考核是辅导员结果考核与定量评价结合的产物，就是尽量用量化的数据、指标反映辅导员工作业绩的一种形式。辅导员工作绩效量化考核内容包括《基础指导课》《专项指导课》、成果加分项、扣分项共四个方面，计量单位为教分。所获教分之和即为辅导员学期工作绩效量化考核结果。

（五）过程运行体系

教学工作千头万绪，传统的教学过程运行体系包含一个中心、三个基本点。一个中心就是教学质量；三个基本点分别是理论教学、实践教学和第二课堂，这是教学过程的三要素。三个要素围绕教学质量这个中心，沿闭环控制路线循环运行三个系统。三个系统互相联系、互相制约，构成了传统教学过程运行体系。

课程化模式下辅导员工作运行体系与传统教学过程运行体系不尽相同，教学质量是中心，贯穿在所有体系之中。过程运行体系主要包括任务分工、学期工作要点及月度安排、教学计划进度表、教案等内容。

1. 任务分工

任务分工本不该是基本环节和要素，但合理的分工和明确的任务是至关重要的，每一项工作都应该有人去负责，课程化模式下，辅导员的工作要涵盖学生工作方方面面，要覆盖到所有学生，要做到横向到边、纵向到底，不留死角和空白。任务分工要求辅导员要明确自己每学期的任务，在学期运行中可根据工作需要对任务进行及时优化、调整。

课程化模式下任务分工就是要明确辅导员的教学任务，将课程体系中涉及的教学项目或子课程一一对应分配到每位辅导员，同时应进一步明确每一名辅导员的授课对象，及时调整辅导员的岗位任职。

2. 学期工作要点及月度安排

为了充分保证学期学生工作计划的切实可行性，每学期初，院系应根据校、院两级工作部署及安排，结合学院辅导员工作课程化的课程设置及教学要求，制定出学院学期工作要点，并形成月度安排表。月度安排表应细化到每个月的上、中、下旬，并指定每一项工作的具体负责人，进一步明确辅导员的责任和任务。

3. 教学计划进度表

教学计划进度表是实现高等院校人才培养目标和基本规格要求的总体设计蓝图和实施方案，是学校组织和管理教学过程的主要依据，是学校对教育、教学质量监控与评价的基础性文件，也是学校和院系检查辅导员工作运行的重要内容。学校可设计《教学计划进度表》模板，每学期初，辅导员结合学院学生工作要点及月度安排、任务分工，按照相关要求进行填写。

4. 教案

辅导员撰写教案是辅导员工作课程化最重要的产物，撰写教案也是课程化模式下辅导员工作运行的关键环节。教案是对教学的设计和设想，是教学实践活动的蓝图，它直接影响着辅导员的教育教学效果。为了抓好教案环节，学校可精心设计教案模板，明确具体要求，统一形式，规范标准。

第四节 课程化模式下地方高校辅导员工作的流程

一、准备阶段

在这一阶段主要包括两个流程：一是课程建设；二是教学技能及方法培训。

（一）课程建设

课程体系是辅导员课程化模式的基础，课程建设则是课程化模式运行的第一步。高校要紧紧围绕高校辅导员工作的职责和工作的特点，依据学校辅导员工作课程化模式教学大纲要求，结合具体实际，对辅导员工作内容按课程的形式进行规划和设计，以形成"结构完整，科学系统"的课程体系。

课程建设这一流程的执行主体和责任人应该为院系学生工作负责人，通常为分管学生工作的党委副书记，所规划和设计的课程主要包括《专项指导课》和《基础指导课》两个模块。

（二）教学技能及方法培训

辅导员工作课程化要求用教学的标准规范辅导员的工作行为，要求辅导员必须掌握教学的技能和方法，但辅导员工作又与单纯的教学工作不同，它要求辅导员在掌握教学技能和方法的同时，又需要提炼新思路、创新方法，这给辅导员带来了极大的挑战。同时也表明，对辅导员进行必要的教学技能及方法培训是十分必要的，对课程化模式下辅导员的教学技能及方法进行科学的研究和探索势在必行。

教学技能是指通过练习运用某种知识和规则顺利完成某种教学任务的能力。包括三层含义。

第一，教学技能是在教师已有知识经验的基础上形成和发展起来的。

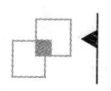

第二，教学技能的形成是内外兼修的结果。

第三，教学技能是一系列教学行为方式的整体体现。

教学技能一般由教学设计技能、教学语言技能、教学反思技能、活动组织、指导技能五部分组成。这些教学技能都是辅导员需要掌握的技能，在技能培训时，辅导员要根据技能的不同采取不同的方法，以保证自己技能培训水平的提高。

二、计划阶段

在计划阶段，需要完成以下四个流程：一是学期工作要点制定；二是学期月度安排编写；三是学期教学计划进度表编制；四是学期教案撰写。

（一）学期工作要点制定

工作要点是针对未来一个时期工作的简明扼要安排，多用于领导机关对下属单位布置工作和交代任务。

1. 制定依据

学期工作要点：在每个学期初，学院要根据学校学生工作的总体安排和部署、结合学院实际（课程体系、任务分工等）进一步梳理出学生工作的目标和任务，列出学期学生工作要点，以引领和指导学期工作的深入开展。

院系学期学生工作要点的制定主要依据有以下两个方面：一是学校相关部门有关学生工作的学年或学期要点；二是院系学生工作的总体安排和部署。

2. 制定"三个遵循"

学期学生工作要点是纲领性的文件，因而要突出指导思想和工作重点，实现"任务明确，重点突出"的总体要求，制定过程中要注重"四个遵循"。

（1）遵循教育的客观规律

学生思想政治教育工作必须按照科学发展的规律循序渐进，不能搞突击、跳跃等。在制订学期学生工作计划时，教育者要认真学习和研究马克思列宁主义、毛泽东思想、邓小平理论、"三个代表"重要思想、科学发展观、习近平新时代中国特色社会主义思想中蕴含的教育理论和教育教育客观规律。

（2）遵循党和国家有关教育的方针和政策

这里的方针政策既包括党和国家制定的有关教育的各项方针政策，也包括教育部和其他主管部门的有关规定和下达的通知要求，它是制订学期学生工作计划的根本依据，不能有所偏差。

（3）遵循社会主义现代化建设的需要和当代科学技术的发展趋势

新时代背景下的高等学校一方面要培养出数量足够、结构合理的各种专门人才；另一方面，要不断提高培养人才的质量，使他们具有合理的知识结构和能力结构。当代科学技术发展迅速，在制订学期学生工作计划时，必须研究当代科学技术发展的新动向，分析科学技术发展和新的技术革命对高等学校培养人才的要求。只有这样，才能确保高校培养出来的人才，能掌握世界最新科学成果，能站在科学技术的前沿，为赶超世界科技的先进水平做贡献。

（二）学期月度安排编写

学期月度安排编写的主要依据是学期工作要点，前者是后者的进一步细化和深入，也是辅导员对学期工作的全面梳理。月度安排编写应该科学合理，责任明确，并尽可能详细。月度安排编写是以旬为单位的，可将预计要开展的各项工作按照每个月的上、中、下三旬进行细化，细化的各项工作都要指定具体负责的辅导员，并明确其责任和任务。

（三）学期教学计划进度表编制

学期教学计划进度表相当于教学日历，是辅导员把学期所有教学任务科学合理分配到每周或每一天中所形成的计划进度表，通过编制好教学计划进度表，辅导员能够进一步明确任务、理清思路。科学合理的教学计划进度，将直接影响高校辅导员工作课程化的教学运行效果，进而影响思想政治教育的实效性，因此，它是课程化模式下辅导员工作运行的关键环节之一。

1. 编制依据

院系辅导员工作课程化模式教学计划的编制，主要是在学校和院系辅导员工作课程化模式课程体系的总体框架下进行的，针对的是《基础指导课》和《专项指导课》这两个课程模块，是依据院系辅导员工作课程化模式的教育目的和培养目标，根据上级有关文件规定，结合院系的学期学生工作要点和月度安排完成的。

2. 编制原则

（1）明确性。所谓明确性就是要用具体的语言清楚地说明要达成的行为标准。

（2）衡量性。衡量性就是指计划应该是明确的，而不是模糊的。

（3）可实现性。既要使工作内容饱满，也要使其具有可达性。

（4）相关性。是指实现此计划与其他计划的关联情况。

（5）时限性。是指计划是有时间限制的。

（四）学期教案撰写

教案是针对一节课的详细安排，是教师备课工作中的最后一个环节，也是备课过程中最为全面系统、深入具体的一个环节，是保证教师有计划、有步骤的上好课的必备手段。编写教案对提高教学质量、提高教师的理论与实践教学水平有着重要的意义。学期教案撰写的基本要求如下。

（1）要以教学大纲和教材为依据，做到目的明确，要求适当。

（2）要处理好教与学的关系。教师要创造良好的学科情境，使师生共同置身于情境之中，并能从中探索中提出问题、解决问题、总结规律。教师还要研究如何设计启发和点拨学生的思维程序及要点。

（3）做到教书育人。教案对于开发学生智力、培养学生灵活运用所学知识解决实际问题的能力等诸多方面发挥着重要的作用。教案编写过程要有计划，寓思想教育、能力培养于知识传授之中。

（4）要依据学科特点，加强实践性教学。

（5）要求环节完整、结构合理、思路清晰、繁简得当、时间分配合理，使教案能对

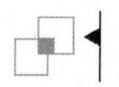

课堂教学活动起到指导作用。

三、执行阶段

执行阶段是为了实现计划中的内容而进行具体运作的环节。在这一阶段，辅导员要完成教学和计划执行登记两个流程。

（一）教学

1. 课程化模式下高校辅导员教学内涵

（1）辅导员的教学由辅导员的"教与"学生的"学"两方面的活动组成。辅导员教学是师生双方的共同活动，教学双方在活动中相互影响，相互作用。

（2）辅导员教学以培养全面发展的人才为目的。辅导员教学不仅要完成思想政治教育任务，更要侧重完成包括增强体质、陶冶品德、培养美感等素质教育任务。

（3）辅导员教学具有多种形态，是共性与多样性的统一。辅导员教学作为学校进行全面素质教育的一个基本途径，具有课内、课外、班级、小组、个别化等多种形态。

2. 课程化模式下高校辅导员教学原则

（1）启发性原则

在教学中让学生进行独立思考，主动学习，充分调动学生学习的自觉积极性。要激发学生的积极思维、确立学生的主体地位、建立民主平等的师生关系。

（2）系统性原则

教学活动应当持续、连贯、系统的进行。要按照教学大纲的顺序教学，教学必须由近及远、由浅入深、由简到繁，根据具体情况进行调整。

（3）理论联系实际原则

教学活动要把理论知识与生活、社会实践结合起来。应当尽可能广泛地让学生接触社会生活的各个方面，应当尽可能结合本地区的特点，应当注重大学生发展的实际。

（4）因材施教原则

辅导员在教学活动中应当关注和照顾学生的不同特点和个性差异。要充分了解学生，尊重学生的差异。

（二）计划执行登记

为及时、全面了解和掌握辅导员的教学计划执行情况，每周进行教学计划执行登记是非常有必要的。这一工作一般在周末进行，每个辅导员都要把自己在本周进行的教学计划进行登记，形成《周教学计划执行登记表》，同时简要地把下一周将要进行的教学计划整理出来，发给院系副书记。

院系副书记一方面要将所有辅导员的《周教学计划执行登记表》存档，另一方面要对每位辅导员下一周将要进行的教学计划进行审查和统筹，如发现授课对象、内容、时间、地点冲突等情况，就要站在学院的角度统一进行及时调整。

四、收尾阶段

在收尾阶段，院系辅导员工作课程化领导小组要检查辅导员的教学效果和成果，包含教学效果调查、优秀教案评选及精品课评选三个流程。

(一) 教学效果调查

课程化模式下辅导员工作均是以广大学生为出发点的，同时又以广大学生为落脚点，所以它的实际效果也最终体现在学生身上。对辅导员教学质量的监控首先应该考虑的是学生的反馈，鉴于此，每学期学院都要面向学生进行教学效果调查。

教学效果调查一般在每学期末进行，学院利用假期进行统计、总结和分析，在新学期开始前针对总结和分析的结果进一步完善，实现良性循环。通过多年的实践，笔者认为，此项工作的实施可采用网络信息化技术手段开展，该手段非常便捷。

(二) 优秀教案评选

优秀教案要具备以下特点。

（1）教案保存完好、整洁，无破损、缺页、卷角、污染等，书写整齐规范，各类补充资料整理整齐、规范。

（2）课型齐全，每种课型环节齐全，课时达到规定节数。

（3）教案格式规范，每课时教案字数够。

（4）体现了新的教学理念，教学设计有独创性、实效性，体现了学科发展的方向，体现了因材施教。

（5）教学成绩不低于平均水平。

(三) 精品课评选

精品课的评选标准主要有以下几点。

（1）坚持正确政治方向，思想观点导向正确，内容信息真实准确。辅导员所开设的课程必须旗帜鲜明地阐述党的理论和主张，坚持正确的舆论导向。

（2）有明确的授课主题，也就是授课的目的，回答要讲什么、解决什么问题。教师要围绕主题备课，学生要在主题引导下听课。主题要通过题目表述出来。题目表述必须是学术性表述，所用概念要科学、严谨，题目要高度概括所讲内容或观点，不可模糊或泛泛表述，更不可用未被公众普遍接受的语言表述。题目涉及问题、范围的大小要与所讲内容对应，特别要防止题目过大、内容偏小的情况出现。

（3）内容能支撑主题，且有合理的结构设计。结构是内容及分论点的组合，这种组合必须有讲究，需要精心设计。要依据问题自身的逻辑关系、时间空间关系、主次关系等进行设计，首先要保证课程内容是完整的，包括提出问题、阐述过程和概括观点。其次结构还应该是合理的，就是各部分的先后顺序、主次关系、总分关系要清晰，最好能体现主题。

（4）思想观点要阐述清晰、问题论证要充分，并有简洁、严谨、高度的概括。这是课程的核心要素或是评价课程最重要的指标。课程要有思想性、指导性、启发性，首先要形成思想观点。思想观点的形成需要有充分的论证。辅导员要善于提炼和概括，通过严谨、充分的论述最终形成观点，这是课程的主旨，是授课的目的所在。学生上课的直接收获主要就在于此。

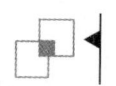

（5）理论联系实际，使课程既有理论高度又面对现实，既有学术味道又具实践性，高而不空，具有现实的指导性和启发性。辅导员开设的课程或是理论讲授或是知识传授或是政策解读，其都不能只是空洞地描述背诵理论原文，或是用概念解释概念。联系实际就是联系历史、联系世情、国情、党情、联系形势、联系重大事件、联系社会热点。用理论政策解释实际，可帮助学生正确、深刻地认识现实；理论联系实际也包括用实际印证理论，能帮助学生全面深刻地理解和把握理论。

（6）鼓励独特的教学风格，但风格要有利于教学目标的实现。评选精品课，鼓励教师要有自己的风格特色，但还是要看风格特色最终起到了什么样的作用。

五、评价阶段

评价阶段包含学生满意度调查、绩效量化考核及酬金发放等流程。

（一）学生满意度调查

学生对辅导员的满意度在一定程度上可以反映出辅导员的实际工作效果，高校需要在每学期对辅导员逐个进行学生满意度调查，并把获得的数据进行分析，进而得到每位辅导员的学生满意度指数。

在参与满意度调查的学生选定方面，选定人数原则上不少于该辅导员所指导学生总人数的10%，选定方式则采取指定人员和随机抽取相结合的方式。当然，学生满意度这项指标的运用还要在一定程度上考虑一些非客观的因素，如果辅导员获得满意度指数在90%以上，即可认定为合格，如果低于90%或更低的话，学院应该给予高度的重视，要采取和学生代表谈话等方式全面、充分地了解和剖析产生学生满意度指数低的原因，同时要将了解的情况告知相应的辅导员，并指导和督促辅导员通过改进工作方法等措施，切实增强工作实效，并最终提高学生满意度调查指数。

（二）绩效量化考核

辅导员工作绩效量化考核内容包括《基础指导课》《专项指导课》、成果加分项和扣分项四个方面，计量单位为教分。四个方面所获教分之和即为辅导员学期工作绩效量化考核结果。绩效量化考核程序如下。

（1）个人总结

辅导员对照课程化教学大纲，对本人一学期的工作做出全面总结，并向所在院系辅导员工作课程化模式建设领导小组提交总结及相应的佐证材料。

（2）学生评议

各院系组织被考核辅导员所带班级的学生对其进行工作满意度测评（参加测评学生人数原则上不少于所带班级学生总数的10%）。

（3）学院考核

院系课程化模式教研室主任（学生工作负责人）依据辅导员工作绩效考核内容对辅导员的工作进行考核，在征求院系党政负责人的意见后，确定院系考核结果。

（4）学校审核

各院系将本院系辅导员工作绩效考核结果报送校党委学生工作部审核，审核通过后视

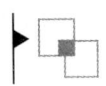

为最终考核结果。

(三) 酬金发放

在全校同级别职称教师平均工作量的基础上,结合辅导员绩效考核结果,可对辅导员所开展的各项具体工作以酬金的形式加以体现。酬金更好地体现了辅导员所开展工作的多少及实际效果,进而避免了干好干坏、干多干少一个样现象的发生,极大地提高了辅导员工作的积极性、主动性和创新性。

院系专职辅导员个人所得酬金由《基础指导课》考核所得教学酬金、《专项指导课》考核所得教学酬金、成果加分项所得酬金和扣发酬金四部分构成。

校党委学生工作部和人事处对各院系和职能处室报送的学生思想政治工作人员实得酬金进行审核,审核合格后由学校财务处将酬金打到相应辅导员的工资卡中,这样就完成了酬金的发放工作。

第十章　地方高校辅导员职业化发展

地方高校辅导员的职业化发展直接关系到高校的育人水平，也直接关系到辅导员的个人发展，高校应重视辅导员的职业化发展，根据地方高校自身特点，因地制宜，建设一支政治素质高、业务能力强的辅导员队伍。本章将对辅导员职业化概念进行解析，阐释地方高校辅导员职业化发展的意义，分析地方高校辅导员职业化发展进程与规律，探究地方高校辅导员职业化发展路径。

第一节　辅导员职业化概念解析

一、辅导员职业化的概念界定

辅导员职业化既指向高校专职辅导员在个人职业素养、职业技能方面不断提升专业化水平的过程，也指向高校辅导员队伍建设和发展的体制、机制、制度等不断完善的过程。[①] 具体来说，辅导员职业化包含三个层面的含义：

一是专职辅导员可以凭借此份工作立足于社会，成为终身从事的工作；

二是专职辅导员要体现辅导员职业的专业素养和专业技能；

三是辅导员职业化发展应该符合特定的行为规范或行业标准的要求。

二、辅导员职业化的体现

（一）辅导员专业化

相对于广义的辅导员职业化而言，辅导员专业化更强调辅导员的职业素养、知识系统、自治程度等专业要素在辅导员职业化中的作用。在中国高校学生工作的语境中，辅导员专业化具有更加重要的现实意义。高校辅导员职业化是辅导员队伍建设的发展方向，但并不意味着所有的辅导员都会长期稳定地从事此项工作。在某种程度上，队伍的合理流动有利于改善辅导员队伍结构，形成更加社会化的流动机制，推进辅导员职业化的发展。即使部分辅导员不能够以辅导员职业作为终身从事的职业和事业，辅导员专业化的要求也是

[①] 张晶娟. 高校辅导员职业化发展研究 [M]. 北京：对外经济贸易大学出版社，2017：7.

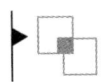

必不可少的。

目前高校的兼职辅导员队伍仍旧非常庞大，辅导员专业化对于兼职辅导员来说，既是个人成长的需求，也是提高工作质量的助力。在高校辅导员的发展历程中，涌现过很多优秀的人才，他们在国家重要岗位和重要领域发挥了重要的作用。虽然很多辅导员没有走上职业化发展道路，但是在辅导员岗位上的经历培养了他们优良的政治作风、甘于奉献的优秀品质、能打硬仗的工作能力，辅导员专业化建设功不可没。

（二）辅导员专家化

辅导员专家化必须放在辅导员职业化和专业化的语境中，才能够全面准确地掌握其实质和内涵要求。广义的职业化要求从业人员掌握相当程度的专业技能，专业化要求必要的科学知识体系和知识获取系统，而两者在知识技能方面的终极表现就是专家化。辅导员专家化，是辅导员职业化、专业化发展追求的重要目标，也是辅导员职业化、专业化不断向成熟阶段演变的关键标志和主要动力。

如果说，核心竞争力是职业发展的重要资源，那么辅导员专家化的过程，就是辅导员职业核心竞争力充分凝练的过程。只有在辅导员职业发展过程中不断涌现引领大学生全面发展的多领域的专家，只有不断涌现学科理论和实践研究的领军式人物，辅导员专业化才能够在知识论的基础上具有强有力的智力保障，辅导员职业化的发展才能够顺利进行。

（三）辅导员职员化

《高等教育法》第四十九条指出："高等学校的管理人员，实行教育职员制度。"[1] 推行职员制度的目标是在高校建设一支专业化的管理队伍。我国高校职员一般包括从事党务和行政管理的管理人员、教辅和后勤服务人员。辅导员是高等学校教师队伍和管理队伍的重要组成部分，具有教师和干部的双重身份。辅导员职员化主要是从辅导员的管理干部的角色入手分析辅导员的职业发展方向。

第二节 地方高校辅导员职业化发展的意义

一、辅导员职业化发展是实现高校育人目标的重要途径

古德森（Goodson）说教育首先是一种道德和伦理的专业。[2] 把学生培养成为社会主义事业的合格建设者和可靠接班人是中国高等学校人才培养的根本目标、任务。大学生是祖国的未来，其思想道德水平、身心素质直接关系到国家的前途和发展。大学生的思想政治教育工作是辅导员工作的主要组成部分，对学生人生理想、世界观、价值观的形成具有

---

[1] 毕宪顺. 权力整合与体制创新 中国高等学校内部管理体制改革研究［M］. 北京：教育科学出版社，2006：179.

[2] 史仁民. 高校辅导员专业发展论［M］. 北京：中央编译出版社，2018：50.

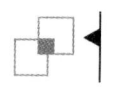

重要的引导作用，能够为大学生的成长发展提供保障。

　　辅导员作为大学生成长的人生导师，其素质和能力与学生的健康成长息息相关。高素质的辅导员队伍才能培养出高素质的学生，只有实现辅导员的全面发展才能不断增强大学生思想政治教育工作的实效性，真正实现国家赋予高校的育人目标。地方高校思想政治教育其本质上是一项育人的工作，是塑造学生人生观、世界观的重要工作，具有其自身发展的内在规律和特点，具有很强的专业性。辅导员作为思想政治教育工作最直接、最重要的承担者和实施者，必须做到全面发展，只有这样，才能从根本上保证地方高校育人工作和管理工作的顺利展开，才能确保工作的实效性。

　　在现代大学的发展分工不断精细化的过程中，大学要实现全面发展的育人要求，自然需要不断调整育人的各项目标。传道、授业、解惑是教师的基本职责，但在今天的教育特别是高等教育中，学分制分科教学的普遍使用让授课教师在课堂上主要以传授知识为教育目的，在课堂教学无法完成"传道"——思想道德教育的任务情况下，地方高校辅导员的作用才得以凸显出来。品格教育必须是综合的，因为学校生活中的一切都会影响学生的品格，无论好的还是坏的。辅导员的角色正好能有意识地整合利用学校的一切条件，成为培养学生良好品格的重要资源。

二、辅导员职业化发展是实现学生全面发展的客观需要

　　信息化、全球一体化的环境下，学生面临激烈的竞争，面临各方面越来越大的压力，派生的问题也越来越多。为了更好地为学生的发展服务，建设一支高水平的辅导员队伍，提升管理和服务的水平，已经成了中国大学生全面发展的一个内在的诉求。

　　提高素质、全面发展，这些本该中小学完成的任务却都错位地留给了大学，没有实现小学、中学、大学这种科学的、系统的阶梯式人才培养方式。小学升学入中学、中学再进入大学都是通过考试的形式，用分数作为人才标记符号。而大学作为人才培养教育系统的最后一站，要把学生的学习与社会的期望接轨，这就为高等教育制造了难题。

　　社会需要的是在专业特长基础上全面发展的人，只学习单方面特长的人才培养问题无疑加大了高等教育的育人难度。大学只得面对现实，从实际出发全面进行教学、管理的改革，踏踏实实地工作。于是我们就会看到这样一种奇怪的现象，各大学的礼仪课一般都从坐、立、行、走等基本内容做起，为本该幼儿园教学的内容进行彻底地补课。

　　而且，随着经济全球化、信息网络化的进一步发展，当代大学生的思想观念与思维方式发生了很大的改变，大学生只有实现全面发展、不断提高自身综合素质，才能更好地适应激烈的社会竞争。当今大学生的全面发展已经不再是原有意义上的德、智、体、美的发展，而是包括学习、心理、生活、就业等各方面的综合素质的全面发展。

　　学问在其次，人格最要紧。个人的全面发展仍然是人文主义关怀的中心，也是现代教育追求的最高理想。作为大学生发展的领路人，辅导员要提供的是更加专业化的指导和服务，解决大学生发展过程中诸如思想迷茫、心理问题、学习障碍、职业选择等诸多问题。对大学生的全面发展进行指导，需要具备众多领域的知识储备和很强的专业实践水平，这在客观上要求地方高校辅导员必须走职业化、专业化的发展道路。

三、辅导员职业化发展是辅导员队伍可持续发展的需要

在发展观的视域里，辅导员具有教育者和学习者的双重身份，在学习与教育的自由中不断地成长，但任何教育活动都不是一劳永逸的，辅导员要充分强调自我价值而不是过分追求。教师是一个生涯历程。离学生最近同时也是最易被学生所信任的辅导员，对学生成长、发展的作用是直接的、具体的。

除了专业本身要求的以外，辅导员还存在其他很多个体差异，工作方法、习惯、水平等的差异也很大，造成工作效果迥异。尤其是面临学生"多样化机遇中的多样化选择"时，其工作差异性造成的影响就会更加显著。教师在教育中发挥什么样的作用及如何发挥作用，一方面取决于教师的学生观，另一方面取决于其自我意识，就是教师如何看待自我。辅导员的工作也一样，因此，需要树立正确的学生观、可持续的发展观。

辅导员如此丰富的工作内涵是其他教师不具备的，其中的自由、快乐、创造才是教育的真正灵魂。提升大学生的精神生命价值的意义是巨大的，个人生命意义的创造也是伟大的，这是辅导员发展的根本——从职业中获得新的生命。"知识就是力量"，在知识以前所未有的速度生产、不断更新和转换的今天，教师传递知识的职责依然未变，但知识本身的力量已经有所下降，在课堂上教师传授完知识以后，如何激励学生思考，提高学生的创新能力和促进学生创造性地发展，已经成为辅导员"辅导"学生的主要工作。

在地方高校学生事务管理过程中，辅导员的职能发生了深刻的变化，这种变化使辅导员的工作复杂程度、工作性质也随之发生改变。辅导员的传统的知识与能力结构已经不能满足于当下全面发展的育人实践需要。要满足实践的需要，只有通过知识与能力提升的才能解决，而知识与能力的提升关键在于突破传统培养方式，实施专业的分工，建立配套的研究方法。

辅导员的发展客观上要求辅导员向"专家型"发展，要求其集思想、管理、心理、发展等各方面的"专家"素质于一身。保证辅导员队伍的稳定也是辅导员发展的一个重要意义所在，全面发展使辅导员岗位成为从业者热衷追求并可以长期从事的职业。当前，地方高校辅导员基本都是靠经验惯性地听从学生工作管理部门的指挥调遣，日常工作中也处于出现什么问题再解决什么问题的如"保姆""灭火队员"一样的角色，极少有针对性地进行学习研究。由于"术业不专"，工作的实效性、科学性不足也就理所应当了。

辅导员队伍只有真正实现专业化，才能解决地方高校辅导员存在的职责不清、素质不高、结构不合理、队伍不稳定等种种问题，才能稳定队伍，把更多的优秀人才吸引到学生事务工作队伍中。队伍的专业化建设，能引导辅导员对岗位产生全新的认识，充分发挥工作自觉性，不断增加专业知识储备，提高专业能力。实现由单纯的思想政治指导教师向学生事务指导专家发展，从管理经验型辅导员向学习研究型辅导员发展，使其不断提高专业成熟度，既能做学生工作理论方面的研究者，也能做学生管理工作方面的实践者。

发展的本质是科学化、人本化，只有将育人工作归属科学，尊重人性，并以是否满足科学性和人本性作为育人行为的评价标准，辅导员发展的合理性才得以体现。只有建立一支高素质、职业化、专业化的辅导员队伍，才能提升辅导员的社会地位和专业地位，增强职业的稳定性，提高社会认知水平，从根本上改变原有的辅导员职业形象，使辅导员工作成为受人尊敬的重要职业，进而实现辅导员队伍的可持续发展。

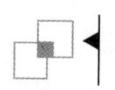

第三节　地方高校辅导员职业化发展进程与规律

一、地方高校辅导员职业化发展进程

从 20 世纪 20 年代我党领导的军队政治指导员制度开始，辅导员职业已经走过了近一个世纪的历史。辅导员承担着基层思想政治教育工作，其主要职责、作用和地位随着社会历史的变迁和具体需要在不断地变化。

（一）辅导员职业形态从兼职到专职的转变

职业形态是兼职还是专职，在职业化的研究范畴中具有至关重要的意义。兼职的职业形态与职业化的基本要求是背道而驰的，在兼职的职业形态中不会产生真正意义的职业化。因此，回顾辅导员在 20 世纪的发展历史，我们不难理解，地方高校辅导员迟迟没有进行职业化转变的主要原因就是辅导员的专职职业形态一直没有形成，即使在政策规定中出现了专职辅导员的要求，那也只是以专职辅导员作为骨干。辅导员在配备数量、更换频率、工作年限等方面仍旧是以兼职为主的职业形态。兼职的职业形态不仅无法孕育职业化，也会对基层思想政治工作的科学性、有效性产生不小的冲击。

从辅导员队伍建设角度来看，兼职的职业形态使辅导员工作队伍无法得到真正的稳定，辅导员工作更多是以经验而非理论的形式传承，辅导员工作不能够成为终身职业更谈不上自我的实现，辅导员工作普遍成为过渡性工作。这不仅在现实中是普遍存在的，也是政策规定所规范的。

例如，2000 年 7 月 3 日，教育部颁发《关于进一步加强高等学校学生思想政治工作队伍建设的若干意见》，规定"专职学生政治辅导员任期一般为 4~5 年，兼职学生政治辅导员任期一般为 2~4 年"[①]。辅导员的未来发展目标和现实工作任务是脱节的，这势必会影响辅导员队伍的工作积极性和创造性。大学生思想政治工作状态不能够尽如人意，除了社会环境的因素影响之外，辅导员队伍建设缺位也是重要的内因。

从辅导员个人专业能力塑造角度来看，兼职的职业形态使从业者不能自觉地进行职业发展规划，过渡性、暂时性的工作状态经常会让从业者产生"跳板"心理，甚至会出现一些不适合职业要求的短期行为。辅导员工作的综合性和实践性常常使辅导员的个人能力得到不同程度的提升，但这种提升仅仅是自发的、客观的，对于辅导员个体主体性的激励意义不大。没有主体性的参与，个人在职业发展方面的投入和效果都是有限的，个人专业能力也不能得到持续性的提升。

从管理体制和工作机制的角度来看，兼职的职业形态使管理科学化、规范化的难度进一步增大。对于任何一种职业，从业者的工作动力都不仅仅来自自身的职业意识。职业团体的规范化标准、评估考核、职业的管理模式都会对从业者产生重要影响。只有激励因素

---

① 柏杨. 改革开放以来高校辅导员队伍建设研究 [M]. 成都：西南交通大学出版社，2018：59.

和制约因素相得益彰，才能够共同促进职业的科学管理和良性运作。兼职的职业形态使管理体制和工作机制方面的激励、制约要素难以发挥持续的作用。无论是对于辅导员个人和组织的日常管理，还是对于管理体制和运行机制方面的制度变革，兼职的职业形态都很难发挥积极的作用。

从外部评价认可角度来看，兼职的职业形态即使得到国家政策的支持，也很难得到公众的广泛认可。而在职业选择中，除去物质报酬、发展机会等要素，社会声誉和公众评价也是重要的参考因素。在现实生活中，越是职业化程度高的职业，越能够吸引更多优秀的人才参与竞争。职业群体的社会声誉直接影响着个人的职业选择，如医生、律师、会计师等职业的社会认可度高，从业人员的自我实现感和职业归属感强烈，就能够自觉地投入职业工作中，从而实现个人事业的发展，承担服务社会的责任，使职业工作和社会认可成为良性循环。而兼职的职业形态不能够长期地吸引优秀人才，职业工作和社会认可不可能成为良性循环，职业发展缺乏有效动力。

时间流转，2004年出台的16号文件，从政策规范角度彻底改变了辅导员工作兼职为主的政策理念，辅导员的职业化发展道路日益明晰起来。在文件的诸多提法中，高水平、专职化、职业化、专家化、长期工作的规定已经使辅导员职业形态发生了从兼职到专职的转变。

（二）辅导员职业来源从单一化、多元化到规范化的转变

纵观地方高校辅导员的发展历史，辅导员职业的人员来源经历了途径单一、途径多元到途径规范的转变，这些转变与辅导员的发展状态和工作需要密切相关。从清华大学"双肩挑"工作模式的启动推广开始，从本校优秀毕业生中选拔辅导员已经成为普遍推行的做法。单一的选拔途径使辅导员工作更多地体现为各高校内部的管理事务，很难形成普遍的职业要求。虽然留校优秀毕业生熟悉学校文化传统、学科特色和管理特点，在实际工作中能够很快适应辅导员工作基本要求，但是选拔途径的单一也产生了管理中近亲繁殖的弊端，工作创新缺乏足够的动力。

由于辅导员的流动性比较大，改革开放以来，从维护地方高校稳定和顺利开展日常思想政治教育工作的角度出发，国家从政策规范上鼓励辅导员来源多元化，从人员配给方面保障辅导员工作的持续开展，辅导员职业来源进入多元化的阶段。多元化来源主要是指从专职的党政干部、政治理论课教师和有一定政治工作经验的青年教师中选任辅导员。从政策规范中可以看出，辅导员工作有着专业性的要求，因为无论是专职的党政干部、政治理论课教师，还是有一定政治工作经验的青年教师，首先都需要具有一定的政治理论素质，其次具备一定的教学或者管理能力。在实际工作中，由于地方高校具体情况差异较大，在上述来源不能够满足辅导员工作需求的情况下，其他来源的人员也会被充实到辅导员队伍中。

由于辅导员工作的专业化标准不明确，辅导员来源多元化常常演变为辅导员来源的泛化，辅导员的专业化要求被进一步解构。不仅如此，辅导员来源的泛化使辅导员在高校内部的认同度降低，影响了从业人员的职业选择，辅导员工作逐渐成为"能人不愿做、懒人做不了"的工作之一，职业吸引力下降。

伴随着时代的发展，地方高校思想政治教育工作的意义更加凸显。党和国家对于大学

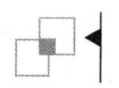

生思想政治教育工作给予了前所未有的重视和支持。在这样利好的政策背景下，地方高校辅导员的来源逐渐走向规范化，辅导员来源规范化体现为学科背景规范化、经验要求规范化和选拔过程规范化。

一般来说，辅导员的学科背景都是和辅导员的具体工作要求密切联系着的，所以，思想政治教育、心理学、管理学、法学、伦理学、社会学等人文社会科学相关学科成为辅导员学科背景的主要内容。由于辅导员要在日常思想政治教育和管理工作中发挥引领和组织作用，需要有良好的思想政治素质和一定的组织管理能力，因此，辅导员的学生干部经历、党员身份也是选拔辅导员的必要条件。在具体的选拔过程中，高校能够秉承公开、公平、公正的原则，在笔试、面试的基础上实行规范选拔。辅导员来源从单一化、多元化到规范化的转变历程体现了大学生日常思想政治教育工作的需要，也昭示了辅导员专业化、职业化发展的历史趋势。

（三）辅导员职业支持从平面到立体的转变

辅导员作为从事大学生思想政治工作的主要力量之一，在维护高校稳定、促进大学生全面发展方面发挥重要作用。党和国家一直以来非常重视高校的思想政治工作，支持高校思想政治工作队伍的建设。从国家政策规范的演变中，我们可以看出，对于辅导员的职业支持是持续的，只是在不同的历史时期，伴随着社会形势的变化和地方高校具体任务的转变，辅导员的管理体制、职责内容发生了相应的改变。

即便这样，在新中国成立以来很长一段时间内，辅导员的职业支持还是比较薄弱的。一方面，体现在对辅导员工作片面的、不深刻的理解上。无论是要求设立专职政治工作部门，还是设立专兼职辅导员，更多是从政治任务的角度出发，从维护高校稳定的角度界定，而对辅导员工作对于大学生全面发展的作用考虑较少，从专业化发展角度进行辅导员队伍建设的政策和措施也较少。因此，虽然国家政策反复强调辅导员工作的重要意义，也给予各种倾斜政策，但由于不能够调动辅导员职业主体的积极性，辅导员工作缺乏职业化的内涵，国家政策预期的效果大打折扣。另一方面，国家政策对于辅导员的职业支持更多是体现在政策规定中，由于绝大多数的相关政策文件法律位阶比较低，常常是指导性强、强制性弱，加上相配套的文件不多，整体执行力不强，因此职业支持呈现平面化的状态，对于辅导员队伍建设的整体推动效果不明显。

党的十六大以来，特别是16号文件颁布以来，辅导员的职业支持呈现前所未有的新局面，其中的一个重要特征就是将推动辅导员工作的各个方面的力量都充分调动起来，使辅导员的职业支持从平面化转向立体化。在党中央的大力支持下，教育部等相关部委、各省市都加强调研，采取强有力的措施推动辅导员队伍的建设，相继出台了一系列意见、规定和具体的支持性措施，如《关于加强和改进高等学校辅导员、班主任队伍建设的意见》《普通高等学校辅导员队伍建设规定》，三级培训体系的构建，部分省市为辅导员配套的工作津贴等。不仅在物质待遇、能力提升方面进行了实质性的拓展，更为重要的是，立体化的职业支持是和辅导员的职业化发展紧密联系在一起的。

虽然辅导员的职业化起步较晚，基础比较薄弱，但是在多方面政策措施的大力支持下，辅导员职业化发展已经具备了良好的社会条件。辅导员的职业支持从平面化向立体化的转变和辅导员的职业化发展相得益彰，辅导员的职业支持推动辅导员的职业化进入实质性的发展时期,而辅导员的职业化发展也将为辅导员不断拓宽和夯实各方面的职业支持。

二、地方高校辅导员职业化发展规律

(一) 社会形势的变化是辅导员职业发展的根本动力

历史唯物主义指出,社会存在决定社会意识。[①] 辅导员的制度演变也不例外。伴随着社会形势的变化和社会需求的变化,辅导员的制度也在不断演变。沿着中国革命时期的政治指导员,社会主义建设时期的政治辅导员,改革开放以来的政治辅导员,市场经济体制充分发展后的辅导员的发展脉络,可以发现辅导员的职能、模式、目标和工作要求,在每个代表性时期都有着不同的规定。辅导员的职业发展需要密切关注社会形势的重大变化,需要不断深化对地方高校教育改革发展的认识。只有深刻认识到社会发展的时代特点和内在要求,才能够更好地把握辅导员职业的发展方向和重大举措。

进入 21 世纪,在国内国际形势的影响下,党和国家已经将人才培养提到了战略高度,大学生作为中国特色社会主义事业的合格建设者和可靠接班人,在构建和谐社会和实现中华民族伟大复兴过程中发挥着中流砥柱的作用。大学生的全面发展至关重要,地方高校的人才培养意义重大。这不仅为辅导员的职业发展提供了充分的社会需求,也对辅导员的专业能力提出了严峻挑战。辅导员职业只有审时度势,不断认识社会发展和高等教育发展的规律,才能够更好地服务于大学生的全面发展。

(二) 促进大学生全面发展是辅导员职业发展的实践依托

人才培养是高校的首要职能。[②] 促进大学生的全面发展,是地方高校教育的重要使命。但在高校的理念认识和普遍实践中,不同程度地存在着重视智育、轻视德育的教育价值观念,忽视了非智育要素对于人的全面发展具有的重要作用。在知识总量极大丰富、信息更新迅猛发展的时代,大学生的思想困惑和学习压力与日俱增,非智育要素特别是德育要素,在帮助大学生解决学习生活中的问题困扰,提高主体性选择和适应能力方面具有重要的导向意义。

地方高校辅导员作为思想政治教育工作的主体之一,在大学生的非智育要素的发展方面承担着重要职能,在课堂教学外的社会实践、党团组织建设、心理健康教育、职业发展规划等领域发挥着重要的教育、管理和服务功能。虽然专业化发展已经成为各学科发展的内在诉求,但在高校学生教育管理领域,更多地呈现自发性、经验性的特征,淡化了专业化的要求。高校学生教育管理不容乐观的现状极大地制约了地方高校辅导员的功能发挥,已经不能适应大学生全面发展的现实需要,也严重影响了辅导员职业的健康发展。

为了更好地完成辅导员的光荣使命,履行辅导员的重大责任,使辅导员真正成为大学生的人生导师与知心朋友,辅导员的职业发展必须脚踏实地,立足于促进大学生的全面发展。辅导员要不断提升自身的专业素养,学习和探索新时期思想政治教育工作的规律和方法;不断提高道德水准,发挥精神导师率先垂范的榜样力量;不断提高科学研究和解决实

---

① 周湘浙. 高校思想政治工作 思考与对策 第5辑 [M]. 哈尔滨:黑龙江人民出版社,2009:243.
② 曹鸿飞. 地方本科高校转型重塑的路径选择 [M]. 天津:天津科学技术出版社,2018:155.

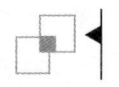

际问题的能力，帮助大学生解决全面发展中遇到的问题难题；科学把握时代青年的整体特征，及时了解大学生的舆情动向，走进大学生的内心世界，成为大学生真正喜爱和信任的朋友。

在高校"全员育人、全方位育人、全过程育人"[①]的工作机制下，辅导员要以促进大学生全面发展为目标，与思想政治理论课教师队伍、党团干部队伍、专业课教师队伍等工作群体协同工作，并在协同工作中发挥重要的桥梁和纽带作用，合理利用高校不同渠道的教育力量的一致性和互补性。辅导员只有圆满完成促进大学生全面发展的主要任务，其职业价值、职业理想才能够实现，才能得到社会的认可。

（三）辅导员职业化是辅导员职业发展的内在诉求

辅导员职业发展过程中存在诸多矛盾，主要矛盾就是促进大学生全面发展的能力需要和地方高校辅导员专业能力缺失之间的矛盾，国家政策规定和政策具体落实之间的矛盾，辅导员队伍科学化管理和现有管理体制的矛盾。上述矛盾制约着辅导员队伍建设的良性发展，使辅导员队伍建设经常性地处于被动状态，也使大学生思想政治教育工作开展起来困难重重，客观上影响着大学生的全面发展。

辅导员职业化是解决上述内在矛盾的必由之路，也是辅导员职业发展的历史性诉求。纵观新中国成立以来辅导员职业的发展历程，辅导员的工作模式一直以兼职为主，直到2000年，兼职工作的理念和模式仍旧占据着重要的位置，辅导员职业化远远没有形成政策认可和社会共识。随着社会形势的变化，传统的辅导员工作状态已经远远不能够适应高校人才培养的需要。高校思想政治教育工作的综合性和实践性、大学生全面发展的时代诉求，要求辅导员工作从经验型向专业型转变，从兼职化向职业化转变。

16号文件正是在全国性的调研基础上，为新时期的思想政治教育工作定下基调，为辅导员的职业化发展指明方向。通过辅导员职业化建设，可以进一步夯实辅导员工作的学科基础，明确辅导员工作的基本理论和方法体系，为辅导员工作的专业性发展提供坚实的基础；可以不断促进行业组织的发展，加强行业自我管理，推动行业标准和职业规范的建立；可以进一步完善辅导员管理体制和工作机制，增强辅导员管理工作的规范化和科学化；可以增进辅导员的职业归属感，使辅导员能够全身心地投入本职工作中，将辅导员工作视为安身立命的事业。

无论是辅导员职业形态从兼职到专职的转变，辅导员职业来源从单一化、多元化到规范化的转变，还是辅导员职业支持从平面到立体的转变，辅导员职责内容从单一到综合的转变，都彰显了辅导员职业化的发展趋势。辅导员职业化的命题并不是自说自话的命题，而是地方高校辅导员职业发展的历史命题，是辅导员职业发展的内在诉求。

---

① 刘珂珂，徐恪东.中国地方本科大学文化育人研究［M］.北京：中国经济出版社，2018：135.

第四节　地方高校辅导员职业化发展路径探究

一、地方高校辅导员职业化发展的基本思路

（一）转变观念，实现职业化建设的整体推进

1. 促使职业认同

俗话说观念是行动的先导。职业认知是产生职业认同的前提，是克服职业发展自发倾向，养成职业自觉的重要环节。只有统一思想，提高认识，形成共识，才能有效解决辅导员队伍建设过程中的实际问题。

（1）肯定职业地位

转变观念，统一思想，就是要肯定辅导员的地位，加大政策层面的支持力度。就是要认真落实中央和教育部门的文件精神，将辅导员队伍职业化建设作为一项战略任务来抓，给予辅导员队伍职业化建设充分的重视；要明确辅导员职责，肯定辅导员地位，制定相应的政策措施，结合学生工作的复杂性和辅导员的实际情况，切实提高辅导员的地位和待遇；对待教学科研和学生工作两大领域骨干力量的培养，实行两手抓，两手都要硬，实实在在地解决辅导员工作、学习和生活方面的实际问题，高度关注他们的实际困难，消除后顾之忧，使其"安其位、乐其业"。

（2）摒弃职业歧视

转变观念，提高认识，就是要摒弃陈旧观念，加大舆论层面的渲染力度。就是要调动一切舆论宣传工具，宣传辅导员工作和辅导员队伍建设的重要性、紧迫性和必要性；广泛宣传优秀辅导员的典型事迹，增强辅导员工作的荣誉感和成就感，激发辅导员工作的内在动力；要树立辅导员是专业性强、素质要求高的教师的认识，摒弃把辅导员当作学生的"全职保姆"、维持秩序的"编外警察"、接受富余人员的"交流中心"的陈旧观念，树立辅导员良好的职业形象，营造辅导员职业化建设的良好氛围。

（3）溯求职业认同

转变观念，形成共识，就是要"打铁自身先要硬"。政策支持、舆论渲染仅是辅导员队伍职业化建设的外部条件，辅导员自身观念的转变职业的认同才是内在因素。辅导员要由眼前的"过渡性""临时性"观念向长远的、崇高的、终身事业观念转变；要开阔视野，放眼未来，长远规划，坚持职业化发展导向，立志通过规划职业发展阶梯，努力成为学生思想教育和管理的专家，成为充满活力、富有智慧的高水平德育工作者，真正将辅导员工作当作值得为之奉献和努力的长期职业；要树立高层次的职业理想，坚信辅导员工作是一项光荣的职业，不断深化职业认知，强化职业认同，立志"安营扎寨"，充满激情地为辅导员工作奉献终身。

2. 培育职业意识

职业意识是关乎职业角色定位和发展的根本，选择和从事任何一种职业首要的问题就

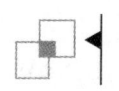

是要培育和确立相应的职业意识。地方高校辅导员是一项具有特殊意义的职业，其工作的政治性、教育性、服务性特点决定了要做好这一工作的要求高、难度大，决定了辅导员应当培育以下职业意识。

（1）专业意识

专业意识不仅要求辅导员具备政治和思想道德教育的意识，把政治和思想道德教育的内在要求和价值意义"化"于全部工作之中，而且要求具备专业知识学习和技能训练的意识，按照辅导员专业化要求进行系统学习和严格训练，更要具备在马克思主义理论和思想政治教育学科范围内进行科学研究的意识，要求辅导员努力提升职业素质，增强思想政治教育的实效性。

（2）发展意识

恩格斯指出，"在社会历史领域内进行活动的，是具有意识的、经过思虑或凭激情行动的、追求某种目的的人"[①]。从个人职业活动意义上来看，个人的职业规划反映了一个职业人员关于职业生涯的目的、目标和价值实现的基本方略，本质上即发展的预设。因此，这不仅要求辅导员懂得职业规划的依据和意义，了解规划的目标和内容，掌握规划的原则和方法，而且要将个人规划与组织规划紧密结合，深化职业角色认知，科学制定生涯规划，在实践中求发展，在发展中实现个人预期。

（3）服务意识

随着以人为本教育理念的不断深化，现代教育要求将服务融于育人工作之中。面对学生成人、成才和成功的渴望，面对学生学习、生活、交友和自我价值实现的需求，辅导员就必须要有服务学生的职业意识，尽可能地给学生提供全方位的教育、引导和帮助，服从、服务于青年学生成长成才和全面发展。

（4）示范意识

"学高为师，身正为范"，辅导员是高校学生日常思想政治教育和管理工作的组织者、实施者和指导者，其思想道德、学识学风都直接影响学生的世界观、人生观和价值观的形成。因此，辅导员必须具备示范意识，学高、师范，自明、正己，时刻要求自己做学生的表率，形成独特的人格魅力，在潜移默化中用自己的垂范影响学生成长成才。

3. 推进职业发展

苏联教育家马卡连柯（Makarenko）指出，"教育者的技巧，并不是一门什么需要天才的艺术，但它是一门需要学习才能掌握的专业"[②]。而辅导员所从事的又是比一般教育者更为复杂的一项工作，辅导员自己需要不断学习与提高，通过系统培训扎实专业基础、提高业务水平、增强工作能力。因此，制定切实可行的人才培养规划，着力提升知识和技能，成为推进辅导员职业发展的必然要求。

（1）制定培养规划

就高校辅导员队伍现状而言，总体上还不能适应时代发展的要求和实际工作的要求，离职业化建设的目标还相距甚远，许多年轻的辅导员阅历尚浅、经验不足、方法单一，对学生深层次的政治思想、人生观和价值观的教育缺乏有效的"抓手"，甚至对自身职业

---

① 肖永梅. 当代大学生政治观研究 [M]. 成都：电子科技大学出版社，2015：73.
② 盛夏，路丙辉. 高校辅导员工作实战方略 [M]. 安徽师范大学出版社，2018：192.

化、做"一辈子"辅导员尚缺乏必要的认同。地方高校迫切需要从实际出发，制订辅导员人才培养规划，坚持"在职培训与脱产学习相结合、业务口径与培训内容相结合、普遍提高与重点培养相结合"的基本原则，建立专业化、科学化的培训制度，使组织培养、系统培训与个人发展紧密联系，分层次、多形式地培养人才，提高辅导员的职业素质，帮助辅导员明确自身在专业目标、岗位目标和职级目标等方面的发展路径。

（2）提升知识和技能

辅导员的成长是一个动态的、渐进的发展过程，特别是在成长初期，外部力量的支持帮助至关重要。根据相关文件精神，为早日培养出一大批业务精能力强、素质优、品德高的专职辅导员，结合辅导员工作实际和辅导员队伍建设的现状，可以尝试实施三大培养工程。

一是立足学科建设，实施院校培养工程。辅导员工作是一项专业性的工作，也是一门科学，涉及教育学、管理学心理学和社会学等诸多学科领域。美国有近百所大学设有培养学生事务硕士研究生的专业，为大学学生事务培养数以千计的专门人才，学生事务管理岗位被视作有竞争力的职业，有一大批专业人员选择学生事务为职业且当作事业追求，学生事务管理队伍进入良性循环的轨道。不难发现，要加强辅导员专业化建设、推动职业化发展，就要将地方高校辅导员工作作为一个学科，纳入学科建设体系，选择试点高校开设辅导员专业，为强化学科支撑构筑平台。

二是依托基地建设，实施岗位培养工程。由于地方高校数量众多办学层次多元，现有的基地远远不能满足职业化发展的需要。一方面需要加大建设省级重点培训基地力度；另一方面应调动地方教育行政部门和地方高校的积极性，鼓励有条件的高校设立辅导员培训基地，明确岗位培训要求，实施培养工程。

三是辅以国际交流，实施出国培养工程。教育的另一种合作方式是给教师提供到别国去工作的机会。教师可以到外国进行一些跟上时代的高深研究，从事某项特定的研究项目或钻研某种专广的学科。这种方式可以充实教师的训练，提高他们的能力。配合教育部留学基金委员会设立专项培养计划，地方高校辅导员培养工作应设立辅导员出国研修项目，制订辅导员出国培养的中长期计划，选送辅导员骨干到国外学习交流，开阔眼界，拓展思路，增强素质，提高水平。

（二）完善制度，实现职业化建设的科学管理

近年来，中共中央国务院、教育部相继出台了一批加强大学生思想政治教育和辅导员队伍建设的文件和政策。要加快地方高校辅导员队伍职业化建设，关键在制度的顶层设置，因此，必须出台一系列切实可行的制度和措施，努力实现地方高校辅导员职业化建设的科学管理。

1. 创新职称序列，构建职称晋升体系

辅导员的专业技术职务关系到辅导员的社会地位、职业归属和职业成就。解决好辅导员的专业技术职务评聘，已经成为当前辅导员职业化建设中的一个不可回避的现实问题。辅导员的职业评聘必须有一个独立的标准独立的系列、独立的指标，制定一套与辅导员工作特点、规律相适应的职称评定体系。

可以考虑率先设立高校思想政治教育研究序列，并选择部分高校试行。将辅导员纳入

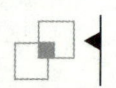

研究员专业技术职务序列，单独设立学生思想政治教育研究方向，符合高校思想政治教育工作实际。虽然辅导员工作在传统意义上属于实践性工作，但实践—研究型辅导员是职业化的趋势和方向，与辅导员未来的职业发展相吻合，在职业角色和心理上均容易被辅导员接受和认同，能够满足辅导员的职业归属和成就感，激发他们进行科研创新、探究学生工作规律的热情，真正为地方高校造就一批业务精、实践强的专家型辅导员人才。

在具体做法上，可以考虑对专职辅导员实行全员评聘，按照研究系列职务的晋升办法，设助理研究员、副研究员、研究员等技术岗位，严格根据学历、工作年限、学术科研成果等条件进行考核晋级。

2 规范考核流程，构建绩效考评体系

考核是科学管理和合理公正评价辅导员的重要环节。由于辅导员工作具有涉及面广、弹性大、见效周期长等特点，因此，进一步完善和健全辅导员队伍的考核工作，坚持定性与定量的动态结合，做到"能者有其利""奖勤罚懒""奖优罚劣"，已然成为进一步强化辅导员队伍职业化的有效措施。

第一，在绩效评价内容上，可以划分为目标管理和过程管理两大部分，对目标管理的评价，主要由学工部门和辅导员所在院系根据辅导员年度主要工作完成情况进行考核；对过程管理进行考核，则主要由学生评议完成。目标管理考核以量化为主，过程管理考核以定性为主。

第二，在绩效评价主体上，应由学工管理部门、辅导员所在院系和学生三方面组成，建立三方结合的评价方式，加大学生对辅导员工作的考核力度。

第三，在绩效评价形式上，要坚持日常考核与年终考核相结合、领导考核与学生评议相结合、自我评价与他人评价相结合（系统内部外部评价相结合）、定量考核与定性考核相结合。

第四，在绩效评价结果运用上，要将考核情况与辅导员的职务聘任、奖惩、晋级等挂钩。

3. 完善激励机制，构建薪酬管理体系

激励是一种能使个体将外来刺激内化为自觉行为的适当的、健康的刺激。完善激励机制，构建辅导员的薪酬管理制度、专业技术职务评聘制度，是辅导员职业化发展的重要保障。

地方高校应该努力制定和完善相应的辅导员薪酬制度，要将辅导员、班主任的岗位津贴等纳入学校内部分配体系筹考虑，确保辅导员、班主任的实际收入与本校专任教师的平均收入水平相当；专职辅导员在职攻读学位和国内外业务进修，应纳入学校教师培训计划，享受学校有关鼓励政策；要积极开拓辅导员个人职业发展空间，切实解决"后顾之忧"，激励广大辅导员投身于大学生思想政治教育事业。

目前，在提高辅导员的福利待遇上，最重要的就是地方高校要通过分配制度改革，设立辅导员岗位津贴，并使之长期化、制度化。设立辅导员专项岗位津贴，是保证辅导员实际收入不低于专任教师平均收入水平的一项制度安排。特别是在职业化尚未进行或开始的初期，岗位津贴的存在对于辅导员在经济和心理上的支持是极为重要的。

二、地方高校辅导员职业化发展的未来方向

（一）坚持人本化理念，加快职业化发展进程

地方高校辅导员职业化建设必须坚持以人为本，把职业化建设作为全面、协调、可持续发展过程，从而实现协调发展、科学发展全面发展。

1. 秉承"用养结合"，科学制定规划

"用养结合"即将辅导员的业务培养培训纳入学校整体师资和人才培养计划中，在"使用"的同时，致力于将辅导员队伍打造成为学习型专业性和发展性团队。调研发现，地方高校辅导员队伍仍存在流动性大、稳定性差的实际问题。究其原因，重使用、轻培养的倾向是其重要原因之一。

试想，倘若没有辅导员在业务能力、职业素养上的持续提高，其结果只能是其"使用"效果日益下降，继而出现了队伍不稳、发展乏力的不良现象。因此，一方面要树立辅导员"用养结合"的新理念，帮助辅导员进行科学的分析定位，制定切实可行的职业发展规划，明确发展方向，明确发展轨迹，达到在专业技能和管理水平上的日益提高，实现其个人职业预期和自我实现需求的最大满足。

另一方面，要将职业培训与职业发展结合起来，完善培训机制，增强培训实效，要为辅导员的全面发展优化政策和物质方面的条件，完善各种相配套的保障措施，使辅导员工作真正成为一种有发展前景，可以满足个人成长需求，可以长期从事的事业。

2. 挖掘人力资源，优化队伍管理

以人为本，以实现人的全面发展为目标，强调以人为出发点和中心。它是一种思想理念，也是一种领导方式。因此，地方高校辅导员队伍建设应当坚持以人为本的管理理念，顺应天时，营造地利，激活人和，致力于在高校乃至全社会形成一种尊重辅导员、人人争当辅导员的良好氛围。

一方面，要强化人才资源的梯队建设，既要将辅导员的职业化培养培训、整编晋升工作提上议事日程，存优汰劣；又要在选留优秀毕业生，拓宽人才渠道，及时补充新鲜血液，为建设一支政治强、业务精、纪律严、作风正的高校辅导员队伍储备优质人才。

另一方面，要突出队伍建设的人本管理，既要从高屋建瓴的科学高度对高校辅导员工作重新审视，真正加强对辅导员工作的科学探讨和战略规划，实现教学科研和学生管理两大领域骨干力量两手并举；又要切实提高辅导员的政治、生活待遇，调动起主观能动性，从而将辅导员工作作为自己事业成功的生长点和心理归宿。

3. 注重人文关怀，提升职业幸福

感人心者，莫先乎情。长期以来，地方高校辅导员繁杂琐碎、责任重压力大的工作特点，往往容易陷入职业疲劳和职业倦怠。因此，要解决这一现实问题，除了辅导员自身的意志控制和情绪调节外，来自外界的情感支撑尤为重要。

这就要求高校要注重对辅导的人文关怀和情感关注，从工作、学习和生活等各个方面关心辅导员，建立体现人文关怀的相关组织与制度，如建立校辅导员协会、校领导联系制度、辅导员定期座谈会制度等，及时了解和关注辅导员的心理需要，为其提供包括党团建设、沟通技巧、心理疏导、职业规划等方面的指导和帮助，实实在在为其办实事，解难

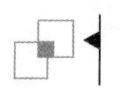

题，努力构筑辅导员的情感支持系统，增强辅导员的职业归属感和幸福感。

（二）强调专业化建设，筑牢职业化发展根基

专业化是一个职业经过一段时间后不断成熟，逐渐获得鲜明的专业标准，并获得相应的专业地位的过程。专业化是一个长期发展的过程，在这个过程中，地方高校辅导员工作不仅要进行学科专业建设，而且更需要研究这门学问，以提高学生工作的理论层次，用科学的理论来指导实践。

1. 凝练专业方向，强化学科支撑

科学不是经验的积累，而是对规律的把握。地方高校辅导员工作要成为一门科学，必须有相应的学科专业作为依托。凝练专业方向，加快学科建设势在必行。因此，一方面要加强专业支撑。教育部相关文件要求，高等学校要加强对学生辅导员的教育、培养。要像培养业务学术骨干那样，花大力气培养高水平、高素质的高校辅导员工作骨干。

要发挥辅导员对口培养专业的作用，增强培养的针对性和实效性，满足地方高校辅导员专业化建设的需要。有条件的地方高校可尝试设立辅导员工作的对口专业，通过其一套规范化、制度化的辅导员培养与考核机制，鼓励辅导员扎实掌握职业知识和技能，实现辅导员队伍的严格要求、严格管理，促使辅导员工作走上专业化职业化的发展道路，继而从"零散化"发展为"系统化"。

另一方面要加强理论支撑。要加快培养具有较强研究能力的理论研究人才，从事与高校辅导员工作直接相关的理论研究，从而促使辅导员工作从经验上升为理论，促使高校辅导员从"经验型"提升为"科学型"。

2. 完善规划体系，建设人才梯队

人才梯队建设要体现层次特色，要在现有人才中遴选专家型或骨干型辅导员。专家型辅导员要注重学术研究，强调创新突破，要走在学科前沿，成为学科领域内的中坚力量；骨干型辅导员要注重技能突出，经验丰富，业绩出色，成为实践领域内的示范群体。

一方面，在遴选办法上，应从年龄、学历、职称、专业资质、工作实绩等方面设立评估指标，加大中青年和高学位辅导员的比重，注重人才梯队发展的活力和后劲；另一方面，在评估工作上，应引入竞争机制，采取自评与他评相结合、专家（校内与外聘相结合）评估与部门监督相结合的方式，确定培养对象，或进行梯队成员调整，既要不断完善考评机制，又要防止急功近利。

3. 构建研究机制，营造科研氛围

要积极制定政策，紧密结合工作开展科学研究，为辅导员职业化奠定基础，注入原动力。

一是要建立研究机构。地方高校要成立党建和思想政治工作研究会或学生工作研究会等专业研究机构，定期举办学生工作研讨会，开展学术探讨等活动。

二是要成立研究团队。鼓励根据学生工作的需要和学科特点，结合个人兴趣和研究方向，自由组合成若干研究团队，有计划、有组织地做深入调查研究，浓厚研究氛围。

三是要设立研究基金。为辅导员设立专项基金，单独立项评审，资助课题研究，并为每名辅导员安排导师，予以其理论研究指导，提高辅导员专业研究水平。

四是要创立研究论坛。以专题论文征集、研讨学术沙龙等形式组织辅导员专业论坛，

促使辅导员工作走上学科化、学术化的发展方向，继而达到促进业务学习，提高队伍素质，提升研究水平的目标。

第五节 重点加强对辅导员的培训

一、辅导员的培训与提升

辅导员发展是一个持续化、终身化的发展过程，既要与瞬息万变的时势相适应，又要与学生发展相吻合，辅导员不断进步、提高需要专业培养的依托，也需要培训体系的跟进。休伯曼（Huberman）的职业生命周期论说明：不同教龄的教师只要心理发展水平接近，就可能达到相同的专业发展水平[1]。所以，要建立一整套与辅导员发展相适应的培训制度，全面开发辅导员的潜力与智能，为学生辅导工作提供支撑。

培训的过程是要实现教育主体间的互动，包括：教师之间的教育教学经验交流互动；师生之间的互动。学生独特的视界可以发送丰富的信息给教师，学生成长的烦恼也是教师反思的动力，学生到校学习除了向老师、向书本学习之外（网络或其他学习均可代替），也可以与老师形成互动关系；教师可以与学校管理者进行互动，校长是教师的教学伙伴，教师可以从领导那里获得教学新观念。

发展与现有培训形式形成对照。发展强调的是成长和实践的专业发展思路取向，将辅导员队伍看作是具有自我生成能力和自我管理能力的专业共同体成员，从一种专业人员的角度看，他们学习掌握了专门的知识基础，形成了具有个性特点的岗位实践性知识。传统培训的实质是在用发展的幌子为"专业"遮掩耳目，究其实质，过去"重使用、轻培养、轻培训"的现象是长效机制方面的问题。

辅导员的专业发展的培训不是一朝一夕的工作，要建立长效的机制，坚持使用与培养并重的原则，分层次、多形式、重实效地进行培训，岗前与在岗、全员与骨干、日常与专题、学历与非学历培训等相互结合，将学习进行到底，实现辅导员培训体系的全覆盖。要充分发挥教育机构和行业协会的力量，全面利用国内外的资源，挂职锻炼、出国学习考察等形式都要综合运用，保证所有培训措施都能发挥出应有的效用。

建立长效培训机制的路径是通过组织建设规范和引领学生事务工作走向专业化，进而打造辅导员专业发展的平台，沟通政府、社会与高校，为辅导员专业发展提供物质资源建设保障。

二、辅导员岗位管理模式的实践样本

（一）辅导员职业的管理模式类别

1. 专兼职综合工作模式

辅导员发展的困境问题可以归结为自身专业知识的有限性和工作现实需求的无限性之

---

[1] 史仁民. 高校辅导员专业发展论［M］. 北京：中央编译出版社，2018：248.

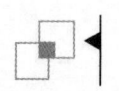

间的矛盾。面对学校各个部门分配任务，辅导员在工作中表现得力不从心。辅导员现实工作的复杂性与某一具体专业的学习是矛盾的。传统的基于班级为基本管理单位的直线型管理模式是地方高校最普遍的辅导员管理模式。

辅导员可简单划分为专职和兼职两类，无论是哪一类辅导员，他们的工作任务都是负责班级的所有学生事务。专职的来源就是岗位聘用的专职工作人员，兼职人员主要来自教师、研究生、高年级本科生、院系其他行政人员以及离退休工作人员等。专职辅导员保障性高，工作延续性高，尤其是在突发事件处理方面的优势明显。兼职人员因定期或不定期的轮换造成工作延续性很低。无论哪一种模式，专业化程度低是一个基本事实。

专职模式下的辅导员在职务晋升、职称聘用方面的竞争相对激烈，工资及投入成本相比兼职辅导员也大很多。对专职模式下的辅导员管理优化策略是切实落实辅导员的"双轨制"管理，即辅导员的教师、干部双重身份管理以及职务职称发展的双重路径。

兼职辅导员管理模式的优化策略是加强辅导员工作制度化建设，加大人力投入和专业化培训，做好前后两任辅导员的工作交接及有关档案管理等。在兼职辅导员的工作模式里，清华大学的"双肩挑"工作模式是一个优秀的样板，强有力的组织保证、优秀的育人氛围、最佳的生源及良好的发展空间使这个辅导员工作模式已经融入清华大学的文化里面，社会及学校师生也广泛认可。从研究和调查来看，"教育者、管理者和服务者"一体的复合型教师角色是大家共同认可的。

无论专职还是兼职辅导员管理模式都是对辅导员身份的一种概念，两者对学生发展辅导的工作任务是一致的，是具体到每一项学生工作的，称为综合工作模式。现在建立高校统一的辅导员队伍管理模式的条件还不成熟，建议地方高校在综合管理模式框架内，根据本校的实际情况，对设置专职和兼职辅导员管理模式进行选择。

各地方高校普遍应用的是两个高校辅导员管理模式：一个是"清华模式"，其特点是绝大多数兼职，极少专职，这一模式的特点是可用选拔对象多，但是流动性大，同时对兼职对象和服务对象的要求都很高；另一个是"复旦模式"，专兼结合，专职为主导的模式，特点是优势互补，充满活力，专职的优势是长效且有经验，还能承担责任，兼职的优势是知识丰富，有利于接近学生。

2. 专职专项工作模式

尽管现在人们普遍认为辅导员工作辛苦，应该得到尊重，但这不是从专业的角度定义的。就是说辅导员的群体信任呈现的危机在专业教师、管理者、专家和学生的认识中还是客观存在的，即使对这个队伍的作用有信任，一些人仍然认为没有必要发展该专业。因此，要实现对辅导员队伍的行政承认到专业信任的转向，从根源上改变辅导员的传统管理体制是有必要的。

相对于这种以年级和班级为基础的综合工作模式，也就是矩阵式工作模式，一种基于职能进行专项工作分工的辅导员工作模式出现了，它对应的是专门的工作领域，工作的手段也更加专业化。中国的教育发展史上，高校扩招以后，随着上千甚至更多人的"超级"二级学院出现，一些学校通过学生管理体制改革将学生管理权限下移的过程中，为了应对激增的各个专项工作，改变了原来按班级配备辅导员的管理模式，而是在学院设置了专门负责这些专项工作的辅导员。

这种矩阵式的专项工作模式是相对于直线型综合工作模式而言的。例如在上海高校，千人以上的院系按照工作职能，配备党团建设、心理辅导、学生事务、职业发展等专项辅导员，这种专项分工模式既有利于扩大学生思想政治工作的覆盖面，也为辅导员专业发展提供了实践平台。这种模式的合理性在于，它从学生工作发展的现实工作环境需要出发，充分适应了学生工作，也反映了辅导员专业化发展的趋势。

（二）专项分工管理模式的辅导员配置

变革是教育的永恒伴侣。地方高校在招生、就业以及教学方面的改革持续不断地进行着，很多学校对一、二年级学生实行通识教育，原有的班级、专业管理体制已不能适应这种教学改革的需要；有的学校实行多轨制分流培养教学，针对学生考研、就业等发展的不同需要，在教学的过程中会在行政班级基础上产生多个教学班；公寓的后勤社会化管理及多校区的存在，使不同的校区、公寓也存在不同的实际管理需要。

一些地方高校在实行考研、就业、公寓管理等负责专项的辅导员模式的尝试，这解决了辅导员管理中的一些现实问题。但同时也有相应的新问题出现，如负责专项的辅导员的业务培训问题。毕竟，专项分工对辅导员只是增加了工作的侧重要求，具体业务的专业性问题仍然没有解决。辅导员工作的每一个专项都可以成为一个人终身研究的专业。因此，地方高校辅导员管理制度的改革需要明晰，需要改变辅导员目前职业发展的随意和无序状态，给辅导员一个不再模糊的身份。

这样的职业分工也符合帕森斯（Parsons）的"人职匹配"理论。人职匹配的两种类型：一是条件匹配，即所需专门技术与专业知识的职业与掌握特殊技能和专业知识的择业者相匹配；二是特长匹配，即某种职业需要具有一定的特长或性格特点的人来从事。

顾明远先生说："社会职业有一条铁律，即只有专业化才有社会地位。"[①] 专项分工是辅导员专业发展的基础，要改变原来完全按照班级配备的综合模式，实行按专项分工设置辅导员的工作模式，分专项对辅导员进行业务指导和培训，是解决这个问题的一个很好的路径。这样的管理模式可以使辅导员工作内容清晰化、具体化，使学生得到全方位的服务。同时，也为设置专项辅导员的考核评价指标提供了条件。

---

① 唐德斌. 职业化背景下高校辅导员的专业化发展 [M]. 成都：四川人民出版社，2013：1.

第十一章 地方高校辅导员评价

地方高校辅导员队伍建设不仅是一个理论问题，也是一个实践问题，对高等教育的可持续发展具有举足轻重的影响，越来越成为高等教育发展的重要组成部分。建构一套科学合理的地方高校辅导员队伍建设评价体系已成为当前重要的课题。本章详细探讨了地方高校辅导员评价问题。

第一节 地方高校辅导员队伍建设评价

一、辅导员队伍建设评价的概念

高校辅导员队伍建设的评价是评价主体（高等教育主管部门、行业协会或高校）从多方面、多角度地对评价客体（高校辅导员队伍建设）的具体工作，即对辅导员队伍的选聘、管理、培养、发展和辅导员的各项工作等环节进行评判、分析并得出结论的一套完整的评价过程。

高校辅导员队伍建设的评价体系应体现以人为本、德育为先的要求，体现高等学校改革、发展、稳定的要求，体现高等学校锻炼造就高素质人才的要求，体现高等学校办学思想、培养目标和办学特色。

二、地方高校辅导员队伍建设评价的目的

地方高校辅导员队伍建设评价的现实目的在于高校辅导员队伍建设是高校一项非常重要的工作，而不同地方院校在辅导员队伍建设方面存在的差异或者差距，也是客观存在的，需要从体制保障、制度设计和工作机制等各层次，以有效手段予以改变。在实践基础上，建立地方高校辅导员队伍建设评价体系，无疑是行之有效的手段之一。

三、地方高校辅导员队伍建设评价体系构建与实施

（一）地方高校辅导员队伍建设评价体系的主要内容

高校辅导员队伍建设是在社会分工视野中进行的，职业角色带有一定的社会性，同时高校辅导员作为实施教育活动的主体还具有一定的个体性。因此，地方高校辅导员队伍建

设需要结合高校辅导员角色的社会性和个体性进行，需要根据时代发展的要求不断推进。

高校辅导员是开展大学生思想政治教育工作的骨干力量，承担着大学生日常教育与管理、政治思想素质培育、就业指导与服务、心理咨询与生活辅导等一系列与学生健康成长成才息息相关的工作，是大学生成长的直接指导者和人生导师。因此，地方高校辅导员队伍建设是一个动态历史过程，需要结合地方高校辅导员队伍建设的历史进行科学探索。地方高校辅导员队伍建设评价体系就是在地方高校辅导员队伍建设实践基础上，结合目前地方高校辅导员队伍建设的理论研究而形成的，它的主要内容包括以下几个方面。

1. 地方高校辅导员队伍建设是否制度健全、规范

地方高校辅导员队伍建设是以辅导员为对象展开的实践活动。人的活动往往带有较强的目的性，这让现实中辅导员的工作形式和效果存在着差异，也使辅导员对工作更加迷茫。因此，地方高校辅导员队伍建设如果没有制度的约束，那么高校辅导员队伍建设就不能有效的开展，并顺利前进。

地方高校辅导员建设制度是地方高校管理辅导员队伍建设的指导性规范，从内容上讲，包括辅导员的引进、考核、培训、激励等规定。实践证明，长期的高工作投入和低工作回报极易使辅导员产生消极情绪，甚至出现职业倦怠，影响高校对大学生进行思想政治教育的整体效果。因此，地方高校辅导员队伍建设制度是否完善，对地方高校辅导员队伍建设起着至关重要的作用。科学的地方高校辅导员队伍建设制度能够明确辅导员角色定位，激发辅导员工作的积极性，提高辅导员自身工作的满意度等；缺乏科学制度的地方高校辅导员队伍建设往往使地方高校辅导员队伍建设不能形成良性循环，以至于建设出现了发展断层和由人主观意志引导发展的现象，也使地方高校辅导员队伍建设不能形成可持续发展的局面。

2. 地方高校辅导员队伍建设是否有合理的建设规划

地方高校辅导员队伍建设是一项系统工程，需要进行科学、合理的规划。在高校机构组织中，高校辅导员队伍往往不被重视，这在很大程度上跟辅导员队伍建设缺少规划有关，地方高校辅导员建设规划是立足辅导员职业角色、放眼未来发展方向的建设进程时间表，对地方高校辅导员工作的有效可持续开展具有举足轻重的影响。

地方高校辅导员队伍建设规划不是纯粹的理论概念，合理的高校辅导员队伍建设规划必须符合高校自身的条件，并且有利于高校的健康发展。不从高校的实际情况出发，盲目照搬、照抄狭隘经验范围内的建设规划，不仅不利于高校辅导员队伍建设的健康发展，而且还会严重影响高校其他部门开展工作，使高校的可持续发展难以实现。从地方高校实际情况出发进行高校辅导员队伍建设规划就是要从高校辅导员人员引进数量、引进专业结构、年龄结构、学历层次等方面出发进行规划，就是从这几个方面未来发展趋势的科学预测出发进行规划，缺少这种维度的地方高校辅导员队伍建设规划就不能真正引领地方高校辅导员队伍建设潮流，也不能推进地方高校辅导员队伍建设有条不紊的前进。

3. 地方高校辅导员队伍建设理念是否科学合理

高校辅导员队伍建设是有内在理念支撑的实践活动，是有经验可循的实践活动，科学发展观就是高校辅导员队伍建设的重要建设理念。地方高校辅导员队伍建设离开了科学合理建设理念的指导就无法健康开展，就不能在以往发展成绩的基础上结合实践需要取得长期发展，更不能积极有效地推进高校教育基本职能的真正实现。

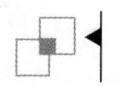

科学合理的地方高校辅导员队伍建设理念是一个动态变化概念，它往往跟高校全局发展理念紧密相连。高校辅导员队伍建设的实践证明，科学合理的建设理念必须要符合高校教育的实际规模、教育对象的群体特征、教育手段方式的特殊要求等。换言之，科学合理的建设理念是从地方高校教育活动开展的实际环境引申出来的，但又不高于地方高校教育活动开展的经验实践层面；体现和反映地方高校教育活动开展的宏观背景；能够浓缩在制度制定、发展规划中潜移默化地对地方高校辅导员队伍建设实践活动产生影响。

（二）地方高校辅导员队伍建设评价体系的原则

1. 政治性原则

辅导员是高等学校思想政治教育工作队伍的骨干力量和重要组成部分，辅导员队伍建设的如何、管理得怎样，直接影响着整个高校大学生思想政治工作的质量与效果，高校必须要从政治性高度，重视辅导员队伍建设的检测、衡量与评估工作。

改革和现代化建设带来了经济的快速发展和社会的巨大进步，增强了人们的竞争意识、效率意识、民主法治意识和开拓创新精神，同时市场经济活动存在的弱点及其带来的消极影响，也反映到了人们的思想意识和人与人的关系上来，这容易诱发自由主义、分散主义和拜金主义、享乐主义、利己主义；实行对外开放，有利于人们开阔眼界、增长见识、活跃思想，但国外资产阶级腐朽思想文化也乘虚而入，西方敌对势力加紧以各种手段和方式对我国施行"西化""分化"，他们往往把目标放在青年聚集的高校和涉世不深的青年身上。面对如此复杂的形势，要引导教育广大青年学生分清主流和支流、分清正确与谬误，提高其鉴别是非的能力，就必须有一支政治素质过硬的思想政治工作队伍，因此，对辅导员队伍的评估必须坚持政治性原则。

辅导员承担着向青年学生"传文明之道，授立身之业，解人生之惑"的重任，因此，其必须坚持中央的政治要求。在事关政治原则、政治立场和政治方向问题上不能与党中央保持一致的人不得从事大学生思想政治教育工作。高校需要按照政治强、业务精、纪律严、作风正的要求，坚持专兼结合的原则，研究和制定加强高校思想政治教育工作队伍建设的具体意见，从而吸引更多的优秀教师从事学生思想教育工作。

2. 组织性原则

辅导员队伍评估的组织性原则，即对辅导员队伍的评估要坚持党的领导，坚持在党中央确定的理论、方针、政策的指引下，在各级党组织领导下，有计划、有步骤、有系统的进行。绝不能脱离党的方针政策的指引，绝不能脱离各级党组织对评估工作的领导。辅导员队伍评估坚持党的领导，具有深刻的理论依据和实践意义。

中国特色社会主义理论体系是我国社会的主导意识形态和核心价值观，亦为先进文化建设的核心内容，因此，辅导员必须站在时代前沿，从国家战略高度深刻领会坚持党的领导的重大意义。辅导员队伍是从事大学生思想政治教育、管理和服务工作的专门队伍，对辅导员队伍建设的评估必须坚持组织性原则，即根据中央的政策精神，在党委的直接领导下，按照统一的评估范式，由临时或固定的专门组织进行。辅导员的选聘配备、培养培训、奖励待遇、政策保障等都必须依靠组织，因此，辅导员队伍的评估必须坚持组织原则。坚持评估的组织性原则，能够确保评估的规范性、系统性和统一性，有利于辅导员队伍建设的加强与改进。

3. 科学性原则

树立科学发展观，对于搞好高校辅导员队伍建设的评估具有深远的指导意义，因此，在对高校辅导员队伍进行评估、检测的过程中，应用科学发展观统领、促进高校辅导员队伍的全面、协调、可持续发展，不断加强高校辅导员队伍建设。

对辅导员队伍进行评估、检测应坚持科学性原则。首先各校应以科学发展观为指导，根据各校的具体情况、学生思想法实际，从党的事业、民族发展的大计出发，评估、检测辅导员队伍工作。其次，应运用科学方法、详尽真实的数据、先进的方法与手段，进行评估检测。最后，坚持评估的科学性原则，在评估中应做到民主与集中相结合，广泛听取广大师生的意见与建议，集思广益，然后进行整理、提炼，得出科学的评估结论。

4. 差异性原则

高等学校数量多、种类多，且办学特色各异，既有重点与非重点，也有综合性与单一性；既有历史传统悠久的百年老校，也有思想活跃、教学先进的新兴高校；既有教学严谨、思想深邃，以民族、国家强盛为己任的重点高校，也有专注技能传授、以培养个人就业技能为目标的高校。因此，在对各高校的辅导员队伍进行评估时，一定要重视这些差异性，遵循科学性原则、差异性原则，根据各高校的办学特点、办学宗旨、培养目标，科学考察、评价、检测各高校辅导员队伍的建设效果。

各大高校的办学宗旨、办学层次、办学规模、办学内容存在差异，因此，对辅导员队伍进行评估要有区别、有差异。

5. 长期性原则

培养人、教育人是长期的工作，辅导员从事的是青年学生的思想教育与管理的工作，青年学生头脑聪明、思维敏捷、思想活跃，接受新事物的速度快，且容易发生变化。因此，从事思想政治教育工作的队伍，需要具有相对的稳定性，需要较长时间的工作经验积累，也就是说，辅导员队伍要具有长期性。

"鼓励和支持一批骨干攻读相关学位和业务进修，长期从事辅导员工作，向职业化、专家化方向发展。"① 因此，对辅导员队伍的评估必须坚持长期性原则。

首先对各高校辅导员队伍的评估要坚持长期性，使评估工作制度化、经常化，从而推动高校辅导员队伍的建设与完善。其次应在评估中判断各高校辅导员的选聘、培养等是否坚持了长期性、责任性，是否考虑了辅导员队伍建设的长远发展。要像重视业务骨干一样重视辅导员的选拔、培养和使用，确保辅导员能干事有平台、发展有空间，这样就能充分调动其工作的积极性和创造性，也能使其自觉地为培养德智体全面发展的社会主义合格建设者和可靠接班人做贡献。

6. 全面性原则

坚持全面性原则就是辅导员队伍建设的评估工作要从全局出发。在评估中，应考虑各高校辅导员在年龄、性别、学历、专业、专长、经验等方面的衔接与搭配是否合理，要看辅导员的年龄层次是否合适，学历是否符合要求，专业搭配是否合理，等等。

高校辅导员队伍的评估应做到全面、综合，既要重视整个高校辅导员队伍建设的整体配备是否和谐、是否衔接有序、是否搭配合理，也应重视每个辅导员个体的长处与弱点。

---

① 王传中，朱伟. 辅导员工作指南 [M]. 武汉：武汉大学出版社，2009：6.

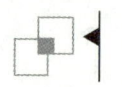

同时，也要考虑各高校的办学特点、学校风气、学生思想素质水平。

（三）地方高校辅导员队伍建设评价体系实施要点

高校辅导员队伍建设的实践昭示，高校辅导员队伍建设虽然具有内在的规律性和历史性，但真正把握这些特点，并将高校辅导员队伍建设推向前进，却并不是容易的事情。原因在于，高校辅导员队伍建设评价体系在高校辅导员队伍建设实践活动中的实施需要一定的条件，需要结合高校辅导员队伍建设的全局有计划有、步骤的进行。同时，高校辅导员队伍建设自身发展还带有一定的偶然性影响因素。因此，在实践中，推行地方高校辅导员队伍建设评价体系要注意以下几个方面。

1. 评价体系实施要注意加强地方高校辅导员队伍建设方法的积累、总结和运用

高校辅导员队伍建设的历史并不是很长，但针对高校辅导员队伍建设的理论研究却十分丰富，这导致高校辅导员队伍建设实践很难结合高校自身特点做出正确合理的选择。这种状况也影响了高校辅导员队伍建设评价体系的实施，将高校辅导员队伍建设评价体系仅仅看作是适用于经验层面上的现实评价，不是适用于指导高校辅导员队伍建设未来发展的评价，显然这种看法是错误的。

高校辅导员队伍建设方法有不少，这些方法的产生都有一定的背景，都能或多或少地对经验层面的高校辅导员队伍建设活动产生一定的指导作用。很多学者将社会学的理论和方法引入高校辅导员队伍建设的研究中，将高校辅导员定义为角色概念，通过社会学上的角色理论研究高校辅导员队伍建设中的具体问题，利用社会分工理论、结构功能主义理论研究高校辅导员队伍建设和高校辅导员队伍稳定性建设问题。高校辅导员队伍建设评价体系的实施离不开这些方法的积累，正是在这些方法积累和总结的基础上，高校辅导员队伍建设评价体系才得以形成。在评估过程中，需要注意评价体系在高校辅导员队伍建设实践活动中有无对这些方法进行了合理的运用，因为这些方法从经验层面上体现着高校辅导员队伍建设评价体系的主要内容。

2. 评价体系实施要符合地方高校辅导员队伍建设的时代特征

高校辅导员队伍建设具有时代性特征，在不同的历史时期，高校辅导员队伍建设的情况往往不同。高校辅导员队伍建设评价体系在实施中需要考虑高校辅导员队伍建设的时代性特征，结合具体时代特征对高校辅导员队伍建设做出科学合理评价，引导高校辅导员队伍建设沿着时代主题健康发展。

高校辅导员队伍建设状况在现实层面上似乎都有一定的时代背景作为解释的合理理由。在新的历史时期，在社会转型背景下，高校辅导员队伍建设评价体系的实施需要注意时代主题的变化。21世纪，信息技术给高校教育带来的挑战是巨大的，网络环境下的高校辅导员队伍建设将是高校辅导员队伍建设评价体系关注的重要方面，"90后""00后"大学生主体将给高校辅导员队伍建设带来巨大挑战，对高校辅导员队伍建设评价体系也提出了新的要求。因此，在实施高校辅导员队伍建设评价体系过程中，需要考虑新时代中存在的新问题，需要灵活地结合时代主题将高校辅导员队伍建设评价体系运用于高校辅导员队伍建设中，使高校辅导员队伍建设能与时代共呼吸、同进步。

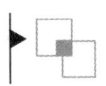

3. 评价体系实施要注意地方高校教育理念、教育规模、教育技能的发展变化

高校辅导员队伍建设从本质上讲是围绕着教育活动的需要展开的，高校辅导员队伍建设评价体系的实施离不开高校辅导员队伍建设这一规定性，离开高校教育活动谈高校辅导员队伍建设就是空想之事。根据教育活动开展的各个方面考察高校辅导员队伍建设水平是高校辅导员队伍建设评价体系的内在要求。

高校辅导员队伍建设评价体系在实施中需要充分考虑高校自身的教育理念、教育规模和教育技能，这些方面的变化和发展都对高校辅导员队伍建设具有重要的影响。教育理念的凝练是辅导员发展的灵魂，教育技能的提高是辅导员发展的途径，教育规模的变化是辅导员工作的挑战，确保高校教育职能的真正实现是高校辅导员队伍建设的最终目标。在高校辅导员队伍建设评价体系实施中，需要适时对高校辅导员队伍建设的目标实现情况进行考评，这将有助于高校辅导员队伍建设的可持续发展，实现高校辅导员角色的真正内涵。

地方高校辅导员队伍建设评价体系服务于地方高校辅导员队伍建设实践。随着地方高校辅导员队伍建设实践的发展，地方高校辅导员队伍建设评价体系也将迎来新的挑战，从现有的地方高校辅导员队伍建设评价体系的主要内容出发，结合实施过程中的要点，不断丰富地方高校辅导员队伍建设评价体系的具体内容，是地方高校辅导员建设实践的客观需要，对加强和提升地方高校辅导员队伍建设，也具有十分重要的意义。

四、地方辅导员队伍建设评价工作思考

辅导员队伍建设，对于培养社会主义合格建设者和可靠接班人、巩固党的执政基础，对于维护高校稳定、推动高等教育事业顺利发展，对于推进素质教育、促进大学生的全面发展和健康成长成才，有着十分重要的意义。应该说，地方高校辅导员队伍经过多年的建设与发展，已经逐渐积累壮大。辅导员已经成为地方高校教师队伍的重要组成部分，成为大学生思想政治教育工作的骨干力量，成为大学生健康成长的指导者、引路人和知心朋友。与此同时，应该看到，当前，地方辅导员队伍建设中还存在以下诸多不足，主要有以下几点。

（1）部分高校重视不够，辅导员队伍建设的制度支撑、学科支撑、条件保障落实不到位。

（2）专兼职辅导员比例不合理，辅导员和学生人数比不符合教育部的要求。

（3）辅导员自身职业发展规划不明确，缺乏业内发展机制。

（4）相比专任教师，辅导员职业准入标准较低，从业后能够获得的培训机会有限，专业水平不高。

（5）辅导员工作存在职责不明的情况，其原因非常复杂。

辅导员队伍建设中存在的问题恰恰体现了辅导员队伍建设评价工作的必要性和重要性。辅导员队伍建设评价要在上级主管部门的领导下有组织的定期进行，要以自查自评为主要方式，以互评为辅助方式。评价的目的是以评促建，通过评价发现问题所在、差距所在，明确努力方向，最终实现地方高校辅导员队伍的良性发展。

加强和改进大学生思想政治教育，是一项极为紧迫的战略任务。高素质、高质量、高水平的辅导员队伍是完成此项任务的重要保障。一个有远见的高校，一定会把学生的思想政治教育工作放在首位，提高认识，健全制度，明确政策，大力保障，不断加强辅导员队

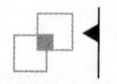

伍的建设工作。

第二节 地方高校辅导员绩效评价

一、对地方高校辅导员绩效评价进行研究的意义

近年来，辅导员队伍建设已经取得了显著的成果，但总体上与加强和改进大学生思想政治教育的需要还有一定差距，尤其是辅导员队伍管理体制和机制建设还存在许多亟待解决的问题，而高校辅导员工作绩效评价是辅导员管理体制机制的重要内容，自然也是辅导员队伍建设的应有之义。

由于辅导员的双重身份以及其工作的特殊性和复杂性，高校辅导员工作绩效评价面临着一定的难度，辅导员队伍的可持续发展也受到了很大程度的制约。在此意义上，高校辅导员工作绩效评价体系研究是明确辅导员角色定位、工作职责、素质要求和发展方向的重要手段，是实现辅导员队伍"政治强、业务精、纪律严、作风正"的重要保证。因此，对高校辅导员的绩效评价工作进行深入研究，并建立科学有效的辅导员工作绩效评价体系，具有重要的理论意义和实践价值。

（一）理论意义

无论是自然科学研究，还是社会科学研究，其理论成果的形成都对实践具有基础性的指导意义。思想政治教育工作是一门科学，具有极强的实践性和规律性，而辅导员工作绩效评价体系研究作为思想政治教育工作的一部分，同样需要结合当前大学生思想政治教育的崭新实践和辅导员队伍建设的实际，把握辅导员工作绩效评价的正确方向，探索辅导员队伍建设中的前沿问题，为加强和改进辅导员队伍建设提供理论支撑。

1. 丰富了思想政治教育学科建设

思想政治教育学科具有政治性、科学性、综合性和应用性等特点，这就要求其发展必须随着时代和社会的发展而不断拓展学科领域、丰富学科内涵、增强学科特色、提高学科水平。因此，将绩效评价引入高校辅导员队伍建设，构建科学有效的辅导员绩效评价体系，符合思想政治教育的研究需求，也丰富了思想政治教育的学科体系。具体而言，主要表现为以下几点。

首先，对高校辅导员工作绩效评价体系进行研究，是增强大学生思想政治教育针对性、实效性，促进高校辅导员工作学科研究和发展的重要途径。高校辅导员工作是教育人和培养人的工作，这个工作有着其自身的客观规律，需要一定的理论指导。辅导员队伍的职业化和专业化建设、辅导员工作的可持续性发展、辅导员工作实效性的提升，都需要科学理论的指导。然而，在我国，关于高校辅导员工作研究的系统的理论专著还不多见，特别是从学科建设的角度论述辅导员工作的专著更为少见。怎样从学科建设的角度认识高校辅导员工作，从理性层面为高校辅导员工作提供理论支撑，是当前加强和改进大学生思想政治教育迫切需要解决的问题，也是高校辅导员所热切关注的。目前，高校辅导员工作绩效评价工作面临许多新的问题和新的情况，诸如辅导员工作绩效评价标准及有效性的认识，特别是辅导员工作绩效评价指标体系的设计与制订等，都是需要我们深入研究和讨论的问题。系统分析和研究高校辅导员工作绩效评价体系的规律，对辅导员工作绩效评价的规律、评价的原理、评价的指标、评价的方法、评价的反馈等问题进行探讨，对高校辅导员工作绩效评价的过程进行系统分析和研究，将有助于促进高校辅导员工作学科建设的发展。

其次，对高校辅导员工作绩效评价体系进行研究，是充分发挥思想政治教育学科的综合性，拓宽思想政治教育学科研究领域的创新环节。思想政治教育学科包含的研究领域很广，很多时候需要综合运用不同学科的成果来研究和解决问题，也就形成了许多新兴交叉研究领域。绩效评价理论最初多应用于经济管理领域，用来考察、测量、评价员工的工作效率、工作态度、工作结果等，是人力资源管理的一项核心职能和关键环节。随着社会文明程度的不断进步和人力资源管理理念的深化，绩效评价的应用范围逐渐从企业走向各政府机构和公共组织，自然也开始进入高校的人力资源管理范畴。在此意义上，可以说，将绩效评价引入高校辅导员队伍建设，是一个既具有必要性又具有创新性的举动，为思想政治教育学科的研究打开了一扇新的窗户，提供了另一种研究视野，有利于丰富思想政治教育学科的研究内容和研究层次。

2. 完善了绩效评价理论

绩效评价理论的发展经过了一个相对漫长的历史时期，无论是在评价对象、评价主体，还是在评价内容、评价标准等方面，都经历了一系列的转变，从而在评价理念上更趋向以人为本，在评价标准上日益科学，在评价领域上逐渐覆盖。

高校教师绩效评价作为高校人力资源开发与管理的基础，较好地配置了高校人力资源，促进了高校的学科建设，推动了高校师资水平和高等教育整体质量的提升，在教师聘任、教学质量提高、科研水平提升、学科建设等方面发挥了积极作用。但与此同时，我们也应看到，现行的高校教师绩效评价体系存在着定位偏差、层次单一、重科研轻教学等缺陷，特别是高校辅导员绩效评价体系的构建还停留在起步阶段，有待进一步研究与深化。因此，高校辅导员工作绩效评价体系的研究完善了绩效评价理论，这主要体现在以下几点。

第一，丰富了绩效考核研究的领域。绩效评价根据事先确定的工作目标和标准，选取相应的对象指标，采取科学合理的评价方法，考评被评价者完成工作情况以及潜在的发展情况。由此可知，实施绩效评价的前提是选取特定的评价对象，并根据不同类型的评价对象，采取不同的评价指标。高校辅导员队伍的特殊性主要体现在高校辅导员的劳动有别于其他社会成员的职业劳动上，这使辅导员工作绩效评价内涵具有了不同于一般传统意义上的绩效评价的特点。也就是说，高校辅导员工作绩效评价是一种特殊的人力资源绩效评价，会对辅导员在高校劳动过程中表现出来的内在要素（包括品德境界、职业道德、人生品位等）和在一定条件下做出的实际成绩进行客观描述和合理评价。可以说，相对于一般意义上的绩效评价，高校辅导员工作绩效评价体系是一个更为复杂的系统工程，涵盖了高校工作的方方面面，渗透在高校教师管理的各个环节，体现了高校的办学理念和战略发展目标。

第二，高校辅导员工作绩效评价的实践也是发展和完善高等教育评价理论的重要途

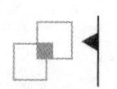

径。高等教育评价理论和实践的普及程度，是衡量一个国家高等教育发展水平和管理水平的重要标志。高等教育评价是政府对高等学校进行宏观管理、促进高等教育发展的手段之一，其功能和作用已逐渐为教育主管部门和高校所认可。并且，高等教育评价也逐步成为政府指导高校提高办学质量，面对社会自主办学、办出特色的有力的调控杠杆。大学生思想政治教育是高等教育评价的重要内容之一，而辅导员工作绩效评价又是大学生思想政治教育评价的重要组成部分。因此，进一步加强和完善高校辅导员工作绩效评价的理论与实践研究，对发展和完善高等教育评价理论具有重要的推动作用。

（二）应用价值

随着社会改革的进一步深化和高等教育大众化时代的来临，地方高校之间的竞争日趋激烈。归根结底，高校之间的竞争是高水平师资的竞争，是培养人才的竞争。在这个竞争过程中，绩效考核对高校教师的行为有一种重要的导向作用，是高校进行薪酬管理和人员变动的依据，是高校必不可少的人力资源管理手段。因此，如何建立一套科学的、有利于人才培养和使用的绩效考核机制，已成为进一步深化地方高校改革所必须研究的课题。同理，构建科学有效的地方高校辅导员工作绩效评价体系同样具有重要的应用价值。

1. 优化辅导员队伍的重要保证

辅导员工作绩效评价的过程就是发现问题、解决问题的过程，也是引导辅导员队伍科学发展的过程。每一地区、每一高校的辅导员队伍建设工作都存在或多或少的问题，我们通过科学、合理的绩效评价，可以及时地发现问题并予以纠正，从而逐步提高辅导员队伍的整体素质，使辅导员队伍更加充满生机和活力。

首先，辅导员工作是一门科学。"向职业化、专家化方向发展"是每一位优秀辅导员发展的方向，从事高校辅导员工作的同志都应以此为标准严格要求自己。唯有如此，辅导员队伍才能不断优化。然而，这种优化的前提必须是建立在科学的基础上。构建科学的绩效评价体系，有利于帮助教育主管部门和高等学校比较准确地了解辅导员队伍的素质现状。

其次，通过高校辅导员工作绩效评价，高校鼓励辅导员把辅导员工作当作崇高的事业来干，勤奋钻研业务，努力提高自己的工作能力和业务水平；通过评价，高校实施奖优惩劣制度，有效地解决了干好干坏一个样、干多干少一个样的问题，促进了辅导员队伍的合理流动，实现了辅导员队伍的动态平衡，逐步实现了辅导员队伍的职业化和专业化。

最后，考核指标依据岗位职责而定，考核体系基本覆盖辅导员工作的全部内涵，它不仅是考核的依据，更是辅导员日常工作的"指挥棒"。因此，通过高校辅导员工作绩效评价，辅导员能明晰自己的工作职责，能严格按照评价指标的要求制订工作计划，并认真完成自己所承担的任务，也能使其认真研究、改进工作方法和手段，认真检查工作落实的效果，在工作的实践中不断找出自己的不足，增强工作的信心，从而不断提高自身的素质。

2. 加强高校辅导员队伍管理的有力保障

对高校进行绩效评价是公共管理的发展趋势，也是世界许多国家的做法。2011年《国家中长期教育改革和发展规范纲要（2010—2020年）》明确指出，要对高校"引入竞争机制，实行绩效评估，进行动态管理"。辅导员队伍的管理是一个系统工程，由选拔、培训、发展、考核等环节构成，这些环节既相互独立，又相互制约，其中，建立健全

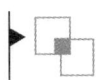

辅导员工作的考核制度和激励机制，即构建科学有效的辅导员工作绩效评价体系，是建立辅导员管理机制的重点。可以说，对辅导员实行严格要求，公平考核、有效激励，是加强辅导员队伍管理的有力保障。

首先，高校辅导员工作绩效评价是绩效评价理论在高校辅导员这一特殊对象中的具体应用。虽然高校辅导员工作绩效评价具有不同于一般传统意义上的绩效评价的特点，但其作为高校人力资源管理的一部分，同样拥有人力资源管理的一些共性，比如要充分考虑人力资源的特殊性，采取相应的措施，开发人力资源的潜能，使人尽其才，才尽其用，尽可能地实现人力资源的最大价值。而实施高校辅导员工作绩效评价，无疑是非常有效的高校人力资源管理手段。

其次，辅导员具有教师和干部的双重身份，对其的绩效评价必须充分考虑这个特性，即辅导员工作绩效评价体系的构建要落实"双重身份"管理和"双重领导"机制。在此意义上，对辅导员，既按学校管理干部的要求晋升相应职务，又按辅导员职称评审标准评聘专业技术职务。同时，学校党委学生工作部门对辅导员实行统一领导和管理，即宏观管理；学院（系）对辅导员实行微观管理。这样做保证了各项工作的有序开展，促进了辅导员长效机制的构建。

高校辅导员工作绩效评价体系，可以很好地揭示辅导员的成长发展过程特点与规律，是辅导员队伍建设的一项重要内容，因而对其的深入研究具有重要的理论意义和应用价值。

二、地方高校辅导员绩效评价的现状

（一）评价指标体系设置不合理

指标体系的设置是绩效考核的基础，是一项系统工程，直接影响着工作绩效的产生。如果指标设置不科学、不合理，不但会影响工作者的积极性和创新性，还会影响绩效考核工作的顺利进行。

目前，高校辅导员绩效评价指标体系的设置存在两个极端：第一，侧重共性而忽视个性。只设置一套指标体系且内容空洞，基本是日常工作的总结，二级指标形同虚设，难以体现差距；第二，指标设置过细，束缚了辅导员工作的创造性。

（二）考核方法不科学

绩效考核主要以定性考核为主。职能部门评价权重较大，大都凭借经验和表象，难以达到实际效果。

（三）考核过程不客观

考核流于形式，只是每年的例行工作，评优的权利还是掌握在上级部门手中。而且在评估过程中只重视结果，不重视过程，注重局部，忽略整体。

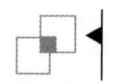

三、地方高校辅导员绩效评价的原则

（一）客观公正

1. 要明确考核主体

辅导员绩效评价应由组织人事部门、学生工作部门、院（系）和学生共同参与，这样才能保证评价的真实性、客观性、全面性。由于不同的考核主体对辅导员工作的了解和认识不同，侧重点也不同，因此，各项指标要根据考核主体的类型设置不同权重系数，并按一定比例计算得分。

2. 要把客观公正贯穿于绩效评价工作的每一个环节

评价前要公开评价的内容、标准、方法，评价后要及时反馈结果。评价的内容、标准要能真实反映辅导员工作成效；评价方法要符合公平原则，尽量避免主观因素与感情色彩的影响；评价过程要透明。

（二）统筹兼顾

辅导员所带学生的专业、年级、数量的差异，对绩效评价结果会产生较大影响。例如：不同年级的专项工作不一样，学生的学科竞赛成绩、学生党员比例等也有较大的差异；不同专业学生的专业课学习成绩、就业需求等有一定的差异；不同数量的学生获各类奖励的机会有一定的差异；另外，专职辅导员与兼职辅导员在工作时间、精力的投入上也会有差异。对辅导员进行绩效评价时，应统筹考虑这些差异。

（三）突出重点

对辅导员进行绩效评价时要突出以下重点。

（1）事业心和责任感。辅导员只有具备了强烈的事业心和责任感，才能产生热爱学生、热爱学生工作的感情，把本职工作做好。

（2）工作成效。辅导员绩效评价的关键是评价其工作成效。应始终坚持以业绩为主，科学、客观、合理的评价辅导员履行职责和完成任务的情况。

（四）定性与定量相结合

高校辅导员工作要求与职责特殊，能够定性分析的较多，能够定量分析的相对较少，但不能因此只做定性分析而不做定量分析。对辅导员的素质与能力可做定性分析，对成绩与效果、学习与研究应尽可能做定量分析。并且应将定性分析与定量分析相结合，尽量将定性分析的内容科学量化。在制定一些考核的量化指标时，必须深入到辅导员工作中去，针对辅导员的实际情况制定相应的指标。

辅导员绩效评价是一项较为复杂的工作，要完全做到客观、准确很难，需要不断加以改进和完善。同时，不同高校的校情不同、辅导员队伍建设水平不一，只有结合本校的实际情况，才能构建起科学、高效的辅导员绩效评价体系，才能提高辅导员整体素质，促进辅导员的全面发展，并最终建设一支可持续发展的辅导员队伍，提升学生工作的整体水平。

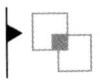

四、地方高校辅导员绩效评价体系构建

(一) 选择科学的评价指标

评级指标是对辅导员工作绩效进行评价的依据，辅导员的工作具有角色多变性、工作对象存在着差异性、工作过程具有创新性以及工作效果具有不确定性等特点，这决定了高校要制定复杂多变的评价指标以满足实际的需求，应从实际情况出发，构建合理科学的评价指标，从而促使辅导员提高工作的绩效。另外，还要不断改变高校对辅导员评价的认识，不将成绩作为评价的最终结果，还要把辅导员工作的过程纳入评价体系，从而保证辅导员工作绩效评价体系的构建更合理。

(二) 改变对辅导员的工作绩效评价的方式

对辅导员的工作绩效进行科学评价，可以从多个方面获取评价的信息，进而形成公平、公正的评价，提高对辅导员工作绩效评价的可靠性以及准确性。

一是加入领导对辅导员工作绩效的评价。领导对于辅导员的工作最具发言权，领导对于辅导员工作绩效的评价也最全面，辅导员由多个领导部门直接领导，不同的领导部门也会对辅导员进行不同的评价，在对辅导员的工作评价中，评价的主体至少应该包括两部分。

二是加入其他专业教师对辅导员工作绩效的评价。通识与同事之间的交流机会是最多的，他们对辅导员日常的工作状况也是最了解的，加入其他教师对辅导员的评价结果能使评价变得更加真实，但是由于受主观因素的影响，其他教师对于辅导员工作绩效的评价可能存在权重不高的问题。

三是加入学生的评价。辅导员工作的直接对象就是学生，辅导员工作的根本出发点也是因为学生，学生对辅导员的工作绩效评价最为准确，因此，在对辅导员工作绩效的评价中，学生必须参与其中，可以采取随机抽取不定数量的学生且以不记名的方式对辅导员的工作绩效进行评价，这样才能使评价的结果更为准确。

(三) 完善激励机制

高校要根据实际情况，构建合理的辅导员工作绩效评价体系，在评价中，高校要以人为本，以科学的观念为指导，更要根据评价的结果制定相配套的激励措施，进而促使评价机制更好地发挥其功效，提高辅导员对工作的积极性，最大程度上提高辅导员工作的效率。

一是激励辅导员做好职业规划。高校要结合自身的实际情况并结合辅导员工作的实际评价结果，将具有高度责任心与综合素质能力的人才发展成为榜样，并使其可以在实际的工作发挥模范带头作用，从而对其他辅导员进行激励，使其他辅导员也能积极地参与到工作中去，争取成为榜样的机会。

二是建立公正合理的酬薪激励机制。酬薪是激励机制的重要组成部分，也是提高辅导工作积极性的根本动力，酬薪的多少直接关系着辅导员的成就感。因此，高校要建立公平的酬薪机制，要让辅导员认识到只要努力工作就会有相应的报酬，这样就能提高其工作的

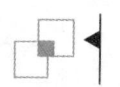

主观能动性，提高其工作效率。

（四）对辅导员的工作绩效进行多维度的评价

高校辅导员是高校教师队伍的主要力量，辅导员不仅承担着大学生思想政治教育工作，而且承担对大学生的心理健康指导、就业指导以及学生的日常管理工作，这就给辅导员带来了繁重的任务。在对辅导员进行评价时，应该从辅导员的各方面素质出发，对其进行评价，这样就能检验出辅导员是否有能力适应本职工作。对辅导员素质与工作职责的评价为辅导员工作绩效打下了坚实的基础。

一是对辅导员的基本素质进行评价。基本素质也是从事辅导员工作的前提条件，辅导员只有具备高度敏锐的政治素养、良好的品德修养，具备综合素质能力以及良好的心理素质，才能更好地适应本职工作。

二是对辅导员工作职责的评价。辅导员的工作职责是辅导员完成工作的根本，辅导员的工作职责主要有：引导学生树立正确的人生价值观，促使大学生形成良好的道德品质，引导学生树立正确的就业观念以及关心大学生日常的学习与生活等。对辅导员的工作职责进行评价，才能督促其更好地完成本职工作。

五、对辅导员绩效评价实施科学化管理

（一）对绩效指标和内容进行科学化设定

首先，把辅导员绩效指标和内容的科学化设定与学生综合测评的评审项目联系起来，辅导员的每一项绩效评估项目的分数取值都源自所带班级学生的综合测评项目。将学生的个人利益与辅导员的综合测评及绩效紧密联系在一起，能从侧面督促辅导员将更多的精力投到学生管理工作中。

其次，绩效指标和内容的科学化设定是学校依据整体战略目标，年度学生工作计划及辅导员岗位的职责进行的。辅导员参与讨论和制定绩效计划，可使其对自己的工作目标和标准做到心中有数。

（二）对辅导员绩效进行360度评估

辅导员绩效考核工作可采用360度评估法，实行上级、同级、学生和自己的多角度评估，考评结果与个人业绩奖励收入直接挂钩。建立合理的考核制度，可形成有效的监督制约机制。该评估法将极大地提高辅导员队伍管理的效率。

首先，以班主任和学生反响作为辅导员考核的重要依据。每学期，由各学院党委（总支）随机抽取各班级一定比例的班主任和学生，组织他们填写辅导员工作绩效评价问卷。

其次，重视所在学院领导对辅导员的考核，各学院党委（总支）结合辅导员的个性，从辅导员工作态度和绩效、工作能力、培训效果等方面对其进行综合评价，并最终给出学院评价。

最后，每学期学校下发辅导员考核表，由辅导员做出自我评价。通过辅导员对自己一

学期工作的全面总结以及特色和工作亮点的重点介绍，可使辅导员队伍朝着善于总结规律和科学开展学生工作的方向发展。

此外，为进一步完善评价机制，促进工作交流，辅导员考核还要参考同事评价。在综合以上360度评估法结果的基础上，学生处给出辅导员评价等级，而后由主管学生工作的学校领导牵头，学生处、组织部、人事处、团委一起对辅导员进行最后的综合评价。最后的评价结果由学校反馈给各学院，由学院领导专门找辅导员，对其工作绩效进行反馈，这对辅导员工作绩效的提升将起到一定的帮助和促进作用。

（三）对辅导员工作绩效进行科学化管理

严格的绩效管理是辅导员职业化发展的重要组成部分。辅导员绩效管理是一个科学的管理系统，包括绩效计划、绩效实施、绩效考核和绩效反馈四个环节。

参考文献

[1] 安世遨. 对话管理：大学生管理新范式 [M]. 重庆：重庆大学出版社，2010.

[2] 安世遨. 教育管理对话论 [M]. 重庆：重庆大学出版社，2014.

[3] 白静. 高校辅导员队伍职业化研究 [M]. 北京：光明日报出版社，2014.

[4] 柏杨. 改革开放以来高校辅导员队伍建设研究 [M]. 成都：西南交通大学出版社，2018.

[5] 包涵. 包涵心语：一个大学生辅导员的周记 [M]. 北京：学习出版社，2006.

[6] 贝静红. 高校辅导员队伍专业化发展研究 [M]. 武汉：武汉大学出版社，2016.

[7] 步秋艳，王秦俊. 数十年来高校辅导员队伍建设研究综述 [J]. 思想政治教育研究，2013（6）.

[8] 蔡国春. 中美高校学生事务管理模式比较研究 [M]. 青岛：中国海洋大学出版社，2007.

[9] 蔡奇轩. 试析激励理论在高校学生管理中的运用 [J]. 江西社会科学，2012，32（3）.

[10] 曹勇明. 高等学校学生管理的科学化问题研究 [D]. 成都：四川大学，2007.

[11] 陈家刚. 协商与协商民主 [M]. 北京：中央文献出版社，2015.

[12] 陈建华. 基础教育哲学（第2版）[M]. 北京：北京大学出版社，2016.

[13] 陈建文. 高校辅导员胜任特征的心理学研究 [M]. 武汉：华中科技大学出版社，2015.

[14] 陈晓晖. 高校学生管理中的知识共享研究 [D]. 大连：大连理工大学，2011.

[15] 陈学明，吴松，远东. 通向理解之路：哈贝马斯论交往 [M]. 昆明：云南人民出版社，1998.

[16] 董小英. 再登巴比伦塔：巴赫金与对话理论 [M]. 北京：生活·读书·新知三联书店，1994.

[17] 杜广杰. 化解矛盾加强和改进辅导员队伍建设 [J]. 中国高等教育，2013（19）.

[18] 房玲. 近三十多年来高校辅导员队伍建设研究概况 [J]. 江苏高教，2014（5）.

[19] 冯培. 中国高校学生事务管理模式创新 [M]. 北京：中国人民大学出版社，2009.

[20] 傅真放，邓军，吴佩杰等. 高等学校学生管理 [M]. 南宁：广西人民出版社，2007.

[21] 高建勋. 高等教育探索与研究 [M]. 武汉：武汉大学出版社，2015.

[22] 龚建龙. 高校辅导员的21项修炼 [M]. 上海：上海教育出版社，2012.

[23] 广东省高校学生工作专业委员会. 高校辅导员的校本培训 [M]. 广州：中山大学出版社，2009.

[24] 郭昊. 基于高校学生管理的信息沟通机制分析 [D]. 北京：北京林业大学，2009.

[25] 何森章，冯芦. 学生管理制度汇编 [M]. 北京：金版电子出版社，2004.

[26] 洪波. 思想政治教育话语范式转换研究 [M]. 杭州：浙江大学出版社，2012.

[27] 侯慧君. 高校学生工作内容与机制系统设计 [M]. 北京：经济科学出版社，2009.

[28] 胡建华. 大学生管理信息系统 [M]. 北京：中国财政经济出版社，2001.

[29] 黄崴. 教育管理学 [M]. 北京：中国人民大学出版社，2009.

[30] 贾辉. 依法治校背景下高校学生管理法治化 [J]. 思想理论教育，2017（1）.

[31] 姜波. 人本理念下高校学生管理的路径创新 [J]. 华北电力大学学报（社会科学版），2015（6）.

[32] 李华. 法治视野中高校学生管理权研究 [M]. 北京：人民出版社，2015.

[33] 李娟. 高校辅导员队伍建设评价体系初探 [J]. 黑龙江生态工程职业学院学报，2012，25（1）.

[34] 李玲. 高校学生管理工作创新研究 [M]. 长春：吉林人民出版社，2020.

[35] 李思雨. 高校辅导员工作成效研究 [D]. 重庆：西南大学，2018.

[36] 李铁. 高校辅导员素质与思想政治工作探索 [M]. 成都：电子科技大学出版社，2017.

[37] 李晓. 高校学生管理中的不公平现象对大学生的影响及对策研究 [D]. 天津：天津师范大学，2012.

[38] 李一昂. 高校学生管理模式探析 [D]. 天津：天津大学，2013.

[39] 李永山. 高校辅导员工作的核心能力及其培养 [J]. 思想教育研究，2015（1）.

[40] 李战军，诸澜兮. 利益相关者理论视角下高校辅导员评价主体构建 [J]. 人力资源管理，2014（10）.

[41] 林彬. 中美学生事务管理的比较 [M]. 北京：知识产权出版社，2013.

[42] 林毓铭，陈壮艳，鲁力. 当前高校学生管理工作的瓶颈与突破 [J]. 黑龙江高教研究，2015（4）.

[43] 刘爱竹. 新时期高校学生管理法治化研究 [D]. 长沙：湖南师范大学，2016.

[44] 刘洁，刘晓洋. 高校辅导员队伍建设评价体系构建及应用研究 [J]. 中国管理信息化，2012，15（23）.

[45] 刘翔. 关于当前高校辅导员队伍建设的几点思考 [J]. 思想理论教育导刊，2013（6）.

[46] 刘艳坤，朱锦秀，何勇. 以学生成长需求为导向的高校辅导员评价体系探析 [J]. 思想教育研究，2014（4）.

[47] 刘英. 新时期高校辅导员发展性评价体系研究 [D]. 长沙：湖南大学，2009.

[48] 毛霞，王韵. 基于主成分分析的高校辅导员工作实证研究 [J]. 重庆师范大学学报（自然科学版），2013（3）.

[49] 漆小萍. 高校辅导员工作评价体系研究 [J]. 学校党建与思想教育，2010（13）.

[50] 钱贵江. 当代大学生管理新论 [M]. 苏州：苏州大学出版社，2006.

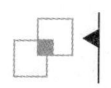

[51]乔祖琴．项目管理方法在高校辅导员绩效考核体系中的应用［D］．南京：南京邮电大学，2012．

[52]秦天堂，王新涛．悖论与消解：高校辅导员队伍建设刍议［J］．长江丛刊，2016（2）．

[53]曲建武．立德树人与辅导员队伍建设［J］．思想教育研究，2013（7）．

[54]渠颜颜．基于柔性管理理念的高校学生管理研究［D］．徐州：中国矿业大学，2015．

[55]邵瑞．高校辅导员媒介素养［M］．济南：山东人民出版社，2015．

[56]申晓敏，韩秀景．"职业能力标准"视角下高校辅导员工作评价体系构建［J］．教育与职业，2016（4）．

[57]沈文静．高校辅导员工作考核评价体系研究［D］．大连：大连理工大学，2013．

[58]宋广志．新课程与学生管理［M］．呼和浩特：内蒙古人民出版社，2005．

[59]谭学纯．人与人的对话［M］．合肥：安徽教育出版社，2000．

[60]唐杰．人力资源管理理论在高校学生管理中的应用研究［M］．成都：电子科技大学出版社，2018．

[61]王健．高校辅导员队伍职业化、专业化建设研究［D］．大连：大连理工大学，2008．

[62]王金祥．高校学生管理工作研究［M］．沈阳：辽宁大学出版社，2012．

[63]王楠楠．高校学生管理工作创新研究［D］．长春：长春工业大学，2011．

[64]王树岩．高校学生工作回望与探索［M］．沈阳：辽宁大学出版社，2014．

[65]王向华．对话教育论纲［M］．北京：教育科学出版社，2006．

[66]王晓晴．高等职业院校学生管理过程控制模式与实践［M］．昆明：云南人民出版社，2014．

[67]王左丹，刘邦卫．研究生辅导员队伍建设长效机制问题研究［J］．研究生教育研究，2013（2）．

[68]文丰安．高校辅导员队伍建设系统工程研究［M］．武汉：武汉大学出版社，2014．

[69]吴本佳，蒋从明．教师管理与学生管理［M］．天津：天津教育出版社，2008．

[70]许辉，于兴业．自我视域下高校辅导员的发展研究［M］．北京：知识产权出版社，2018．

[71]许勇．高校辅导员工作思考与实践［M］．沈阳：东北大学出版社，2017．

[72]杨大方，宁先胜，孙作青．高校学生管理法治化的理性思考［J］．现代教育管理，2019（3）．

[73]杨雪冰．高校学生管理创新研究［D］．郑州：郑州大学，2005．

[74]杨玉．引航高校辅导员准入培养考核发展机制研究［M］．北京：中国言实出版社，2017．

[75]叶冲，王小丁．育人为本理念下高校辅导员职业道德评价［J］．四川理工学院学报（社会科学版），2012，27（4）．

[76]叶澜．教育研究方法论初探［M］．上海：上海教育出版社，2014．

[77]尹晓敏．高等学校学生管理法治化研究［M］．杭州：浙江大学出版社，2008．

[78]于海．大学生管理教育基础［M］．北京：海潮出版社，2006．

[79] 于莎莎. 辅导员视野的高校学生管理研究 [D]. 秦皇岛:燕山大学, 2010.

[80] 虞晓东, 李建伟, 王志华. 基于多源评价的高校优秀辅导员标准研究 [J]. 国家教育行政学院学报, 2015 (2).

[81] 袁尚会. 中国高校辅导员制度的反思与重构 [D]. 武汉:华中师范大学, 2014.

[82] 曾瑜, 邱燕, 王艳碧. 高校学生管理工作法治化研究 [M]. 成都:西南交通大学出版社, 2016.

[83] 湛霞英. 新自由主义影响下高校学生管理与对策研究 [D]. 长沙:湖南师范大学, 2015.

[84] 张冠鹏. 高校学生管理制度研究 [D]. 长春:东北师范大学, 2013.

[85] 张晶娟. 高校辅导员职业化发展研究 [M]. 北京:对外经济贸易大学出版社, 2017.

[86] 张书明. 高校辅导员队伍建设 [M]. 济南:泰山出版社, 2008.

[87] 张铤. 论高校学生管理法治化的基本价值及实现途径 [J]. 教育探索, 2012 (4).

[88] 张维迎. 大学的逻辑 [M]. 北京:北京大学出版社, 2004.

[89] 张小军, 邹良华. 高校辅导员科学评价体系的构建 [J]. 中国成人教育, 2010 (9).

[90] 张新平. 教育管理学导论 [M]. 上海:上海教育出版社, 2006.

[91] 张彦坤, 李煜华. 高校辅导员工作精品化项目培育模型研究 [J]. 中国青年研究, 2016 (6).

[92] 张月. 高校辅导员绩效考核评价体系 [J]. 阜阳师范学院学报 (社会科学版), 2017 (3).

[93] 赵明吉, 刘志岬. 大学生管理工作研究 [M]. 济南:山东大学出版社, 2007.

[94] 郑光贵, 魏强. 高校辅导员工作与思政课教学结合的探索与研究 [J]. 思想理论教育导刊, 2014 (11).

[95] 周家伦. 高校辅导员理论、实务与开拓 [M]. 上海:同济大学出版社, 2011.

[96] 朱诚蕾. 高校辅导员工作绩效评价体系探析 [D]. 武汉:华中师范大学, 2008.

[97] 朱丹, 饶先发, 王伟江. 新时代高校辅导员工作室建设指导手册 [M]. 昆明:云南大学出版社, 2019.

[98] 朱冬香, 蔡瑞龙, 韩伟莎. 辅导员运用新媒体开展学生工作面临的形势与应对策略 [J]. 思想教育研究, 2013 (11).

[99] 诸澜兮. 基于360度绩效考核的高校辅导员评价体系构建 [D]. 镇江:江苏大学, 2015.

[100] 邹涛. 高校辅导员职业之道 [M]. 北京:中国人民大学出版社, 2018.